国家社会科学基金资助项目"环三峡地区远古巫文化探究"（16XZJ002）

环三峡地区远古巫文化探究

邓晓 何瑛 著

中国社会科学出版社

图书在版编目（CIP）数据

环三峡地区远古巫文化探究／邓晓，何瑛著．--北京：中国社会科学出版社，2024.6
ISBN 978-7-5227-3542-9

Ⅰ.①环… Ⅱ.①邓…②何… Ⅲ.①巫术—文化研究—中国 Ⅳ.①B992.5

中国国家版本馆 CIP 数据核字（2024）第 091578 号

出 版 人	赵剑英
责任编辑	吴丽平
责任校对	王 龙
责任印制	李寡寡

出　　版	中国社会科学出版社
社　　址	北京鼓楼西大街甲 158 号
邮　　编	100720
网　　址	http://www.csspw.cn
发 行 部	010-84083685
门 市 部	010-84029450
经　　销	新华书店及其他书店

印刷装订	北京君升印刷有限公司
版　　次	2024 年 6 月第 1 版
印　　次	2024 年 6 月第 1 次印刷

开　　本	710×1000　1/16
印　　张	23
字　　数	312 千字
定　　价	158.00 元

凡购买中国社会科学出版社图书，如有质量问题请与本社营销中心联系调换
电话：010-84083683
版权所有　侵权必究

卷首语

除绪论外，我们根据所述内容将本书分为上、下两篇。上篇八章主要是对环三峡地区远古巫文化的认识，下篇五章旨在探讨对该地区远古巫文化遗产的保护和利用。对环三峡地区的远古巫文化，我们达成如下共识：第一，远古巫文化为前宗教，归属于原始宗教范畴，是人类思维进步的产物并伴随其成长；它有共性，又因地区不同而各具特点。第二，环三峡地区的远古巫文化孕育于当地原住民生存的自然环境与物产资源，它的发展对该地区文化的形成与衍生起着重要作用。第三，它是该地区远古人类原始思维的重要表达方式，在这里人类历史悠久，有着发展序列清晰的考古学遗存。第四，它是当地先民认知世界的重要方法，我们可以通过考古发掘、古文献记载、文化人类学、艺术学及非遗传承等多层面加以观察。第五，对环三峡地区远古巫文化的探究有利于我们探寻中华文明的长江源流，历史地认知其作用、意义和价值。第六，目前对环三峡地区远古巫文化的探讨远未深入、系列化，少见标志性成果，此即我们努力的方向。第七，我们的探究主要针对环三峡地区的远古巫文化及其遗产的保护与利用。

作者谨识

目 录

绪 论 ……………………………………………………………… (1)

上 篇

第一章 环三峡地区远古巫文化研究及相关成果概述 …………… (21)
 第一节 环三峡地区远古巫文化研究概况 ………………… (21)
 第二节 近三十年来我国出版之涉巫著述 ………………… (33)
 小 结 ……………………………………………………… (58)

第二章 环三峡地区远古巫文化基础"前巴文化"之遗存 ……… (59)
 第一节 "前巴文化"的研究概述 ………………………… (59)
 第二节 "前巴文化"的时空距离 ………………………… (63)
 第三节 "前巴文化"的考古遗址 ………………………… (66)
 第四节 "前巴文化"的大溪文化 ………………………… (78)
 第五节 "前巴文化"的几点认识 ………………………… (83)
 小 结 ……………………………………………………… (88)

第三章　环三峡地区远古巫文化基础"前巴文化"之背景 …………（89）
　　第一节　环境对于"前巴文化"的意义 ……………………（90）
　　第二节　环三峡地区的生态多样性讨论 ……………………（95）
　　第三节　环境之于"前巴文化"的内涵 ……………………（105）
　　小　结 …………………………………………………………（112）

第四章　环三峡地区新石器时代墓葬中的巫文化现象 …………（114）
　　第一节　巫山大溪遗址的鱼类随葬探讨 ……………………（114）
　　第二节　巫山大水田遗址的狗坑葬探究 ……………………（125）
　　小　结 …………………………………………………………（135）

第五章　环三峡地区新石器时代被巫化的石雕人像 ……………（137）
　　第一节　石雕人像的分布与典型代表 ………………………（139）
　　第二节　对石雕人像的审美价值剖析 ………………………（143）
　　第三节　对石雕人像文化内涵的讨论 ………………………（147）
　　第四节　石雕人像与早熟的原始宗教 ………………………（152）
　　小　结 …………………………………………………………（155）

第六章　环三峡地区远古巫文化在古文献中的体现 ……………（156）
　　第一节　古文献关于环三峡地区涉巫记载 …………………（157）
　　第二节　古文献中描述的环三峡地区巫师 …………………（161）
　　第三节　古文献中的环三峡地区巫师活动 …………………（166）
　　小　结 …………………………………………………………（172）

第七章　环三峡地区远古时期巫文化的主要特色 ………………（174）
　　第一节　环三峡地区以"巫"名地的特色 …………………（175）

第二节　环三峡地区以"巫"立国的特色 …………………… (179)

第三节　环三峡地区"巫"源深厚的特色 …………………… (184)

第四节　环三峡地区"巫"风广传的特色 …………………… (187)

小　结 ……………………………………………………………… (191)

第八章　环三峡地区远古巫文化存在的重要基础 …………………… (193)

第一节　远古三峡地区盐业资源的形成 ……………………… (193)

第二节　远古三峡地区盐业资源的开采 ……………………… (195)

第三节　远古三峡地区盐源的神化过程 ……………………… (201)

第四节　远古三峡地区先民的盐神信仰 ……………………… (206)

小　结 ……………………………………………………………… (212)

下　篇

第九章　环三峡地区远古巫文化的表象传存形式 …………………… (215)

第一节　环三峡地区巫教的表象及传承 ……………………… (216)

第二节　环三峡地区巫俗的表象及传承 ……………………… (221)

第三节　环三峡地区巫艺的表象及传承 ……………………… (228)

小　结 ……………………………………………………………… (235)

第十章　环三峡地区远古巫文化与水文化的联系 …………………… (236)

第一节　三峡水文化之廪君与盐水神女 ……………………… (236)

第二节　三峡水文化之航运与神女文化 ……………………… (249)

第三节　三峡水文化中的船家巫航文化 ……………………… (260)

小　结 ……………………………………………………………… (274)

第十一章 对巫巴山地巫文化遗产合理保护的探讨 …………（275）
 第一节 巫文化在环三峡地区产生的环境 …………（276）
 第二节 环三峡地区巫文化遗产形成过程 …………（279）
 第三节 对环三峡地区巫文化遗产的保护 …………（288）
 小　结 ……………………………………………………（291）

第十二章 环三峡地区巫文化的非物质文化遗产保护语境 ……（293）
 第一节 环三峡地区巫文化缘起与影响 …………（294）
 第二节 环三峡地区巫文化的遗产认知 …………（301）
 小　结 ……………………………………………………（308）

第十三章 对环三峡地区巫文化的调查研究与科普实践 ………（309）
 第一节 环三峡地区民间"搭红"现象的巫文化解读
   （调研报告）……………………………………（310）
 第二节 记一份大学生巫溪巫文化遗产调查报告的产生
   （"大学生挑战杯"指导记录）………………（323）
 小　结 ……………………………………………………（339）

主要参考文献 ………………………………………………（341）

后　记 ………………………………………………………（357）

绪　　论

环三峡地区的远古巫文化在古书《山海经》中屡有提及，但对它的探究至今远未深入。世界文明古国多初现于大河流域，就华夏文明而言长江是其重要源头之一，其中上游的环三峡地区的远古巫文化亦不容小觑。由于历史的原因，对巫文化——人类童年的社会形态与思想意识的体现的研究曾被长期、整体性搁置，不被当作一门学问探讨。近四十年来，在该方面虽然取得了较为丰富的成果，但对其中环三峡地区远古巫文化的研究仍涉足甚少。如今，三峡库区的抢救性发掘成果、对古代文献的进一步梳理、对三峡巫文化遗产调查与保护的开展，为该问题的系统研究提供了新的条件。从2010年起，笔者便对这一问题产生了浓厚的兴趣，并在长达十余年的时间里持续地思考，其间先后主持完成了两个内涵衔接的项目"巫巴山地远古巫文化研究"（重庆市社会科学基金重点项目，2010ZDRW15）和"环三峡地区远古巫文化探究"（国家社会科学基金西部项目，16XZJ002）并结题。

一　撰写意义

此即对本书的学术价值及应用价值的判断，以回应为什么要撰写这本书。对本书的价值，我们主要是从以下四个方面来认识的。

价值之一，明确对环三峡地区远古巫文化的认知。本书的探究有利于全面系统地梳理环三峡地区巫文化的起源、演进、内容与特点，从而形成一个完整的认知体系，进而探索其与长江中上游地区以及整个长江远古文明之间的关系。其要义阐述如下。

第一，有利于分析环三峡地区巫文化产生的原因。任何文化都是时代于特定环境下的产物，是长江中上游特定的自然环境、悠久的人类发展历史，奠定了环三峡地区巫文化的基础。通过研究，我们得以了解该文化产生的自然、人文背景。

第二，有利于把握环三峡地区远古巫文化的内涵。环三峡地区巫文化特色鲜明、内涵丰富、历史悠久、影响广泛而深远。通过该研究，我们可以把握其范畴、确定其特点、界定其性质，并客观认知远古时代巫文化的重要社会价值及其影响。

第三，有利于探讨环三峡地区巫文化所起的作用。它是原始人类协调与大自然关系的具体表现，展示出了先民的智慧与勇气；在相当程度上导致了国家雏形（酋邦）的产生，促使该地区周边文明的互动，并透过时空的延续对后世发生作用。

第四，有利于确认环三峡地区巫文化的重要地位。环三峡地区的远古巫文化可谓长江文明体系的重要基因，亦可能是我国巫文化最先成熟的代表。该文化的影响因子，我们可以从后来的巴、楚、蜀、秦等古代国家文明传统中或多或少地发现。

价值之二，运用多学科方法全方位探讨历史真相。本书涉及考古学、文献学、宗教学、人类学、艺术学、民族学、民俗学及文化遗产保护等多学科理论。从实证材料、史籍文献出发，运用多学科方法探求巫文化的起源，通过剖析其源起和表现，尽可能更大限度地还原其早期的状貌及发展脉络。其要义阐述如下。

第一，通过文献学、考古学、物质文化学研究，有利于实证巫文化的存在。文献是人类用文字记载历史的重要手段，神话与传说也能够折射历史的真实；考古发掘材料不仅用实物补充文献记载之不足，还可以辨证文献记载的真伪。通过对环三峡地区大量发掘出土墓葬、随葬品及祭祀坑的考察，可以发现原始巫文化产生及发展的蛛丝马迹。物质文化学研究则可以通过对物质文化的形成、发展与传播，解读其与人类社会发展的关系。

第二，通过宗教学、艺术学研究，有利于剖析远古巫文化的复杂思想内核。作为"前宗教"的原始巫文化，既体现了人类对大自然的敬畏，也包含了先民利用巫术征服自然的愿望和勇气，他们在实际上已将巫术发展成为原始生产的环节与平衡社会力量的手段；艺术则因为能够很好地模仿对象、创造和调动激情等缘故，常常被用作实施巫术的重要手段。由此，原始巫术普遍地与舞蹈、歌曲、绘画、雕刻、建筑等艺术形式紧密结合。

第三，通过民族学、民俗学研究，有利于探讨环三峡地区巫文化的传承。正所谓一方水土养一方人，远古巫文化在环三峡地区的发展过程中，无疑会对当地及周边民族产生或大或小的影响，并为之打上深刻的印记；当巫文化以艺术的形式为先民喜闻乐见并得到传播，天长日久便积以成俗，转化为当地民风民俗的重要组成部分，且一脉相承地代代相传，这就给我们提供了利用巫文化遗产进行回溯，去诠释、追究远古巫文化线索的机会。

价值之三，思考对环三峡地区巫文化遗产的保护。该方面主要体现为运用历史唯物主义和辩证唯物主义原理，科学、客观地分析、构建巫文化遗产保护理论。由于环三峡地区相对封闭的环境，巫文化在此得到相对而言更加原生态的传承。时至今日，更以其特殊的内涵和多彩的表现形式成了当地的非物质文化遗产，其中有的价值如同活化石。如何有效地对其进行抢救，作出有价值甄别并进行分类保护亦为当务之急。其要义阐述如下。

第一，有利于对远古先民思想文化遗产的保存。远古巫文化形式多样，它们曲折地表达了古代先民的世界观，但其毕竟已经远离我们而去；远古巫文化的内涵在传承中多随时间俱进，融入各历史时期人们的认知与态度；有的则因为地处偏远封闭地区而得以较好地保留原始状态。但是，无论前者抑或后者，作为非物质文化遗产都具有保护价值，前者可观其发展、探其本真，后者则为弥足珍贵的文化"活化石"，具有更高的实证价值。

第二，有利于厘清巫文化遗产今天的存在方式。通过悉心讨论、梳理当今巫文化遗产，一方面可以较深入地探究、区分其中的理性与非理性成分；另一方面有利于厘清其与后世巫教、巫俗、巫艺与宗教、民俗、戏剧、美术、文学、音乐、工艺等意识形态及艺术形式间的复杂关系。进而我们可以了解巫文化得以长期传承并在民间被较广泛地接受的根本原因，探讨其未来可能的发展动态。

第三，有利于建构对巫文化遗产进行保护的思路。客观看待巫文化在历史时期所起的重要作用，关注它在发展过程中与地方民俗的紧密关系，并充分考虑其与特定民族历史的深厚渊源。在此基础上，我们才能够对其作出较为客观的价值判断，并对其传承内容相应地取舍，或就此对人类思想发展中的重要历程"立此存照"。

价值之四，巫文化遗产对文化旅游事业的利用价值。环三峡地区巫文化遗产颇具地方特色，在对其进行有效保护的同时还应合理地利用。合理利用本身也是一种活态的保护，如在特定环境下通过对特定地区巫风民俗的介绍、举办巫文化展演，可以满足旅游者求新、求奇的愿望，有利于促进当地旅游文化的开展。在服务地方经济的同时，也为该非物质文化传承人的可持续性培养提供了条件。这无疑有利于提高环三峡地区的文化软实力。

第一，巫文化遗产介绍和展演有利于促进地方文旅的发展。作为非物质文化遗产的巫文化植根于绿水青山，具有原生态、绿色文化的本质，它依托于环三峡地区悠久的历史、民俗传统，因当地民众的喜闻乐见而代代相传。因此，该文化具有鲜明的地域特征与民族风格，而该特征与风格对旅游观光者具有的吸引力将会转化为促进地方经济与社会发展的重要资源。

第二，巫文化遗产展演有利于培养非物质文化遗产的传承人。今天，在我国的非物质文化遗产保护方面普遍存在传承人难以为继的问题，主要原因在于其许多从业者经济来源的减少，且国家对遗产传承人的补贴无疑是有限的。而相关部门有组织的展演，不仅可以有效地解决非遗传承人的经济来源，也将有效地培养该遗产的传承人。优秀非物质文化遗产的有效传承事关华夏传统的延续。

二 主要内容

讲什么与怎么讲，是笔者必须认真面对的两个问题。前者要求言之有物，后者要求条理清晰。

1. 主要内容

本书内容除卷首语、绪论、后记外共13章，内容主要分为内涵关联但偏重不同的两篇。上篇注重对环三峡地区远古巫文化本身的研究，以探其源流、析其内涵、述其意义为主要目的。以环三峡地区的远古巫文化遗产为对象，在空间上以环三峡地区为核心展开，在时间上从石器时代开始调研，其探究内容包括该地区巫文化产生的背景、基本的内涵、主要的特征、重要的价值、发展与流变、保存之现状及其所起的社会作用等。并根据上述研究确定环三峡地区远古巫文化在我国古代巫文化发展史中的地位，从而明确长江中上游远古文明在长江文明体系形成中所具有的重要意义。下篇旨在对环三峡地区的远古巫文化保护与利用的探讨，以观其现状、述其保护、明其致用为主要目的。通过对该地区巫文化遗产的调查研究，对远古巫文化在该地区与民风民俗紧密结合的现象及巫文化在该地区得以较好传承原因的分析，以非物质文化遗产保护理论为指导，探索出一套相对科学、可供参考、便于运用的保护措施。进而将环三峡地区现有之巫文化特色与当地的社会经济状况相结合，提出关于利用巫文化遗产推动地方文化旅游事业发展的可行性建议，使传统文化活起来。

2. 叙事结构

本书的叙事结构主要包括四个板块。

第一，"绪论"，为笔者对撰写本书的目的、意义、方法、主要内容、研究现状及成果等的阐述。主要就撰写的意义、主要内容、重点难点、写作方法、主要特色、阶段性成果及作者的愿景，共七个方面进行简明扼要的论述与介绍，便于读者了解其基本思路和内容。

第二，本书的"上篇"，以对环三峡地区的远古巫文化本身的研究为重点，从不同角度围绕环三峡地区巫文化进行分析、探究。内容主要包括：环三峡地区远古巫文化研究及相关成果概述；环三峡地区远古巫文化基础"前巴文化"之遗存；环三峡地区远古巫文化基础"前巴文化"之背景；环三峡地区新石器时代墓葬中的巫文化现象；环三峡地区新石器时代巫文化的石雕人像；环三峡地区远古巫文化在古文化中的体现；环三峡地区远古时期巫文化的主要特色；环三峡地区远古巫文化存在的重要基础八个篇章。

第三，本书的"下篇"，以对环三峡地区的远古巫文化保护及利用的探讨为主，以历史与现实的视角观察、从保护和利用的目的出发，针对环三峡地区巫文化遗产进行探讨，共计五个篇章。包括：环三峡地区远古巫文化的表象传存形式；环三峡地区远古巫文化与水文化的联系；对巫巴山地巫文化遗产合理保护的探讨；环三峡地区巫文化的非物质文化遗产保护语境；对环三峡地区巫文化的调查研究与科普实践。

第四，本书的"后记""参考文献"，其中有笔者对本书撰写历程的体会，有笔者阅读或利用的参考书籍罗列。笔者在此感谢所有作者并对其劳动成果表示尊重。同时，对本书撰写中引用的著作、论文观点及图片出处均做了必要的注释，以此表示对学术规范的敬畏。

三 重点难点

讨论本书的重点与难点，有利于我们在写作过程中抓住要害、避免喧宾夺主，并提前预见、认真对待可能面临的困惑。

1. 本书的重点

首先，努力重构环三峡地区远古巫文化的状貌，致力于还原其得以产生的时空背景，进一步剖析其得以产生的条件。

其次，着力探求环三峡地区远古巫文化的主要特征及价值，凸显其与众不同的特点与本质，从而确定其在我国乃至世界远古巫文化中的位置。

再次，通过讨论显现环三峡地区远古巫文化在长江文明起源中的重要意义，侧重于人类思想进步对文明产生的影响。

最后，提出环三峡地区远古巫文化的传承及保护、利用的意见和建议，从而促进传统文化的活化与可持续发展。

2. 本书的难点

第一方面，重点在古代与田野，因此调查研究十分重要，既包括对石器时代遗址中涉巫文化遗存的调查研究，也包括现实中传承的非物质文化遗产的调研。难在时间久远、文献量少、调查面广。

第二方面，本书研究内容涉及社会科学领域的多学科，需要对多个学科理论及方法进行整合运用，从而达到对环三峡地区巫文化的全方位认知。难以在跨学科与多视角，这就需要在理论及方法上的融会贯通。

四　本书的撰写方法

撰写方法包括基本写作思路与方法两方面，前者是核心，即以解决问题为导向，思考运用不同理论与材料；后者是解决问题具体采用的手段。

1. 基本思路

第一步，以文献研究方法全面梳理学界已有的相关研究成果，了解其主要成就及尚待拓展、深入的空间，并在此基础上形成本书意欲解决的主要问题。

第二步，利用近二十年来系统考古发掘材料，通过了解、把握石器时代至巴文化产生之前的巫文化遗存，理出环三峡地区早期文化起源与发展的基本线索。

第三步，以史学研究、物质文化学的方法对环三峡地区远古巫文化的内涵、特征进行分析，并探究该地区巫文化得以形成、发展的物质基础及物质与人的文化互动。

第四步，从宗教学、民族学、民俗学、艺术学等方面揭示环三峡地区远古巫文化与当地民风、民俗的关系及表象与遗存，厘清其对周边地区的作用与持续影响。

第五步，运用文化遗产保护理论分析环三峡地区远古巫文化遗产的保护价值，探究其科学保护传承的方法，指出其在新时期对地方经济文化和旅游的利用价值。

第六步，发表系列研究论文形成阶段性成果，脚踏实地、循序渐进，最终形成学术专著和论文集，其中阶段性成果将作为专著的理论骨架呈现，凸显其学术思想。

2. 研究方法

以宗教学、历史学、考古学为主要研究方法，兼及文献学、人类学、民俗学、艺术学、民族学及文化遗产保护等多学科理论与方法的综合运用。通过田野调查、文献解读、发掘报告、图式解构及成果研读等方式，分析、比较、探究环三峡地区远古巫文化遗产内涵及其保护、利用方法。

五　主要特色

我们视"特色"为"与众不同"，力争不同于以往、不同于他人。特色要求学术创新，本书的特色与创新主要体现在学术思想、学术观点与研究方法三方面。

（一）学术思想方面

第一，在学界首次系统地对环三峡地区远古巫文化进行探究，并将其视为长江文明的重要基因之一进行整体考察；第二，将环三峡地区巫文化与区域自然经济挂钩，研究巫文化与丹盐、农林、航运等经济领域的关系，探讨人类思维与自然经济之间的早期互动，进而探究其与当地早期社会政治及文化的关联；第三，从非物质文化遗产保护的角度对巫文化进行探讨，既包括对它的鉴别、分类与分级保护措施，也包括对它有组织、有计划地合理利用与开发可能性的讨论，从而使其得以在保护中传承，有力促使地方文化经济的发展。

（二）学术观点方面

第一，确认环三峡地区是我国巫文化的最早源头之一，这里是人类文化的重要发祥地，有密集而丰富的旧石器时代遗址；人类在此从旧石器时代晚期便出现以巫文化为特点的明显的原始宗教现象。第二，肯定环三峡地区远古巫文化的积极意义，它体现了先民在当时自然环境下的生存勇气与智慧，既顺应"天道"（客观规律）行事，又体现了人的主观能动性。第三，认为环三峡地区远古巫文化具有典型意义，除萌芽早这一特征外，其在当地一脉相承的发展，在原始宗教史上具有特殊地位，对道教的产生有较大的影响。第四，指出环三峡地区早期巫文化对该地区原始社会的解体、国家雏形的出现，对巴、楚、蜀、秦的社会政治、经济及宗教产生过重要影响。第五，明确环三峡地区远古巫文化遗产具有较高的保护和利用价值，进而就界定其价值、如何保护及合理利用该文化做了积极而具有可行性的探讨。

（三）研究方法方面

第一，尽可能将最新考古发掘、田野调查结果、已有研究成果相结合，尽可能做到材料新而全；第二，结合多学科理论及方法进行研究，力争做到全方位、广视野、多层次，在理论上具有综合优势。

六　阶段成果

本书的撰写过程也是作者团队两个科研项目的研究过程。随着研究的深入，一系列研究成果（研究报告、学术论文）也不断产生。历经十年，两个项目先后结题，结题报告和公开发表的系列论文为本书奠定了较扎实的学术基础。

笔者对区域性巫文化的研究源于2010年，是年笔者承担了重庆市社科规划重点项目"巫巴山地远古巫文化研究"（2010ZDRW15），该项目历时三年半完成，并于2014年结题（证书号2014063），该报告未公开发表。2016年笔者在此基础上又成功申报了国家社科基金西部项目"环三峡地区远古巫文化探究"（16XZJ002），后一个项目为前一个项目研究范围的拓展与研究内容的深化，于2021

年结题。

与前一个项目相比较，后一个项目的拓展与深化主要体现在三个方面：第一，研究范围扩大，将探索目光由三峡核心区"巫巴山地"拓宽为包括以三峡为核心的周边地区，从而扩大了研究结果的支撑面；第二，挖掘更深，除对环三峡地区远古巫文化及其遗产传承的系统梳理、探究其客观价值外，还探索其于当时社会发展的积极意义，强调其在长江文明起源中的重要作用；第三，研究对巫文化的保护与利用，新增了对环三峡地区巫文化遗产的保护研究，运用非物质文化遗产保护理论，探索对巫文化遗产的保护与合理利用开发的可能性。以上拓展与深化有利于本书内容与结构的整体性。

在本书撰写（项目进行）的十年间，我们通过田野调查、文献检阅、材料筛选和讨论研究，不断取得阶段性成果并形成系列。成果方式主要体现为学术论文发表、会议报告和调研成果三个方面，它们亦将呈现为本书的主要内容。

（一）已公开发表论文

1. 邓晓、何瑛：《环三峡地区"前巴文化"述论》，《重庆师范大学学报》（社会科学版）2020 年第 5 期。

2. 邓晓、邓策：《环三峡地区"前巴文化"自然生态解析》，《重庆三峡学院学报》2020 年第 5 期。

3. 邓晓、何瑛：《美术考古视野下的环三峡地区新石器时代石质人像雕像研究》，《重庆师范大学学报》（社会科学版）2019 年第 5 期。

4. 邓晓、刘晓亮：《重庆巫山大水田遗址中独立狗葬坑初探》，《三峡大学学报》（人文社会科学版）2019 年第 1 期。

5. 邓晓、何瑛：《非物质文化遗产保护语境下的环三峡地区巫文化》，《重庆三峡学院学报》2018 年第 6 期。

6. 权莎、邓晓：《巫山大溪遗址鱼类随葬品及其内涵探析》，《三峡论坛》2018 年第 2 期。

7. 邓晓、陈太红：《对环三峡地区民间"搭红"现象的巫文化解读——以大巴山区城口县为例》，《重庆师范大学学报》（社会科学版）2017 年第 6 期。

8. 邓晓：《论巴人与"土船"〈巴文化研究——巴南历史与文物研究文集〉》，重庆出版社 2017 年第 11 期。

9. 何瑛：《对巫巴山地巫文化遗产保护的理性探讨》，《三峡大学学报》（人文社会科学版）2016 年第 6 期。

10. 邓晓：《新石器时期环三峡地区人类思维演进之证据》，《三峡大学学报》（人文社会科学版）2016 年第 5 期。

11. 何瑛、邓晓：《峡江里的巫航文化》，《中国三峡》2015 年第 11 期。

12. 邓晓、何瑛：《远古三峡的盐与盐神信仰》，《重庆师范大学学报》（社会科学版）2015 年第 1 期。

13. 邓晓：《渝东南土家族特色民俗文化刍论》，黎小龙主编《中国西南民族研究会建会 30 周年精选学术文库》（重庆卷），民族出版社 2014 年第 4 期。

14. 邓晓、何瑛：《巫巴山地涉"巫"古文献之解析》，《三峡大学学报》（人文社会科学版）2013 年第 5 期。

15. 邓晓、管维良：《巫巴山地远古巫文化的表象传承》，《重庆师范大学学报》（社会科学版）2013 年第 4 期。

16. 邓晓、何瑛：《试论巫盐与巫巴文化》，《中华文化论坛》2013 年第 9 期。

17. 邓晓：《重庆东南地区土家族の特色ある民俗文化》，《アジア流域文化研究（Ⅷ）》2012 年第 3 期。

18. 邓晓：《巫巴山地远古巫文化特色探微》，《宗教学研究》2012年第1期。

19. 邓晓：《重庆涂山与大禹文化》，载重庆中国三峡博物馆编《长江文明》（第四辑），河南人民出版社2010年版。

20. 邓晓：《白虎巴人け清江かろ興起したものごある》，《アジア流域文化研究（Ⅵ）》2010年第3期。

21. 邓晓、代百灵：《论巫山神女与川江航运文化》，《重庆师范大学学报》（社会科学版）2009年第4期。

22. 邓晓：《论盐水女神的悲剧》，《三峡大学学报》（人文社会科学版）2009年第5期。

23. 邓晓：《论廪君与盐水女神》，《重庆师范大学学报》（社会科学版）2008年第6期。

24. 邓晓、杨华、武仙竹、蒋刚：《考古学视野中的三峡库区生态与社会环境发展》，《重庆社会科学》2008年第2期。

（二）参加相关会议及发言

1. 邓晓、何瑛："中日韩考古文化与民俗文化国际学术研讨会。"时间：2013年10月21日，作"对巫巴山地出土石雕人像的美术考古"学术报告。地点：重庆。主办单位：重庆师范大学。

2. 邓晓："川盐古道与区域发展学术研讨会。"时间：2014年10月24—26日，作"三峡地区的盐业生产与盐神信仰"学术报告。地点：四川省自贡市，主办单位：四川省自贡市盐业历史博物馆、四川省考古研究院、重庆市文化遗产研究院、中国盐业文化研究中心等。

3. 邓晓："日中韩周缘地域盐业民俗国际学术会议。"时间：2014年11月1—2日，作"长江三峡的产盐地与盐神信仰"学术报告。地点：日本仙台市。主办单位：日本东北学院大学（见图0-1）。

14 / 环三峡地区远古巫文化探究

图 0-1　日中韩周缘地域盐业民俗国际学术会议海报

4. 邓晓、何瑛："第三届杭州世界文化遗产国际会议。"时间：2014年12月13—15日，作"对巫巴山地巫文化遗产保护的理性探讨"学术报告。地点：浙江省杭州市。主办单位：历史城市景观保护联盟理事会、浙江大学、韩国高等教育财团（见图0-2）。

5. 邓晓："环三峡地区历史时期文明演进及其历史地位学术研讨会。"时间：2015年6月26日，作"新石器时期环三峡地区人类思维

图 0-2　笔者出席第三届杭州世界文化遗产国际会议

演进之证据"学术报告。地点：重庆。主办单位：重庆师范大学。

6. 邓晓："中国重庆第三届华夏巫文化论坛暨传承与创新——巫文化与旅游融合展望研讨会。"时间：2018 年 11 月 8—9 日，作"巫巴山地的巫文化特色探微"学术报告。地点：重庆市巫溪县。主办单位：巫溪县人民政府。

7. 邓晓："中国历史文化遗产的保护与利用国际学术研讨会。"时间：2019 年 8 月 21—22 日，作"非物质文化遗产保护语境下的环三峡地区巫文化"学术报告。地点：美国孟菲斯大学。主办单位：孟菲斯孔子学院等（见图 0-3）。

8. 邓晓："先秦汉晋时期的社会结构与经济形态研讨会。"时间：2020 年 11 月 14—15 日，作"环三峡地区前巴文化述论"学术报告。地点：重庆。主办单位：《中国史研究动态》编辑部、重庆师范大学。

图 0-3 中国历史文化遗产的保护与利用国际学术研讨会海报

(三) 相关调研活动

1. 2016 年 5 月,邓晓在第十五届"挑战杯"全国大学生课外学术科技作品竞赛启动中,指导重庆师范大学历史与社会学院 2014 级学生沈晨斐、渠泽田、魏征、文清、吴忧五位同学完成项目"巫兮巫兮何往矣——'非遗'视域下三峡巫溪巫文化现状观照与传承探究"。项目组于 2016 年下半年至 2017 年上半年对三峡地区巫溪巫文化的历史与传承进行了系统的调查与研究。该项目成果于 2017 年先后获得重庆师范大学"大学生挑战杯一等奖"、重庆市"大学生挑战杯二等奖"。同年,邓晓作为指导教师,撰写了论文《记一份大学生巫溪巫文化遗产调查报告的产生》。

2. 邓晓作为重庆远古巫文化研究会理事,在2018年参与了该会《巫文化研究文集》《远古巫文化纵横谈》两部书稿的部分章节撰写工作。

3. 邓晓、陈太红对巫巴山区城口县"山神文化"调查研究。此为2016年"重庆师范大学对口支援城口县'烛光·跨越'行动合作项目"子课题"城口县亢谷景区山神文化与景区融合发展规划"主题部分,笔者担任"文化总策划",负责完成该地的"山神文化调查报告"(见图0-4)。该项目于2017年结项,并进入实施阶段。继后二人在研究基础上发表学术论文《对环三峡地区民间"搭红"现象的巫文化解读——以大巴山区城口县为例》(载《重庆师范大学学报》(社会科学版)2017年第6期)。

图0-4 2016年城口山神文化调查(笔者自摄)

七　作者愿景

笔者认为，如今学界对巫文化及原始宗教学理上的探讨成果日见丰硕，其中亦不乏个案的深入调查。这些成果无疑为我们研究环三峡地区远古巫文化提供重要参考。但是，就长江中上游环三峡地区远古巫文化研究而言，仍有以下欠缺有待本书来完成。

第一，巫文化可能最早繁荣于环三峡地区，且该地区至今仍是巫文化遗存最多之地，但至今少有研究环三峡地区巫文化的专著问世。

第二，在研究环三峡地区巫文化的已有成果中，主要依靠的是古代文献资料，而较少利用田野考古发掘的材料进行必要的佐证。

第三，对《山海经》等史籍公认的"巫先"（巫咸）崇拜源起缺乏环境考古等方面的考察，而这对探讨长江中上游文明的产生十分重要。

第四，对远古巫师及巫文化的作用，过去多强调其负面影响，而事实是它在当时人类社会中的重要地位和作用，可能需要我们重新审视。

第五，已有的研究成果基本未涉及对环三峡地区远古巫文化遗产的界定与保护性利用，而对该问题的研究与思考在今天具有重要意义。

围绕本书的撰写，笔者通过对其撰写意义、主要内容、重点难点、撰写方法、主要特色、阶段成果和作者愿景共七个方面的简明介绍，力图以此厘清整个撰文的思路，同时也向读者扼要交代出关于本书的基本轮廓。

上 篇

　　本篇共八章，是对环三峡地区远古巫文化主体的研究，以探其源流、析其内涵、述其意义为主要目的。本书在空间上以环三峡地区为核心展开，在时间上从石器时代开始调查，探究内容包括该地区巫文化产生的背景、基本的内涵、主要的特征、重要的价值、发展与流变、保存的现状及其社会作用等。以之确认环三峡地区远古巫文化在我国古代巫文化发展史中的地位，进而明确长江中上游远古文明在长江文明体系中的重要意义。

　　第一章"环三峡地区远古巫文化研究及相关成果概述"包括两方面内容：第一，环三峡地区远古巫文化研究概况；第二，近三十年来出版之相关研究成果概述。第二章"环三峡地区远古巫文化基础'前巴文化'之遗存"，旨在探讨远古巫文化产生的考古学背景，内容包括："前巴文化"的研究概述、时空距离、考古遗址、大溪文化及对"前巴文化"的认识。第三章"环三峡地区远古巫文化基础'前巴文化'之背景"，旨在探讨远古巫文化得以产生的自然生态，内容包括：环境对于"前巴文化"的意义，环三峡地区的生态多样性讨论，环境之于

"前巴文化"的内涵。第四章"环三峡地区新石器时代墓葬中的巫文化现象",旨在揭示考古遗址中存在的典型巫文化现象,内容包括:巫山大溪遗址的鱼类随葬探讨,巫山大水田遗址的狗坑葬探究。第五章"环三峡地区新石器时代被巫化的石雕人像",旨在剖析考古发掘之巫化人物雕像,内容包括:石雕人像的分布与典型代表,对石雕人像的审美价值剖析,对石雕人像文化内涵的讨论,石雕人像与早熟的原始宗教。第六章"环三峡地区远古巫文化在古文献中的体现",旨在讨论古文献中的巫文化著录,内容包括:古文献关于环三峡地区的涉巫记载,古文献中描述的环三峡地区巫师,古文献中的环三峡地区巫师活动。第七章"环三峡地区远古时期巫文化的主要特色",旨在分析环三峡地区远古巫文化的特色,内容包括:环三峡地区以"巫"名地的特色,以"巫"立国的特色,"巫"源深厚的特色,"巫"风广传的特色。第八章"环三峡地区远古巫文化存在的重要基础",旨在讨论环三峡地区远古巫文化的重要经济基础,内容包括:远古三峡地区盐业资源的形成,盐业资源的开采,盐源的神化过程,先民的盐神信仰。

第一章

环三峡地区远古巫文化研究及相关成果概述

提　要：巫文化是一种全球现象，世界上但凡经历了史前时代的地区，多残留不同程度的远古巫文化遗产。远古巫文化是原始先民思维与智慧的结晶，基于人类文化的同质性，时代越久远，它们的相似程度也越高，只是在表现形式和称谓上会因为地域、族群的不同而存在差异。巫文化现象也受到历代国内外学人的关注，其相关著述亦不断问世，成为后来者研究的参考材料。基于本书的研究对象主要为环三峡地区的远古巫文化及其遗产，在下面的资料梳理中为了强调研究目标对象的中心地位，除了针对性地介绍环三峡地区和部分具有基础性、普遍性的巫文化理论研究成果之外，笔者暂时放弃了对其他地区性巫文化研究成果的介绍，我们知道这些成果不乏真知灼见，在今后的比较研究中具有重要的参考价值。

第一节　环三峡地区远古巫文化研究概况

由于历史的原因，巫文化被长期视为封建迷信而备受批判，因此包括环三峡地区远古巫文化在内的相关领域一直是学界研究的禁区。改革开放以来，随着各地方政府的重视、学者思想的解放，相关研究成果不断产生，但其中探讨环三峡地区巫文化的内容仍不多见。

改革开放后，对环三峡地区巫文化研究的热潮首先起于重庆市巫溪县。重庆大学原人文艺术学院院长、曾任重庆远古巫文化学会会长的江碧波教授在《远古巫文化奇葩放异彩》一文中谈道，自1977年起她便受巫溪县委书记、县长邀请，开始在巫溪进行系列巫文化的艺术创作实践及科研活动。继后为配合西部大开发，巫溪县于2000年7月28日举办了"首届中国远古巫文化艺术节暨大宁河漂流节"，同年"重庆远古巫文化研究会"报请重庆市人民政府批准成立。2003年10月6—7日，巫溪县又成功地举办了"重庆市巫溪县第二届巫文化艺术节"，其间举办了第一届"巫文化学术研讨会"，会上重庆师范大学管维良教授等专家学者就巫文化现象进行了研讨、交流活动，会后出版了论文集《礼巫盛典》。十分明显，举办这两次盛会的主要目的是为地方打造旅游业、发展经济服务，其将巫文化研究与歌舞、绘画等艺术形式相结合，服务地方建设的方式取得了良好的效果。继后，2010年9月13—14日，重庆市社会科学界联合会、重庆市巫溪县人民政府在巫溪县联合主办了"重庆巫文化学术研讨会"，这次学术研讨会掀起了三峡地区巫文化研究的高潮。这次会议共收到论文32篇，与会专家来自全国不同省市，论文内容涉及环三峡地区巫文化研究领域的诸多问题。对这次学术研讨会论文集，我们试摘其要阐述如下。

江碧波的《从无到有的光芒》，分别从六个方面进行了阐述。她认为远古巫文化意义重大，它奠定了中国先秦文化的坚实基础，为春秋战国时期文化领域的繁荣昌盛、为诸子百家争鸣的大好局面出现做好了准备。管维良的《三峡巫文化》论文长达数万字，包括巫文化探源、宗教、风俗、艺术、三峡巫文化、综合篇共六部分，多视角、全方位地对三峡地区的巫文化做了探讨，指出巫文化是人类古代文明之源，最早的文字、历史、文学、艺术、礼仪、法制及医学都是由巫师从事，巫溪的巫咸是史籍记载的第一位大巫师。熊笃在《中国原始社会巫文化之源及其意义》中指出，巫山地区应该是中国原始时代巫文化的最早发祥地，巫山"十巫"是当时社会最高知识的代表、精神文明的领袖，他们为后代文化艺术和医药科技作出了巨大贡献，在华夏文明的初源中无疑是贡献较大的。

罗利建的《发掘远古巫文化的现代意义》指出，远古巫文化是五千年前长江流域文化的集中代表，它与同时代黄河流域的中原文化互动形成几千年的主流文化，其天人合一、人本主义、决策思想、阴阳和合等观念对中国现代化的持续发展具有指导意义。腾新才的《三峡巫文化与中华远古文明》认为，三峡巫文化的源头可以追溯到距今6400年前的大溪文化，巫咸国和巫臷国是三峡地区以盐立国并闻名遐迩的原住民文化，巫咸、巫朌等"十巫"曾到巫山采药，改进了巫盐技术和丹砂开采，是中华医药学的最早传承者。龙红的《论巫术的意义》认为，巫术作为一种相当古老的文化现象对人类的影响具有世界意义，巫术是一切宗教形成的基础，人们在原始思维的引导下展开巫术活动；巫术是艺术生成的母体，也是许多社会风俗形成的本源，我们应该用科学的眼光和严肃的态度，正确地认识它对人类文明曾经有过的巨大贡献。

王志鹏的《对三峡古代巫文化研究的几点思考》指出，三峡古代文化起源较早，曾引起我国一些学者的关注，陈寅恪、童书业、顾颉刚、蒙文通、唐长孺、徐中舒、童恩正等前辈学者，都曾写过一些与三峡古代文化相关且有一定影响的文章；论文从三峡古代巫文化史料的梳理与描述、巫与道教的关系、巫与乐舞的关系三个方面做了探讨。陈文龙的《鸿巫发桢祥　流庆于子孙——再谈巫文化》认为，巫文化源远流长，在巫溪远古巫文化也可以说是"巫盐文化""巫咸文化"；从巫文化的内涵讲具有极大的发掘价值，人们制盐、采药、炼丹的生产劳动和歌舞娱乐的生活风俗均与之密切相关。聂树平、薛新力的《巫文化简论》，通过综述巫文化的既有成果，分析了巫文化与相关概念的区别，界定了巫文化概念的内涵；认为巫文化是古今皆有的以原始思维为核心，以巫师、巫术仪式、巫术工具等为要素的调适人与自然、人与社会关系的一切过程与结果的集合。

王淑贞、刘冰清、王文明的《湘西巫文化本质研究》指出，巫文化是自然经济背景下，神灵观念支配下的人们的采集方式、渔猎方式等生产方式；是泛神观念支配下的一种消费方式、交往方式和生活方式；人们生产与消费活动的神秘性来自人们思想意识的神秘观念，来自巫民的泛神观念。王联思的《〈楚腰〉与楚国巫文化》指出，在中国古代舞蹈史中"巫""舞"同源，而最能体现这一思想的代表就是先秦的楚舞，其最重要的特征是"偃蹇"和"连蜷"，也就是体弯如弓。先秦时期楚地巫风盛行，因此楚地舞蹈带有明显的宗教巫术气质。王文明、王淑贞、刘冰清的《辰州巫傩活动中的诰、咒、诀、符探析》认为，在古代辰州（今湖南省怀化市沅陵县等地）盛行巫傩文化，巫师以诰、咒、诀、符、号等作为与鬼神的沟通手段，而这五种表达方式具有各不相同的内涵，文章对此进行了介绍和分析。周兴茂、张牛的《巴风巫韵：构建长江三峡国际黄金旅游带的历史文化基础及其开发》指出，"巴风巫韵"的表现形态理应是巴人和巴文化的典型特征，巴人的制盐术与巫文化密切相关，且巫文化与女性分不开，它在中华民族的心理积淀上产生了较大的影响；在构建长江三峡国际黄金旅游带的过程中，整个长江三峡地区都应该显现"巴风巫韵"的历史文化基础。

彭逸林、罗娅、师文的《巫溪旅游的 SWOT 分析》，通过 SWOT 分析法（态势分析法）对巫溪的旅游业现状进行了较为全面、深入的探究与分析，把巫溪旅游定位为以巫文化为先导的体验式文化，以科技、原生态古村落旅游凸显其独特性，并针对性地提出了建议与策略。谢建忠的《巫山原始宗教意识与巫术》，认为在大溪遗址以鱼随葬的墓主人应该是巫师，因为在捕鱼的系列行动中，都需要通过巫术仪式获得某种神秘力量，从所示遗骸的头、肩、手、脚都摆放有鱼来看，死者生前应该是一位精通捕鱼系列行动的巫师，他能够从事十分复杂的系列捕鱼仪式。

牟宏的《巫文化在巫溪民俗中的反映》，对巫溪当地民俗中的巫文化现象做了介绍，内容涉及巫术在祭祀神灵、招魂求子、驱鬼避邪、物质生产、禁忌预测及生活医疗、民间文艺等方面的表现，指出巫溪巫文化的广泛保存既是其特定封闭自然环境的结果，在客观上也是对人类非物质遗产保护的一大贡献，我们有责任、有义务去研究、传承与保护它。傅医学的《巫、巫术与巫溪》，对巫的产生及巫术活动做了讨论，进而指出巫溪的自然资源得天独厚，在生产力十分低下的远古，人们对自然界的认识非常有限，他们普遍相信、敬畏鬼神，于是担任沟通人、神媒介的巫师于此无处不在，以至于各种巫事活动盛行并且巫文化现象至今犹存。

苟世祥、胡东力的《试论〈山海经〉的性质与传承》认为，《山海经》不但保存了丰富的神话资料，还涉及诸如哲学、美学、宗教、历史、地理天文、气象、医学、动物、植物、矿物、民俗学、民族学、地质学、海洋学、心理学、人类学等诸多学术领域，《山海经》反映的复杂的文化现象吸引了古今贤人的关注与探讨，文章力图通过对神话人物伏羲具有的巫师之家的身世及其巫教教主身份的认识，探讨《山海经》的性质与相关的传承问题。黎明的《巫文化与中国人文观之巫文化现象表述》指出，中国巫文化更多体现在精神层面，由于历史的原因，历代统治者都不喜欢巫文化的"真我"精髓，其自然性、对天人合一的认知对统治集团是不利的；如今人们研究巫文化不再被认为是宗教迷信，而要结合科学的态度。赵冬菊的《远古巫文化的传承对土家民俗文化的影响》指出，巫文化在土家民族地区已经渗透其民俗文化的各个方面，且成为土家民俗文化的重要组成部分；巫文化被纳入非物质文化遗产抢救保护的重点范围值得我们庆幸，对于贫困地区的经济发展该遗产无疑具有开发、利用的价值。

彭福荣的《重庆酉阳阳戏的文化生态描述与戏剧特征述论》认为，重庆酉阳阳戏受浓重的万物有灵思想和鬼神观念的影响，是由本土的原始宗教与外来的道佛宗教共同作用的产物，是当地人民酬神还愿、民间育人化民的重要手段；酉阳阳戏具有较强的艺术表现能力和突出的艺术审美价值，是不可多得的民间非物质文化遗产。姜永胜的《浅谈"巫文化"中的美》认为，巫师是远古时代的全能智者，他们凭着超群的直觉感应着天文地理，用神秘的卜辞呈现远古生产力的信息，他们集中并传承了巫文化中的美；宋玉在《神女赋》中曾写下过赞美巫姑的诗句"其象无双，其美无极"，我们收集和挖掘巫溪的传统文化，应在"美"字上下功夫。傅玉涛的《世界史上最早的工人起义》，文章以巫溪明代中叶宁厂盐场工人起义为例，指出在巫文化研究中，人们在注重其观念文化体现的同时，也应该研究它在物质文化方面的表现，如盐文化、药文化等，还要研究与之密切相关的政治经济学以及军事现象。

李剑东的《漫议巫术与道教》指出，作为原始的宗教现象，巫的出现是人类思维进步的标志，它蕴藏在人类生产和生活中，是对客观世界的探索及某些经验的积累，从而增加了人们征服自然的勇气和力量；道教完整体系的形成几乎继承和发展了中国民间巫术的各方面。李明忆的《民间巫术之我见》认为，巫术是巫文化的一种重要表现形式，它涵盖了山、医、命、相、卜的部分内容；其实巫术往往就是利用影响、支配病人的心理，给予其心灵上的寄托，进而治疗各种疾病，在巫溪民间运用巫术为人治病的例子仍然时有所见。王常林的《浅论巫文化与道儒佛的关系》《且析巫文化的特质》《以科学的态度正确对待巫文化》，在这三篇文章中作者分别指出：其一，由远古的巫文化产生了道、儒、佛三教，同时三教的兴盛反作用于近当代的巫，使其呈现出多元化的特色；其二，巫文化有一个渐进演变的过程，从时间上看，分远古巫文化、近古巫文化、近当代巫文化。从内涵上看巫文化包含三个方面：一是巫理念，二是巫术，三是巫品质；其三，作者力图运用通俗的语言和事例，深入浅出地介绍巫文化。

熊晓辉的《土家巫文化的人类学考察》，试图从人类学角度对土家族文化进行考察、挖掘和阐述，作者认为是多元文化的交流互动使土家文化得以形成，在相互碰撞下的巫文化与巴文化，最终形成包含多部族因子的土家族文化，因此笔者认为在土家族文化中具有多元文化的特征。卢训岚的《巫文化的漫谈》认为，巫是远古的智者，是在洪荒时代人类和大自然抗争的过程中，历经数千年的发展、演变而形成的一种独特丰富的文化，其以通天彻地、中合人事为特色；对宗教的追根溯源就是远古巫教，巫文化在数千年前就发展到了相当的高度。邵碧清的《巫文化与云台观》，作者认为巫溪不仅是巫文化的发祥地，也是道教的发祥地之一，云台观建于隋炀帝大业四年（608年），在川、陕、鄂久负盛名，被誉为川东古刹之冠；巫溪的巫文化刺激了当地道教的发展，通过它可以探究宗教在当地十分发达的原因。徐雷的《巫医初探》，对巫医的起源、巫医的变革、巫医的实践、巫医的字符、巫医的咒诀、巫医与中医的关系六方面进行了较多的探讨，认为巫医是巫术活动的一个重要组成部分，是最能体现其神力和使古人信仰的主要因素，巫医是现代医学的启蒙者。

对于"重庆巫文化学术研究会"的主要学术观点，重庆市社会科学界联合会学术部做了详细的综述（见重庆社会科学网2010年9月21日）。其内容主要涉及以下六个方面。

第一，讨论了巫文化研究领域的一些基本理论问题，包括对巫文化概念的界定、巫文化的性质、巫文化的渊源、巫文化的思维方式等。

（1）对界定巫文化的概念，学者们提出了自己的看法。

（2）对巫文化的性质划分，注重探讨其社会生产的因素。大部分学者强调"盐文化"有重要影响，即当地盐的生产与巫文化的产生密切相关。

（3）对巫文化发源地的认识，主要着眼于巫巴山地的空间范围，也有的范围包括整个环三峡地区，认知具有涵盖性，即同中有异、异中有同。

（4）关于巫文化在中华文明中的地位，都强调巫巴山地的巫文化是长江文明的一部分。

（5）讨论涉及的内容还包括巫文化的思维方式和认知特点，认为思维方式在文化面貌的表达中起着重要作用。

第二，对巫文化的结构及其内容进行了系统的梳理和较为全面的观照。

第三，多篇论文对"巫术"进行了较为细致的梳理和剖析。

第四，在多篇论文的讨论中，都强调了"巫师"在巫文化中的主体地位与作用。

第五，诸多文章都涉及巫文化与其他文化的关系。

（1）对巫文化、巴文化与土家族关系的探讨。

（2）巫文化与道、儒、佛的关系。

（3）巫文化与《周易》文化的关系。

第六，这次研讨会的学术讨论特点如下。

（1）在较为系统、全面地梳理巫文化的基础上，多学科、多视角对其做了研究。

（2）在研究中基本上做到了宏观与微观并重。

（3）既深入理论探讨，也注重应用研究。

（4）体现出较为开阔的学术视野与丰富的研讨内容。

（5）运用历史唯物主义和辩证唯物主义原理，坚持了批判与继承、推陈与出新的原则。

应该说以上几条对会议学术观点的归纳和总结是较为全面和准确的，它体现了当时学界对环三峡地区远古巫文化及其影响的主要研究水平。此次学术讨论在三峡地区巫文化的研究领域取得较大进展的同时，也向学界提出了以下迫切需要深入探讨的问题：如何对当地巫文化进行系统研究，如何解释巫文化与其产生环境之间的关系；如何厘清巫文化与其他文化形态之间的关联；如何研究与划分巫文化中的理性与非理性成分；如何对巫文化中某些现象进行科学的解释；如何厘清巫文化与民风民俗间密切的内在关系，以及如何实现这一古老文化的现实价值等。同时，从整体上看这次研讨会还存在指向性还不够集中的特点，除少数文章外，研究的系统性、连贯性也显得不强；也没有从非物质文化遗产保护和利用方面进行深入探究，而该方面的历史和现实意义是不言而喻的。

这次研讨会取得的成绩是明显的，它是国内学者对环三峡地区巫文化研究卓有成效的一次努力。继后，类似的研讨会依旧进行，但其规模均有所不及，讨论的重点也逐渐由探讨巫文化本身的价值和意义，逐渐转向偏重于巫文化对当地旅游资源的开发与利用。

2018年11月9日，本书作者邓晓应邀出席由中共巫溪县委宣传部、巫溪县旅游局、巫溪县文化委员会、巫溪县文联联合举办的"中国·重庆第三届华夏巫文化论坛"，并做主题发言。这次论坛的论文集共收录九篇文章，主要内容简介如下。

江碧波的《民族文化脉动的生命之源》，认为远古中国巫文化形成了一个大系统的社会形态，它有共同认识的世界观、生命观、天人合一的太极思维，普遍贯注于人心，是当时人性需求的合理性、宽松性、朴实性、创造性生存形态适应生产发展以及当时历史的物质基础的体现。李政勇的《柏杨河巫咸文化 4A 景区创建中的文化传承与创新》，就柏杨河巫咸文化 4A 景区的创建提出了自己的思路，即"找魂定位四法"：承魂法、掘魂法、借魂法、造魂法，并对其总体方案做了详细介绍。刘卫国的《巴盐与巫文化》，指出在巫溪盐业生产过程中，因为大量移民涌入而形成的各种帮派组织，其公馆庙堂、祭祀会社、地方节会、民风民俗、抗暴斗争、人际关系、饮食文化、诗歌民谣等，均应为巫文化的重要组成部分，它们丰富了当地巫文化的内容，并影响和引导着巫文化的形成与发展。

丘正伦的《巫文化，东方美学集体无意识的基因谱系》，从美学的角度对巫文化进行了探讨，认为远古巫文化在艺术家内心的集体无意识激发与投射，正是远古巫文化聚集的集体无意识文化能量，成为艺术家创作中取之不尽、用之不竭的精神动力，文章高度赞扬了江碧波先生的组画《上下五千年》。邓晓的《巫巴山地的巫文化特色探微》，通过对相关史料和研究成果的梳理，指出巫巴山地的巫文化具有四个典型的特征：以巫名地、以巫立国、巫源广布、巫风长传，并对此四个特征做了详细的解读，进而指出巫巴山地的巫文化是中国古代具有典型意义的文化，在中国以及世界远古巫文化史中均应占有重要的地位。

唐文龙的《从"四部奇书"说"巫盐古道"上的文化交融现象》，通过对《诗经》《楚辞》《山海经》以及《黑暗传》四部书的要义解读，并结合相关史实探讨了中国古代历史文化与巫盐的密切关系和巫盐在古代社会的重要作用。李剑东的《立足古盐道遗址的文旅开发再现盐都盛景》，提出了对巫盐古道遗址的文旅开发思路：要与保持原生态古盐道文化和民俗的开发核心相一致，要与保持原始自然古朴的文化旅游环境和谐一致，要与文化旅游扶贫的目标相一致，同时还要重视巫盐古道的文旅品牌开发。余平的《巫盐文化刍议》认为，巫盐文化与巫溪盐文化在概念上有所区别，前者在地域上不仅覆盖了巫溪县域，还覆盖了巫盐曾经的主要销售区，大体上包括了现今的渝东、陕南、鄂西诸县；对于如何开展巫盐文化的研究提出了近期规划和中远期规划。王常林的《巫溪盐业中的巫文化考察》，分别从"巫咸司盐""白鹿引泉传说寄寓巫的内涵""龙君庙里的仙灵崇拜""巫盐古道上的巫术"四个方面进行了探讨，认为巫溪当地标志性的巫文化因盐而兴、与盐共进，两者有着千丝万缕的联系；巫和盐的故事亦是巫溪独有的地方历史文化现象。

这次论坛与之前不同在于参会学者相对减少，但是论文的指向性更加明确。主要体现在三个方面：第一，对当地巫文化现象的针对性探讨；第二，将巫文化与当地盐文化的研究紧密结合；第三，十分关注如何利用巫文化、盐文化发展地方旅游经济。同时也加强了政府相关部门对论坛的指导作用。至2023年4月15日，"中国·巫溪华夏巫文化论坛"共举办了五届，较大地推动了该地区远古巫文化的研究。

对区域性传统巫文化遗产意义的认识与价值利用，通过较长时间的介绍、研究与宣传，也逐渐受到重庆市社会各界的关注。在中国人民政治协商会议重庆市第四届委员会第五次会议《大会发言材料》（大会秘书处2017年1月16日，第89—91页）中，重庆市政协学习及文史委员会提出以"溯源巫文化营建东方伊甸园激活渝东北旅游金三角"。所谓"金三角"，指由重庆市的巫溪、巫山、奉节三县构成的三角形地域，它们在历史与文化传承上有着十分密切的关系。提案主要包括三个内容："一、溯源巫文化，激活渝东北旅游远古文化的神性灵魂"，指出巫文化是人类对天、地、人关系的最早觉醒，涵盖天文地理、神话宗教、医药医术、制盐炼丹、歌舞艺术、祭祀民俗等多领域；其万物有灵、自然崇拜、天人感应、人神同位、天人合一、阴阳互动、趋利避害，尤其是先觉于世界神本文化的人本精神，渗透于中华民族血脉中，成为传承五千年的文化和思想基因。"二、营建东方伊甸园，提升三峡景观的世界人文价值"，指出在巫魂有灵的原始生态、巫风弥漫的神奇山水中，营造东方伊甸园的神秘景观，正可契合人类共同的人文向往，有望将金三角作为三峡游的升级版，再一次推向世界。"三、链接南北文化通道，变贫瘠边地为中国腹心的远古人文圣地"，指出在金三角三峡游的升级版中，巫溪重点凸显上古巫文化，从巫盐文化、巫咸古都、巫药文化、汉风神谷、云台观五个方面着力；巫山突出远古神话，重点打好巫山猿人和巫山神女两张牌；奉节重在中古文化，重点打造白帝城和诗城品牌。该议案的提出表明远古巫文化在人们心中的重要地位。

作为中国西南远古巫文化重镇的巫溪县，近年来也陆续出版了一些宣传当地风俗文化的书籍，其中有不少涉及当地的传统巫文化。如"巫溪县旅游文化丛书"[①]，丛书包括：牟宏主编的《逍遥巫溪》与《诗韵巫溪》，中共巫溪县委宣传部巫溪县旅游管委会编的《天赐巫溪》，巫溪县盐厂编的《巫盐史志》，共四部。又如"巫溪县非物质文化遗产丛书"[②]，丛书包括：李剑东的《巫溪传统手工制盐》、杜正坤的《巫溪民间故事》，佘平的《巫溪大宁古城》，赵四万的《五句子山歌》和黄承军的《巫咸孝文》，共五部，其中前四部均或多或少地涉及当地的巫文化，而最后一部直接地记载了当地的巫文化传承，正如该书的"前言"所说："巫咸孝文习俗作为巫文化的活化石，更作为巫溪本地区族群历史活的见证，堪称文化瑰宝，具有不可多得的重要价值。巫咸孝习俗的演唱内容极为丰富和复杂，包含了多元历史数千年的演进历程，具有极

---

① "巫溪县旅游文化丛书"，四川美术出版社 2010 年版。
② 李剑东主编："巫溪县非物质文化遗产丛书"，团结出版社 2018 年版。

其珍贵的历史学、文学、神话学、人类学研究价值，巫咸孝习俗通过在丧葬仪式这一特定场所的表演，将历史感、认同感与道德感予以糅合，使其成为本地族群关系的润滑剂，社会道德的宣传队，更成为社会和谐的推动者，具有不可替代的社会教化价值。"显然，"巫咸孝文习俗作为巫文化的重要遗存，巫溪及周边地区最重要的历史记忆，保存着最重要的文化信息，具有鲜明的多元文化交融的特征"。①

上述内容主要为近二十年来与环三峡地区巫文化研究直接相关的学术成果，体现了该研究对长江中上游地区文明起源所具有的重要意义和价值。其在整体上的不足之处亦主要体现在三个方面：第一，研究的兴起时间较晚，缺乏长期的成果积累；第二，参与研究的人员有限且存在研究经验与方法的差距；第三，研究的系统性与深度还有待加强。笔者由此认为，环三峡地区的巫文化研究还有相当大的拓展空间，且其重要成就的取得不是指日可待，而是有待时日。

第二节　近三十年来我国出版之涉巫著述

改革开放前传统巫文化被长期视为"封建迷信"，因此对其的研究基本上属于禁区，除批判文章外难以看到客观的学术著述。自 20 世纪 80 年代起，随着学术思想的开放，学界对相关领域的探讨不断深入，一些专家学者也进行了大胆的探索，于是一批批成果接踵问世。其中，不乏对国外经典名著的翻译，更有国内学者的力作；其内容既有直接讨论巫文化内涵的，也有间接述及巫文化现象的；特别是近些年随着三峡地区抢救性发掘的进行，系列考古发掘报告和三峡历史与文化研究著述的大量出现，为该方面研究提供了不少考古学、历史学、民族学、文化

---

① 黄承军：《巫咸孝文》，团结出版社 2018 年版，第 310 页。

学的资料和理论依据。笔者兹按照出版时间由近及远的原则排序概述如下。

一 直接研讨巫文化的著作

[英]罗纳德·赫顿著,赵凯、汪纯译,《巫师:一部恐惧史》[①]。该书梳理了学术史上有关巫师的四种看法:第一,"以神秘手段伤害他人的人"(利用巫术害人);第二,"使用魔法的人(使用巫术做好事)";第三,"某种基于自然的非基督宗教的修习者";第四,"独立女权和反抗男性统治的象征"。作者强调欧洲巫术的独特性,认为欧洲有关巫术和宗教的认识,随着传教士传到中国,自然地也被运用到对中国宗教的理解上。

[英]莫尼卡-玛丽亚·斯塔佩尔贝里著,高明杨、周正东译,《魔法、节日、动植物:一些奇异文化传统的历史渊源》[②]。作者通过对人们习俗的观察,指出他们的某些特定行为、姿态及礼仪规范,实际上是基于早已被人遗忘的远古信仰、仪式魔法、祭祀传统或迷信思想。为此书中提到了许多例子。

[英]蒙塔古·萨默斯著,陆启宏等译,陆启宏校,《巫术的历史》[③]。该书作者认为中世纪猎杀女巫运动及宗教裁判所在某种程度上具有必要性,巫术和异端往往会卷入对社会秩序的攻击,他们总是无政府主义和政治性的,异端有时是依据民法而被处死的,而非出于宗教迫害的原因。该书被认为提供了关于巫术和教会反对巫术历史的最

---

① [英]罗纳德·赫顿:《巫师:一部恐惧史》,赵凯、汪纯译,广西师范大学出版社2020年版。
② [英]莫尼卡-玛丽亚·斯塔佩尔贝里:《魔法、节日、动植物:一些奇异文化传统的历史渊源》,高明杨、周正东译,上海社会科学院出版社2020年版。
③ [英]蒙塔古·萨默斯:《巫术的历史》,陆启宏等译,上海三联书店2020年版。

好叙述。

[美]斯泰西·希夫著,浦雨蝶、梁吉译,《猎巫:塞勒姆,1692》①。该书行文如小说,但史料考证精细入微,对1692年的冬天发生在波士顿附近塞勒姆的女巫案做了详细的介绍,恐慌曾蔓延至整个马萨诸塞湾殖民地,随即所有人都被卷入声势浩大的猎巫运动。这场猎巫运动历时九个月,二十余人最终惨死,另有近两百人被指控为巫师。

[美]阿瑟·米勒著,梅绍武译,《萨勒姆的女巫》②。此为2011年中译本的重版,是作者根据萨勒姆女巫案完成的剧本《萨勒姆的女巫》。该剧被认为是"有意识地借这部关于宗教迫害的剧本影射当时北美活动调查委员会对无辜人士的政治迫害"。而作者本人则认为此剧"具有远比只是针砭一时的极右政治更为深远的道德含义,旨在揭露邪恶,赞颂人的正直精神"。

许地山著,《扶箕迷信的研究》③。该书从散见的古文献中收集了有关扶乩的资料132则,对扶乩的起源、形式、功能和目的做了较为系统的梳理,同时从心理学角度进行了解释。指出扶乩(箕)是一种占卜的形式,源自古代的紫姑信仰,属于预测巫术,在明清时期颇为流行。

[丹麦]拉内·韦尔斯莱夫著,石峰译,《灵魂猎人——西伯利亚尤卡吉尔人的狩猎、万物有灵论与人观》④。该书以俄罗斯科累马河上游的一个西伯利亚原住民的狩猎小民族——尤卡吉尔人(Yukaghirs)为研究对象,作者在参与了当地人的狩猎和生活18个月后写成此书。

---

① [美]斯泰西·希夫:《猎巫:塞勒姆,1692》,浦雨蝶、梁吉译,文汇出版社2020年版。
② [美]阿瑟·米勒:《萨勒姆的女巫》,梅绍武译,上海译文出版社2020年版。
③ 许地山:《扶箕迷信的研究》,商务印书馆2020年版。
④ [丹麦]拉内·韦尔斯莱夫:《灵魂猎人——西伯利亚尤卡吉尔人的狩猎、万物有灵论与人观》,石峰译,商务印书馆2020年版。

书中，作者对尤卡吉尔人的各种实践和巫术，以"万物有灵"的观点进行了阐述。

[德]伊曼努埃·康德著，李明辉译，《通灵者之梦》（第二版）①。该书是康德在看到通灵者史威登堡的《天上的奥秘》后所作。史氏是瑞典知名的科学家，晚年走上了神秘主义的道路。康德此书将形而上学家与通灵者相提并论，并予以讽刺，且书中为知识、信仰和迷信三者划了界线。

[英]布罗尼斯拉夫·马林诺夫斯基著，李安宅译，《巫术科学宗教与神话》②。作者根据自己的田野调查，站在第三者的角度，对原始信仰进行阐释，运用功能主义理论，对与巫术、神话、宗教和科学的相关问题进行解构和重组，力求辩证地探讨其内在关系。

高国藩著，《中国巫术通史》③。该书主要以敦煌巫术为轴心，考察和梳理了我国各类巫术流变历史。书中第一至第五章为对巫术概念的总说，介绍巫术的基本知识、主要内容；在第六至第四十五章中，按时间顺序和朝代的先后，逐次展示了中国巫术史发展的全貌。

宋兆麟著，《巫与祭司》④。该书主要讨论了巫之兴衰、鬼神世界、通神之巫、巫觋仪式、巫与文字、巫与文化艺术、巫与科学知识、神明裁判、祭司与文明的起源等问题。指出巫觋本身也处于产生、发展乃至没落的过程之中，其与早期人类文明关系密切。我们应该正确地认识这段人类童年的历史。探索人类文明的起源，必须认真梳理巫觋的有关问题，并对其作出符合历史的客观评价。

---

① [德]伊曼努埃·康德：《通灵者之梦》（第二版），李明辉译，（台北）联经出版事业公司 2020 年版。
② [英]布罗尼斯拉夫·马林诺夫斯基：《巫术科学宗教与神话》，李安宅译，上海社会科学院出版社 2016 年版。
③ 高国藩：《中国巫术通史》，凤凰出版社 2015 年版。
④ 宋兆麟：《巫与祭司》，商务印书馆 2013 年版。

[瑞士] 弗里茨·格拉夫著，王伟译，《古代世界的巫术》①。该书内容包括导论，命名巫师，外界视野中的巫师形象，怎样成为一名巫师，诅咒板和伏都玩偶，巫术的文字表现，言语和行为等章节。该书主要利用古典著作、纸莎草、诅咒板、碑铭等材料，对古希腊罗马世界的巫术进行了介绍。

[英] J.G. 弗雷泽著，汪培基、徐育新、张泽石译，《金枝——巫术与宗教之研究》②（上、下）。该书的研究重点是原始时期人类的宗教，包括他们的巫术仪式及心理状态等方面，对这些现象的起源及其在人类思维发展中的重要作用做了深入探讨。该书因田野资料丰富，记录有不少古人的习俗和信仰，采用了较严谨的历史比较方法，得到了学术界的普遍认可。随着时代的前进、科学的进步，作者的一些观点或结论已经略显过时。

胡新生著，《中国古代巫术》③。该书的主要内容为古代巫术灵物与一般辟邪方法、控制自然与治疗疾病的巫术、控制人类行为和情感的巫术。作者指出，在中国的古代社会，巫术信仰与活动在下层民众中长期传承，并且态势不减，它在政治、文化、民俗、军事和法律等方面对中国人的价值观及思维方式都曾有过深刻影响，其研究是中国传统文化研究中不可回避的内容。该书为1998年版的修订版。

王玉德著，《长江流域的巫文化》④。该书的主要内容为对巫文化的概说，在长江流域时空视野下的巫文化，该区域巫文化的理念与实践，社会与习俗，对巫文化的是非曲直的讨论。其讨论的重点主要放在长江

---

① [瑞士] 弗里茨·格拉夫：《古代世界的巫术》，王伟译，华东师范大学出版社2013年版。
② [英] J.G. 弗雷泽：《金枝——巫术与宗教之研究》（上、下），汪培基、徐育新、张泽石译，商务印书馆2019年版。
③ 胡新生：《中国古代巫术》，人民出版社2010年版。
④ 王玉德：《长江流域的巫文化》，湖北教育出版社2005年版。

中下游地区。

万晴川著,《巫文化视野中的中国古代小说》①。该书的主要内容包括绪论、古代小说家笔下的巫师、巫术观念与古代小说创作思维等方面,主要通过对古代小说情节的分析,对巫文化现象进行较为深入的探讨。

陆群著,《民间思想的村落·苗族巫文化的宗教透视》②。该书的主要内容为对苗族信仰进行了界定,作者认为时至今日,基于万物有灵的鬼信仰在苗族人的信仰中依旧占据重要地位。作者力图揭示苗族人信仰中蕴含的生命力,指出人类始终处在自然、社会、对人自身以及对人与自然和社会关系的认知过程中。

王继英著,《巫术与巫文化》③。该书较为全面地探讨了巫术的性质及其之所以发生、发展的原因,巫术的运用方式,巫术与宗教神话、艺术科学之间的密切关联,并就此提出了自己的见解。

杨鹓国著,《苗族舞蹈与巫文化:苗族舞蹈的文化社会学考察》④。该书的主要内容为介绍苗族舞蹈系统的一般文化特征,苗族舞蹈系统的主体构成,内容传达,其与音乐、诗歌、装饰的关系,苗族舞蹈的巫文化心理及文化史价值等。

方燕著,《巫文化视域下的宋代女性》⑤。该书的主要内容为将宋代女性置于巫文化视野下检视,分析和探讨了宋代女性的巫术态度与表现,对巫术背景下的宋代女性婚育观念、角色观念、医疗观念等进行了一定深度的剖析。

---

① 万晴川:《巫文化视野中的中国古代小说》,中国社会科学出版社2003年版。
② 陆群:《民间思想的村落·苗族巫文化的宗教透视》,贵州民族出版社2000年版。
③ 王继英:《巫术与巫文化》,贵州民族出版社1993年版。
④ 杨鹓国:《苗族舞蹈与巫文化:苗族舞蹈的文化社会学考察》,贵州民族出版社1990年版。
⑤ 方燕:《巫文化视域下的宋代女性》,中华书局2008年版。

林河著,《中国巫傩史·中华文明基因初探》①。该书讨论了中华文化的多元性,就巫文化对中国的贡献、傩文化对中国的贡献、傩文化与其他文化的关系、中华文明的基因等方面进行了分析与探讨。

潜明兹著,《中国神源》②。该书依据历史线索分析、梳理、讨论了从原始信仰到巫教、四种人为宗教及其相关的神灵,指出在中国宗教文化的发展具有突出的连续性与开放性,进而强调神灵是人在特定历史条件下创造的。

张建建著,《冲傩还愿——贵州傩仪的结构类型意义》③。该书以详细的考察报告为基础,通过分析巫傩仪式的象征含义,揭示出其最主要的文化功能,指出它是通过象征地实现人的神圣生活,从而实现人的精神状态的根本改变。

胡健国著,《巫傩与巫术》④。作者通过巫与傩的关系,巫的南北分野,巫、巫术与宗教等章节,对巫傩与巫术的内涵和相互关系进行了分析,并就巫的分布、巫与宗教的关系作了介绍。

张紫晨著,《中国巫术》⑤。该书较细介绍了巫与巫术、巫术及其原理、祭祀中的巫术、驱鬼中的巫术、招魂中的巫术、求子中的巫术、医疗中的巫术、生产中的巫术、建房中的巫术、制敌放蛊巫术、东巴教中之巫术、萨满教中之巫术、中国巫术与中国文化等。正如作者指出,该书的撰写目的在于拓荒,也在于深化对民间文化的认识。

宋兆麟著,《巫与巫术》⑥。该书内容包括巫的源流、巫师、巫师的信仰、预言征兆和占卜、祭祀、巫术、巫医、神判和法律、巫和文学艺

---

① 林河:《中国巫傩史·中华文明基因初探》,花城出版社2001年版。
② 潜明兹:《中国神源》,重庆出版社1999年版。
③ 张建建:《冲傩还愿——贵州傩仪的结构类型意义》,贵州人民出版社1997年版。
④ 胡健国:《巫傩与巫术》,海南出版社1993年版。
⑤ 张紫晨:《中国巫术》,上海三联书店1990年版。
⑥ 宋兆麟:《巫与巫术》,四川民族出版社1989年版。

术、巫和自然科学等。该书从历史发展的角度探讨了巫教的历史作用、巫教的长期延续，指出作为远古社会的精神支柱，巫教对维护社会关系、科学文化发展曾起过十分重要的作用，而巫师即为早期的知识分子，巫教直接影响后世人为宗教的产生。

巫瑞书等主编，《巫风与神话》①。该书为论文集，选收了湖南省首届故事学术讨论会上的论文 20 篇。这些论文从不同角度对楚地的巫风与神话进行了探索，包括《山海经》神话与楚文化、古代神话的演变看楚文化与中原文化的交融等。

二 间接涉及巫文化的著作

王子今著，《权力的黑光：中国传统政治迷信批判》②。该书为 1994 年版的修订本。书中涉及与"政治迷信"密切联系的巫术，认为在早期文明中巫师均是知识和权力精英，他们具有领袖的才能。君王大禹又是大巫，其步态"禹步"即成为后世巫师效仿的对象。古代政治人物常借助巫术建立政治迷信，从而确立权威。

肖世孟著，《中国色彩史十讲》③。该书在述及上古色彩的使用时，指出其往往涉及巫术。色彩在巫术中具有法器之功能，依照的是相似律原理。朱砂在早期巫术中就曾起着重要的作用。作者指出，殷商之前在巫术中常用的赤铁矿粉（赭石）、石绿、石膏、炭黑（百草霜）等色彩颜料，都值得专门研究。

［德］保罗·赫尔曼著，张诗敏、许嫚红译，《北欧神话：世界开端与尽头的想象》④。神话是北欧文学丰富想象力产生的土壤，基督教

---

① 巫瑞书等主编：《巫风与神话》，湖南文艺出版社 1988 年版。
② 王子今：《权力的黑光：中国传统政治迷信批判》，四川人民出版社 2020 年版。
③ 肖世孟：《中国色彩史十讲》，中华书局 2020 年版。
④ ［德］保罗·赫尔曼：《北欧神话：世界开端与尽头的想象》，张诗敏、许嫚红译，上海人民出版社 2020 年版。

迟至 11 世纪前后才传到斯堪的纳维亚半岛，此前神话和巫术得以充分地发展。女巫传说曾广泛存在于北欧神话中，她们可以是死者的灵魂，也可以是现实中的女性，且有着变形的能力，也能通过灵魂出窍附身于其他生物，至今在民间仍然有人相信她们的存在。

张瑞芳著，《中国古代小说中的动物形象变迁研究》[①]。该书主要讨论古代小说中的动物形象，其中涉及巫术与动物之间的关系。作者指出，古代巫师利用动物来实施巫术或将动物作为灵物来辅助巫术，他们"头上长角"的装扮应与动物相关。

陈高华著，《元代风俗史话》[②]。作者为元史研究专家，书中章节"元代的巫觋与巫术"对元代巫术的研究和探讨有一定参考价值。其中分别从以巫为医、以巫为害两个方面列举了元代发生的一些事例。

柳立言著，《人鬼之间：宋代的巫术审判》[③]。作者以法制史为背景来研究宋代有关巫术的法律政策和判例，对宋代是否禁巫进行了深入的考察，指出宋代"禁巫"所禁的是某些不当的巫术行为，而非所有的巫。

范荧著，《笔记语境下的宋代信仰风俗》[④]。该书以《全宋笔记》为基础，对宋代宗教观念和信仰习俗进行了梳理。作者从自然与自然物崇拜、鬼魂信仰与祖灵崇拜、佛教信仰习俗、道教信仰习俗、俗神信仰与淫祀、巫术与禁忌六个方面展开。

贺璋瑢著，《广东民间信仰文化探析》[⑤]。该书一方面对广东地区巫鬼信仰盛行的原因进行了分析，指出与当地"瘴疠之气"流行且受中原文化影响小相关；另一方面分析了客家人的巫觋信仰，包括请神、招

[①] 张瑞芳：《中国古代小说中的动物形象变迁研究》，中国社会科学出版社 2020 年版。
[②] 陈高华：《元代风俗史话》，中国社会科学出版社 2020 年版。
[③] 柳立言：《人鬼之间：宋代的巫术审判》，中西书局 2020 年版。
[④] 范荧：《笔记语境下的宋代信仰风俗》，大象出版社 2020 年版。
[⑤] 贺璋瑢：《广东民间信仰文化探析》，社会科学文献出版社 2020 年版。

魂、问仙、扶乩、喊惊、认契娘、卜卦、测字、看相、算命、求签、画符等形式，指出客家的巫术文化受到多种因素的影响。

杨儒宾著，《儒门内的庄子》①。该书研究庄子，特别关注庄子的巫文化背景，其中第一部分就是"庄子与东方海滨的巫文化"。作者探讨了庄子思想中被湮没的巫文化要素，并从巫术空间、人格形态、神话飞禽、生命基质等方面分析了庄子与巫文化的关联。

李虹著，《死与重生：汉代的墓葬及其信仰》②。该书系统研究了汉代墓葬及信仰，其中不少涉及巫术的内容。作者指出，春秋以降，巫觋对祭祀垄断权的消失，使他们远离神权中心和政治中心，且因其医术欠佳，转而向下层发展，成为专事鬼神的神职人员。

[日]涩泽龙彦著，蕾克译，《黑魔法手帖》③。在该书中巫术占据了较多的篇幅，如其中有专章论述"巫魔会幻景"，这是在西方巫术史中经常谈及的话题。这些光怪陆离充满着猎奇的内容，多转自欧洲猎巫运动所载宗教审判时的巫师自白。

[日]荻原秀三郎著，李炯里、刘尚玉译，《稻、鸟和太阳之道——追寻日本文化的原点》④。作者认为日本稻作文化源自中国云贵地区，属于以稻、鸟、太阳为原点的复合型文化。书中分析了日本常见的鸟装习俗和鸟巫现象，指出东亚巫术在谱系上存在着关联性，通古斯的萨满教与中国文化相互影响。

张邦彦著，《精神的复调：近代中国的催眠术与大众科学》⑤。该书涉及一些与巫术关联的问题，指出近代中国曾出现一些研究催眠术的组

---

① 杨儒宾：《儒门内的庄子》，上海古籍出版社 2020 年版。
② 李虹：《死与重生：汉代的墓葬及其信仰》，四川人民出版社 2020 年版。
③ [日]涩泽龙彦：《黑魔法手帖》，蕾克译，广西师范大学出版社 2020 年版。
④ [日]荻原秀三郎：《稻、鸟和太阳之道——追寻日本文化的原点》，李炯里、刘尚玉译，贵州大学出版社 2019 年版。
⑤ 张邦彦：《精神的复调：近代中国的催眠术与大众科学》，(台北)联经出版事业公司 2020 年版。

织，希望借助"科学"来研究灵魂、沟通心灵、特异功能、死后世界等问题。同时传统的巫术形式也在利用"科学"来完善巫术实践和原理的阐述。

[美]普鸣著，张常煊、李健芸译，李震校，《成神：早期中国的宇宙论、祭祀与自我神化》[1]。作者梳理了自马克斯·韦伯以来有关中国研究的两大范式，即理性化与特殊化。指出前者将理性作为历史演进的标准，而后者强调中西文化各有其特殊性。该书还涉及关于巫术的诸多话题，并对学界萨满理论的一些观点进行了反思。

[法]汪德迈著，[法]金丝燕译，《中国思想的两种理性：占卜与表意》[2]。作者力图从中西文字的不同起源及特征审视其文化和思想间的差异，指出在中国思想最初是以占卜方程式为导向，而希腊—拉丁并犹太—基督教思想以宗教信仰为导向。中国文化最深的根基就是表意文字，基于此形成了关联性思维方式，这不同于西方的因果思维。甲骨时代的占卜师即萨满师，他们将巫术信仰理性化为占卜学，且起着国家神职人员的作用。

贾二强著，《唐宋民间信仰》[3]。该书专论唐宋时期的民间信仰，其中探讨的问题多与巫术有关。作者认为民间信仰的多样性、神秘性、语言多变性都是与巫术相似的，民间信仰中的自然神和人格神也经常会在巫术中出现，道教中的许多方术也多源于巫术。

[美]艾媞捷、[美]琳达·巴恩斯编，朱慧颖译，《中国医药与治疗史》[4]。该书讨论了巫医关系的历史变化，指出商、周、秦时期，人

---

[1] [美]普鸣：《成神：早期中国的宇宙论、祭祀与自我神化》，张常煊、李健芸译，李震校，生活·读书·新知三联书店 2020 年版。
[2] [法]汪德迈：《中国思想的两种理性：占卜与表意》，[法]金丝燕译，中国大百科全书出版社 2020 年版。
[3] 贾二强：《唐宋民间信仰》，科学出版社 2020 年版。
[4] [美]艾媞捷、[美]琳达·巴恩斯编：《中国医药与治疗史》，朱慧颖译，浙江大学出版社 2020 年版。

们普遍认为疾病是由超自然,尤其是被诅咒造成的;随着周代宗法制度和祖先神灵等级制度衰落,在春秋时期对病因的解释转向了自然因素;到汉代,巫者的医学权威地位发生了重要转变。

闻一多著,朱自清、郭沫若、吴晗、叶圣陶编,《闻一多全集》①。该书为再版,在闻一多先生诸多著述中,涉及巫术的内容不少,他曾运用巫术观念对《楚辞》进行研究,认为《九歌》中的九神"实际是神所'凭依'的巫们",同时他也指出《九歌》中的"巫音"与"巫术"是有所不同的。

李零著,《中国方术考》和《中国方术续考》(典藏本)②。该书的特点在于力图运用考古材料弥补现有的研究空白,对中国早期的方术知识做了较为系统的总结,内容涉及对战国秦汉的方术知识讨论和对道教、佛教产生前的方术知识讨论。该书是有关中国巫术研究的一部重要论著。

[美]埃尔曼塞维斯著,龚辛、郭璐莎、陈力子译,《国家与文明的起源:文明演进的进程》③。该书提出了四阶段社会进化论,即人类的进化经历了游群、部落、酋邦和国家四个阶段。在四阶段中,酋邦是我们探究国家及其形成的关键点。与其前后组织相比,酋邦有集权趋势,有等级与世袭,有神权特征,强调服从权威,但是在该阶段没有法定的强权和武力压迫。

杨念群著,《再造"病人"——中西医冲突下的空间政治(1832—1985)》(第2版)④。该书以西医东渐后与中医间的观念及实践冲突为

---

① 闻一多:《闻一多全集》,朱自清、郭沫若、吴晗、叶圣陶编,上海人民出版社、上海书店出版社2020年版。
② 李零:《中国方术考》和《中国方术续考》(典藏本),中华书局2019年版。
③ [美]埃尔曼塞维斯:《国家与文明的起源:文明演进的进程》,龚辛、郭璐莎、陈力子译,上海古籍出版社2019年版。
④ 杨念群:《再造"病人"——中西医冲突下的空间政治(1832—1985)》(第2版),中国人民大学出版社2019年版。

探讨内容，其中涉及巫医。晚清民国时期，巫医仍在民间治疗中扮演重要角色。随着西医传入，人们对疾病、身体、治疗等观念发生了根本改变。

［古罗马］普林尼著，李铁匠译，《自然史》①。该书内容有不少涉及巫术，其中第三十卷专章论述巫术。作者指出，巫术以三重镣铐——医学、宗教和占星术控制着人类的情感，认为巫术不论在何时、何理由或何原因都是虚假的。通过该书我们得以窥见当时人们的生活和文化。

戴祖贵编著，《乡音乡情》②。该书为重庆非物质文化遗产丛书之一，记录了重庆市市级民间音乐类（民间歌曲部分）非物质文化遗产名录的项目23种，其中包括"巫音"，"巫音又叫'神歌'，传说为三峡神医巫咸创史"，是一种以民间音乐舞蹈形式悼念亡人的祭祀活动，为原始古朴音乐，流行于环三峡地区。

［法］爱米尔·涂尔干著，渠敬东、汲喆译，《宗教生活的基本形式》③。该书除导言和结论外共三卷，第一卷"先导问题"，包括4章；第二卷"基本信仰"，包括9章，第三卷"主要仪式态度"，包括5章。在第一卷第一章"宗教现象和宗教定义"中，特别对巫术与宗教的区别进行了阐述。

张光直著，刘静、乌鲁木加甫译，《艺术、神话与祭祀》④。全书共7章，讨论了氏族、城邑与政治格局，道德权威与强制权力，巫术与政治、艺术、文字，政治权威的获取途径，政治权威的崛起等内容。该书是作者以在哈佛大学开设的一门选修课的讲稿为基础编写的，言简意

---

① ［古罗马］普林尼：《自然史》，李铁匠译，上海三联书店2018年版。
② 戴祖贵编著：《乡音乡情》，西南师范大学出版社2017年版。
③ ［法］爱米尔·涂尔干：《宗教生活的基本形式》，渠敬东、汲喆译，商务印书馆2016年版。
④ 张光直：《艺术、神话与祭祀》，刘静、乌鲁木加甫译，北京出版集团公司北京版社2016年版。

赅、深入浅出。

王治心著,《中国宗教思想史大纲》(校订版)[①]。该书讨论包括三代时期的宗教思想,秦汉时期的宗教思想,魏晋南北朝时期的宗教思想,唐宋元时期的宗教思想,明清及现代的宗教思想等方面。该书曾于1933年由中华书局出版,创中国宗教史研究之先河,亦对中华民族宗教的起源有所述及。

袁珂著,《中国神话史》[②]。该书内容包括:原始社会前期的神话,《山海经》的神话,先秦及汉初文献中的神话,汉代的感生神话及其他,仙话及佛典中的神话,历史人物神话,魏晋六朝神话,唐五代的神话,宋元的神话,明清的神话等章。该书以广义神话思想为基本认识,引经据典考察了中国神话在流传中的演变和对后世文学艺术的影响,以及历代神话整理者、研究者在整理研究工作中的一些问题。

王斐译注,《山海经译注》[③]。《山海经》是中国最早的重要神话著作,述及巫山十巫等远古三峡地区的内容。该书选择了袁珂的《山海经校注》为底本译注,并参考了郭璞的古注,以及方韬等多位学者的现代研究成果。

袁珂编著,《中国神话传说词典》(修订本)[④]。该书以较丰富详尽的资料,将同一传说的不同版本搜罗齐全,体例索引整齐且严谨可靠。对词目的说明引用原文做解释,引据确凿。该书是一部全面、专业的词典,不但有利于神话研究,而且具有珍贵的学术价值,同时该书还配有400余幅插图。

袁珂著,《中国神话传说——从盘古到秦始皇》[⑤]。全书包括导论

---

① 王治心:《中国宗教思想史大纲》(校订版),商务印书馆2015年版。
② 袁珂:《中国神话史》,北京联合出版公司2015年版。
③ 王斐译注:《山海经译注》,上海三联书店2014年版。
④ 袁珂编著:《中国神话传说词典》(修订本),北京联合出版公司2013年版。
⑤ 袁珂:《中国神话传说——从盘古到秦始皇》,北京联合出版公司2012年版。

篇、开辟篇、黄炎篇、尧舜篇、羿禹篇（上、下）、夏殷篇、周秦篇（上、下），每篇又各含若干章节。该书在作者于1950年出版的《中国古代神话》一书基础上，历经两次重要增补修订而成，内容达到原来的4倍，从盘古开天辟地叙述到秦始皇统一六国，形成一个庞大而有机的古神话体系。

［德］马克斯·韦伯著，康乐、简惠美译，《宗教社会学·宗教与世界》①。该书包括两部分，其中"宗教社会学"共12章，讨论了宗教的起源、巫师和祭师、先知、教团等问题；"宗教与世界"包括导论和3个章节，就资本主义精神与理性化、比较宗教学导论、宗教济世的阶段与方向进行了探讨。

丁山著，《古代神话与民族》②。该书主要就中国上古史的一些重要问题进行了考证，涉及神话传说中的三代都邑迁徙、殷商历史、宗法制度起源、大禹治水、神农氏、九州方位考等问题，对先秦神话与早期文明的关系提出了自己的见解。

丁山著，《中国古代宗教与神话考》③。该书以探寻中国文化之源为目的，其方法既基于传统考据，又利用比较神话学、比较宗教学及比较语言学，分析史前神话。该书在分析数量与考证程度上均达到了较高水平，为之前所少见，从而使这部著作具有较大的学术价值。

［美］米尔恰·伊利亚德著，吴晓群译，《宗教思想史》（三卷本）④。该书全景式地展示了人类历史上各种纷繁复杂的宗教现象的发展过程，勾勒了从旧石器时代开始到文明时期，世界各主要宗教的发生与发展历

---

① ［德］马克斯·韦伯：《宗教社会学·宗教与世界》，康乐、简惠美译，广西师范大学出版社2011年版。
② 丁山：《古代神话与民族》，商务印书馆2015年版。
③ 丁山：《中国古代宗教与神话考》，上海书店出版社2011年版。
④ ［美］米尔恰·伊利亚德：《宗教思想史》（三卷本），吴晓群译，上海社会科学院出版社2011年版。

程。较全面地吸收了20世纪宗教研究领域的重要成果，具有较高的学术价值与资料价值。

［德］费尔巴哈著，王太庆译，《宗教的本质》①。该书是作者的重要著作之一，共包括55节。书中进一步论证了费尔巴哈的唯物主义观点，指出人的依赖感是宗教的基础。自然是宗教最初的原始对象，该书对宗教的本质进行了多视角、全方位的讨论。

田华咏编著，《湖南民族医学史》②。该书着眼于对湖南本地民族医学的观察，内容涉及巫医的传入与土家族医药文化、土家族医药发展史上的巫医现象、梯玛文化对土家族人类学及医学的认识等。

赵万民编著，《宁厂古镇》③。该书基于山地人居环境学进行研究，就重庆市巫溪县宁厂古镇的历史演变过程、保护与发展方向做了较为广泛的探讨，内容涉及对当地巫文化的保护与利用。作者通过研究指出，宁厂古镇历史悠久，可追溯到距今五千年前，巫巴山地是人类的发源地和长江文明的重要摇篮。

田华咏、杜江著，《中国苗医史》④。该书为中国苗族医药学史专著，主要内容论述了神话传说时代、古代、近代及现代苗族医药的发展史，从而分析和探讨了苗族医药的特点，苗瑶语民族医药文化的源流，文化多样性对苗族医药文化的影响，以及著名苗族医药学家和苗医药，所述内容与巫文化相关。

陈劲松著，《儒学社会通论》⑤。该书主要内容是对儒学社会的主导精神、社会秩序、社会运行状态及其限制进行分析与研究。其中亦对远古时代的"巫文化""占卜文化"略做探讨。

---

① ［德］费尔巴哈：《宗教的本质》，王太庆译，商务印书馆2010年版。
② 田华咏编著：《湖南民族医学史》，中医古籍出版社2009年版。
③ 赵万民编著：《宁厂古镇》，东南大学出版社2009年版。
④ 田华咏、杜江：《中国苗医史》，中医古籍出版社2008年版。
⑤ 陈劲松：《儒学社会通论》，中国人民大学出版社2007年版。

吴成国著，《六朝巫术与社会研究》①。该书从巫术与社会的视角对六朝史及社会作出了新的解读，其主要内容包括论六朝巫风盛行之本源、巫术与六朝社会综论、六朝祈求巫术述论，等等。

黄桂秋著，《壮族麽文化研究》②。该书是中国学术界研究壮族麽教与麽文化的第一部专著。主要内容介绍了麽教形态及分布特征，讨论了该教的主神、布洛陀的陪神和鬼神信仰，还对麽教的经书、圣地祭典及圣地歌圩做了介绍与分析。

谭桂林、龚敏律著，《当代中国文学与宗教文化》③。该书作者详细地梳理了中国当代作家与宗教文化的复杂关系，较为深入地探讨了宗教文化对当代文学创作的主题、人物、意象等方面产生的种种影响。

党宁著，《虚实间的长吟》④。作者通过该书表述了其对民族文化、传统艺术的认识，在美学的范围内做了谨慎的历史与现状的比较，内容涉及哲学、文学、宗教，以及艺术本身范畴里的绘画等方面，并对巫及巫文化做了讨论。

田华咏主编，《土家族医学史》⑤。该书关注传统医药的人文性，分别从历史学、民族学及文化学的视角，全面地观察土家族医药的历史文化。其中包括基础理论、诊法、治则、疗法、药物、养生等，其中涉及土家族医药知识起源及巫医的传入。

陈伟著，《中国艺术形象发展史纲：论中国审美意识的发展与艺术形象的关系》⑥。该书以实践为例证，探讨中国艺术形象的生成、发展与文艺美学精神的变迁，并试图重新解释一些文艺史问题。涉及南方的

---

① 吴成国：《六朝巫术与社会研究》，武汉出版社2007年版。
② 黄桂秋：《壮族麽文化研究》，民族出版社2006年版。
③ 谭桂林、龚敏律：《当代中国文学与宗教文化》，岳麓书社2006年版。
④ 党宁：《虚实间的长吟》，中国文联出版社2005年版。
⑤ 田华咏主编：《土家族医学史》，中医古籍出版社2005年版。
⑥ 陈伟：《中国艺术形象发展史纲：论中国审美意识的发展与艺术形象的关系》，学林出版社2004年版。

"巫文化"与《楚辞》的形象特点等内容。

王振复著,《中国美学史教程》[1]。该书从中国文化与哲学切入,研究中国美学史的进程,梳理自原始巫文化、史文化时期到清代"实学"文化时期以至20世纪西方美学东渐的现代开新时期的美学历程。其中涉及巫史文化、文化根性与原始审美意识。

佘斯大、刘渊著,《心灵撞击的回声:中外文学览胜》[2]。书中内容涉及巫文化与楚文化,指出在过去的一千年中,人性的力量逐渐从过去对神的屈从中解放出来,从而不断地恢复并张扬起人性的尊严。而这种人的精神解放的进一步结果便是人类科学技术的发展,他们认识和征服自然的能力在不断地提高。

刘一友著,《沈从文与湘西》[3]。该书包括"论凤凰人""论凤凰文化""沈从文与湘西""附录"四部分内容。该书涉及凤凰古城的崛起和楚巫文化的张扬,凤凰文化面面观——楚巫文化在近世的回光等与湘西巫文化相关的内容。

杨铭著,《土家族与古代巴人》[4]。该书作者力图结合古巴国历史与民族文化的解读,探讨与剖析古代活跃于三峡地区的巴人与后世土家族的关系,从考古学角度解读其与巫文化的关系及巫术观念的产生。

谭桂林著,《百年文学与宗教》[5]。该书作者从宗教价值理念、基督教价值理念、佛教价值理念、区域宗教、宗教体验五个方面入手,着力探讨20世纪中国文学与宗教之间意识形态的关联。

曹毅著,《土家族民间文化散论》[6]。该书分为上、中、下三编,分

---

[1] 王振复:《中国美学史教程》,复旦大学出版社2004年版。
[2] 佘斯大、刘渊:《心灵撞击的回声:中外文学览胜》,天津教育出版社2004年版。
[3] 刘一友:《沈从文与湘西》,青海人民出版社2003年版。
[4] 杨铭:《土家族与古代巴人》,重庆出版社2002年版。
[5] 谭桂林:《百年文学与宗教》,湖南教育出版社2002年版。
[6] 曹毅:《土家族民间文化散论》,中央民族大学出版社2002年版。

别收录了《土家族的"白虎文化"》《土家族的创世史诗》等二十余篇文章,作者在其中探讨了土家族的族源、信仰、习俗、社会形态、民间文学等内容。

任桂圆著,《大巫山文化》①。该书作者探讨了大巫山文化与长江三峡文化、大巫山溯源辨流、根植于本土的原生性文化、鲜明的移民文化特质、民俗文化中的巴风楚韵、浪漫主义的神女文化、独放异彩的景观文化、现代巫山旅游文化等问题并做了较为详细的论述,提出了自己的见解。

顾希佳著,《祭坛古歌与中国文化·吴越神歌研究》②。作者主要就古歌及其与中国文化的关系进行了诠释,内容涉及从巫师到歌手——吴越神歌手研究,神歌文化的传承人,在中国巫文化的大家庭里等章节。

[英] 凯莱特著,曹国臣、刘宗峨译,《宗教的故事》③。该书从哲学的高度对世界各大宗教的起源、发展以及各宗教之间的联系做了深入的剖析。作者试图通过它"去刺激不同信仰的人们对宗教的兴趣"。

中央工艺美术学院学术委员会编,《装饰艺术文萃》④。该书主要从艺术学的角度出发,探讨在装饰艺术中的古代民间文化内涵及其与民风民俗体现,内容部分涉及傩面具与巫文化的解读。

何裕民、张晔著,《走出巫术丛林的中医》⑤。该书主要从进化历程中的必由之路、发源于巫术丛林的中医、中医发展、巫术不断被排除的过程等方面进行了探讨,认为巫术在中国古已有之,同时列举了相关的范例,指出中医是有可能发源于巫术的。

---

① 任桂圆:《大巫山文化》,重庆大学出版社2001年版。
② 顾希佳:《祭坛古歌与中国文化·吴越神歌研究》,人民出版社2000年版。
③ [英] 凯莱特:《宗教的故事》,曹国臣、刘宗峨译,江苏人民出版社1999年版。
④ 中央工艺美术学院学术委员会编:《装饰艺术文萃》,北京工艺美术出版社1991年版。
⑤ 何裕民、张晔:《走出巫术丛林的中医》,文汇出版社1994年版。

陈瑞林编，《民俗与民间美术》①。该书着重讨论民俗与民间美术的关系，作者首先对民俗与民间美术中包含的傩面具与巫文化进行了介绍与分析，进而指出它们之间存在的密切内在联系。

[法] 列维－布留尔著，丁由译，《原始思维》②，全书共12章，书中对原始人的思维中的集体表象及其本质性质、互渗律、运算和方法、语言关系、逻辑思维等方面进行了较深入的讨论。

三 涉及环三峡地区的考古学、历史学著述

杨华著，《三峡考古文化》③。该书收集了三峡地区考古截至目前所发现的从旧石器时代到元明时期的系列资料，多角度地对三峡地区考古文化进行了分析和探讨，梳理了其历史时期文化内涵及演变序列，研究了三峡地区考古文化与周边地区考古文化的关系，结合有关文献阐述了三峡地区各历史时期的文化现象。

朱诚、郑朝贵、吴立等著，《长江流域新石器时代以来环境考古》④。该书着眼于长江流域新石器时代考古遗址分析。讨论了与其相关的时空分布，典型遗址考古地层与自然沉积地层，人类文明与环境演变等内容。该书对研究我国新石器时代以来的人地关系有重要意义。

刘俊男著，《长江中游地区文明进程研究》⑤。该书作者从地下遗存角度出发，较为深入地探讨了长江中游地区的早期文明进程，指出江汉地区曾拥有灿烂的远古文化，其文明起源可以与西亚、埃及等古国比肩，南方文化北渐后与北方文化汇聚，最终奠定了夏商周中原文明的中心地位。

---

① 陈瑞林编：《民俗与民间美术》，湖南美术出版社1990年版。
② [法] 列维－布留尔：《原始思维》，丁由译，商务印书馆1981年版。
③ 杨华：《三峡考古文化》，湖北人民出版社2018年版。
④ 朱诚、郑朝贵、吴立等：《长江流域新石器时代以来环境考古》，科学出版社2015年版。
⑤ 刘俊男：《长江中游地区文明进程研究》，科学出版社2014年版。

重庆文物考古研究所、重庆文化遗产保护中心编,《"早期中国的文化交流与互动——以长江三峡库区为中心"学术研讨会论文集》[1]。该书是 2010 年在重庆召开的同名学术研讨会论文集,全书共收入论文 44 篇,以三峡地区考古学研究为主题,主要内容为对新石器时代至宋代的各种文化遗存、文化现象的考古学研究。

朱世学著,《三峡考古与巴文化研究》[2]。该书为作者长期参与三峡文物保护相关工作的研究成果。内容包括当时最新的考古成果、课题专项调查、学界既有成果认知等方面,其研究方法注重多学科融合,发挥了学科交叉研究的优势,特别是在对巴族的历史文化及政治经济进行深入探讨的基础上,提出了自己颇有见地的观点。

重庆市文物局、重庆市移民局编,《重庆库区考古报告集:2002 年卷》(上、中、下)[3]。该书共收录三峡工程重庆库区田野考古发掘报告 67 篇,汇集了考古发掘的一手资料,具有重要参考价值,是三峡工程重庆库区第六部科学发掘的正式报告集。

管维良著,《三峡巴文化》[4]。该书是以生活在如今广义三峡地区的上古民族巴族创造的物质文化为核心内容的考古学专著,作者就巴人起源与发展等相关问题提出了自己的见解。全书分为上编:三峡早期巴文化考古;下编:三峡晚期巴文化考古。旁及相关历史叙述,涉及周边地区考古学文化。

任桂园著,《三峡盐业考古研究》[5]。该书主要从考古文化视角对渝东三峡地区各古老产盐井场有关古迹遗址、碑刻文物、地方史志、家谱

---

[1] 重庆文物考古研究所、重庆文化遗产保护中心编:《"早期中国的文化交流与互动——以长江三峡库区为中心"学术研讨会论文集》,科学出版社 2012 年版。
[2] 朱世学:《三峡考古与巴文化研究》,科学出版社 2009 年版。
[3] 重庆市文物局、重庆市移民局编:《重庆库区考古报告集:2002 年卷》(上、中、下),科学出版社 2010 年版。
[4] 管维良:《三峡巴文化》,中国言实出版社 2009 年版。
[5] 任桂园:《三峡盐业考古研究》,中国言实出版社 2009 年版。

佚文等进行了考辨和研究。从多角度勾画出渝东三峡地区井盐业的历史风貌，展现了十多年来三峡考古中有井盐业的诸多新发现，是该方面颇有价值的专著。

管维良、李禹阶主编，《三峡学》①。该书用11章近70万字的篇幅分别探讨了三峡地区的考古、历史、军事、民族、民俗、巫文化、文学、艺术、建筑、航运文化及旅游等各方面。该书对三峡地区进行了较为全面、系统的研究，是较为成熟的关于三峡地区历史文化研究的学术著作。

邓晓著，《川江航运文化研究》②。该书是第一部关于川江航运文化的专著，就川江航运文化的立论基础、主要内容、远古巴人与土船、水利建设与航运、重庆涂山与禹文化、航运文化的近代转折、码头文化、船工生活、航运建筑文化、航运与饮食文化、船工号子等进行了较为系统且有一定深度的讨论。

重庆市文物局、重庆市移民局编，《重庆库区考古报告集·2001卷》（上、中、下）③。该书内容丰富，包括重庆库区2001年度考古综述和87篇考古发掘报告及简报，汇集了该时期考古发掘的一手资料，具有重要参考价值，是三峡工程重庆库区第五部科学发掘的正式报告集。

武仙竹著，《长江三峡动物考古学研究》④。该书认为三峡地区人类的重要食物资源是林栖野生动物和水生野生动物，三峡优越的野生动物资源是峡区居民历史经济的重要基础，虽然这里的人们在新石器时代早就驯养了家畜，但其肉食来源仍长期以野生动物为主，直至明清以后才有较大改观。

---

① 管维良、李禹阶主编：《三峡学》，重庆出版社2009年版。
② 邓晓：《川江航运文化研究》，重庆出版社2009年版。
③ 重庆市文物局、重庆市移民局编：《重庆库区考古报告集·2001卷》（上、中、下），科学出版社2007年版。
④ 武仙竹：《长江三峡动物考古学研究》，重庆出版社2007年版。

重庆市文物局、重庆市移民局编,《重庆库区考古报告集·2000卷》(上、下)①。该书内容包括重庆库区2000年度考古综述和51篇考古发掘报告及简报。2000年秋至2001年春在三峡库区有全国范围内的42家考古队伍参加了抢救性发掘,获取了大量的资料信息和珍贵文物。该书为三峡工程重庆库区第四部科学发掘的正式报告集。

杨华著,《三峡远古时代考古文化》②。该书共包括两大板块,分别介绍旧石器时代考古文化和新石器时代考古文化。该书尽可能地收录了2006年以前已经公开发表的三峡地区石器时代考古资料,并力图从多学科入手进行讨论。

李禹阶、管维良主编,《三峡文明史》③。全书用7编、若干章节分别从三峡文明的起源(原始社会时期)、三峡文明初兴(夏商周时期)、三峡文明的发展(秦汉魏晋南北朝)、三峡文明的繁荣(隋唐五代两宋时期)、三峡文明的兴变(元明清时期)、走向辉煌的三峡文明(1949—2003)等角度,对三峡地区的历史文化进行了较为细致的梳理。

曹诗图等著,《长江三峡学概论》④。该书对长江三峡学的学科属性及其定位作出了界定,对其学科特性与研究方法展开了讨论。内容丰富、体系完整,涉及三峡的地理、历史、考古、经济、旅游移民、地域文化、水文化、名人文化、民俗文化、建筑文化、宗教文化、交通文化、军事文化,文学艺术等诸多领域。

重庆市文物局、重庆市移民局编,《重庆库区考古报告集:1999年卷》⑤。该报告集内容包括27篇1999年度重庆库区田野考古发掘报告。

---

① 重庆市文物局、重庆市移民局编:《重庆库区考古报告集·2000卷》(上、下),科学出版社2007年版。
② 杨华:《三峡远古时代考古文化》,重庆出版社2007年版。
③ 李禹阶、管维良主编:《三峡文明史》,重庆出版社2007年版。
④ 曹诗图等:《长江三峡学概论》,长江出版社2007年版。
⑤ 重庆市文物局、重庆市移民局编:《重庆库区考古报告集:1999年卷》,科学出版社2006年版。

考古发掘表明，这里保存着从旧石器、新石器时代经历夏商周直到宋元明清的各代文物古迹。该书为三峡工程重庆库区第三部科学发掘的正式报告集。

重庆市文物局、重庆市移民局编，《重庆·2001 三峡文物保护学术研讨会论文集》①。该书是 2001 年在重庆召开的"三峡文物保护学术研讨会"的会议论文集，全书共收入 48 篇论文。文章以三峡地区重庆库区为主要研究对象，对从旧石器时代到唐代的各个文化遗存及文化现象进行了考古学研究。

重庆市文物局、重庆市移民局编，《重庆库区考古报告集：1998 年卷》②。该书内容包括重庆库区 1998 年度考古综述和 34 篇考古发掘报告及简报。该年是三峡工程重庆库区考古大规模实施的第二年，此书是该年度考古项目发掘报告（简报）的汇总，是三峡工程重庆库区第二部科学发掘的正式报告集。

黄中模、管维良主编，《中国三峡文化》③。该书包括绪论、往古文化篇、古代文学艺术篇、古今综合篇、现代文化艺术篇五部分。该书内容既有对三峡文化内涵的学术界定，又有对三峡地区各种文化现象分门别类的阐述与分析，以历史发展的主线为纲，融历史学、社会学、文化学、文艺学、美学等内容和研究方法于一体。该书是我国较早的一部关于三峡文化的专著。

重庆市文物局、重庆市移民局编，《重庆库区考古报告集：1997 年卷》④。该书共收录三峡工程重庆库区 1997 年度田野考古发掘报告 31

---

① 重庆市文物局、重庆市移民局编：《重庆·2001 三峡文物保护学术研讨会论文集》，科学出版社 2003 年版。
② 重庆市文物局、重庆市移民局编：《重庆库区考古报告集：1998 年卷》，科学出版社 2003 年版。
③ 黄中模、管维良主编：《中国三峡文化》，西南师范大学出版社 2003 年版。
④ 重庆市文物局、重庆市移民局编：《重庆库区考古报告集：1997 年卷》，科学出版社 2001 年版。

篇。考古发掘表明，这里保存着从旧石器时代、新石器时代历经夏商周直到宋元明清的各代文物古迹。该书是三峡工程重庆库区第一部科学发掘的正式报告集。

以上专著为笔者所见与环三峡地区巫文化研究有关联的学术成果（本书成稿后新出著作未能收录），它们主要包括三个方面：第一，对巫文化理论的专门研究；第二，在宗教研究中涉及巫文化的内容；第三，近年来围绕三峡工程水利建设出版的系列考古发现、三峡文明及论述长江文明的著述。它们或多或少有助于笔者对环三峡地区远古巫文化的研究。

通过以上对中华人民共和国成立后环三峡地区远古巫文化研究及其相关成果的梳理，笔者对迄今为止巫文化研究的状况有了基本了解。它们是笔者进一步讨论该问题的基础，并由此得出自己对巫文化研究现状的几点认识。

第一，起步较晚，成就不小。就巫文化研究而言，虽然是一个老话题，但在新中国对它的研究由于历史的原因，在相当长时间的意识形态中简单地将其功能与传统宗教或民间流传迷信活动并列，而忽略了它在远古时代的进步意义和对人本价值的体现。其研究取得较大成果的时间当在大力提倡思想解放、破除禁区、实事求是的改革开放之后。

第二，重新认知，观念更新。对远古巫文化之于人类的进步意义在过去的研究中很少述及，远古时代的巫师应当是其时不可多得的智者，他们的行为体现了人类对自然界的态度，既有敬畏，也有顺应与抗争，是人类在想象中征服自然的手段。对传统文化中为中华民族做出重大贡献的"三皇五帝"的巫师身份应予以确认。

第三，源远流长，意义重要。环三峡地区远古巫文化具有重要的研究价值。研究表明，在该地区巫文化有着悠久的历史。这些不仅被近年来从旧石器时代到新石器时代人类遗址一脉相承的考古发现所证明，且为众多古籍记载佐证。在华夏文明中，对环三峡地区远古巫文化相对早熟的确认，有利于证明长江流域在文明起源中的领先地位。

第四，空间不小，方兴未艾。环三峡地区远古巫文化研究有待深入。研究状况表明，时至今日，在我国对环三峡地区远古巫文化的系统研究正方兴未艾，在国外则尚无所见。国内外学界对巫文化的专门研究、其对宗教研究中涉及巫文化的内容，以及近年来围绕三峡大坝建设出版的系列考古发现、论述三峡文明及长江文明的著述，都有利于该研究的深入进行。

小　结

世界性的巫文化研究已经取得了丰硕成果，为本书的撰写提供了有益的理论与材料依据。环三峡地区远古巫文化的研究有较高的历史价值与现实价值，尽管已有一定的前期成果，但在整体上还处于起步阶段。站在历史唯物主义与辩证唯物主义的角度观察远古巫文化，它是人类生产力十分低下的时代产物，不可避免地会步入该时代先民认知的误区，在较大程度上体现出其主观性乃至非理性，但是其所蕴含的一些积极因素亦是值得肯定的。远古巫文化构成主要应包括巫师、巫术和它的信众三个方面。在中国古代社会，诸如"三皇五帝"等远古华夏的伟人往往具有巫师的身份（神权与王权合一），他们善于以其言行（巫术）认知自然，体现出该时代智者为顺应或征服自然的不懈努力，尽管步履蹒跚、跌跌撞撞，但他们卓有成效地引领民众（信众）砥砺前行。

第二章

环三峡地区远古巫文化基础
"前巴文化"之遗存

提　要："前巴文化"，指环三峡地区巴文化产生之前出现的区域性文化体系。其考古材料与古代文献记载在不少方面相互支撑，其时间涵盖该地区以新石器时代为重心的整个史前时代。就人类起源的古老命题而言，达尔文曾重新探讨拉马克的进化观点，提出了"自然选择""物竞天择、适者生存"的观点，继而便是从自然的人向文化的人，从个体的人向社会的人，从客体的人向主体的人的过渡。本章以环三峡地区"前巴文化"为命题，试图依据环三峡地区的系列考古学成果梳理当地文化的人—社会的人—主体的人的形成过程，通过确认该地区的远古巫文化渊源，进而探寻长江中上游地区中华远古文明的基因，讨论巫文化与当地巴文化的内在联系。

第一节　"前巴文化"的研究概述

近二十年来，环三峡地区的史前考古发掘报告和著述文章不时出现，对文献记载中三峡地区故事的探讨也时有发表，但将该时期进行整体审视并系统梳理的著述却并不多见，于是在述及该地区悠久的历史时，我们常习惯于将"巴"视为起点，而此前漫长时段的重要文化信息被不经意地忽略。在此提出"前巴文化"命题，一是为环三峡地区远古巫文化落实其载体，二是探寻长江中上游地区中华远古文明的基因，并进而追溯巴渝文化的渊源。"前巴文化"是产生于"早巴文化"（先巴文化）之前，且与其密切相关的环三峡地区原生文化；"前巴文化"的内容主要基于对环三峡地区的考古发掘和古代文献记载。我们有较多对巴文化的探究，但是对"前巴文化"的系统讨论目前尚不充分。

学界认为，巴文化是夏、商、周时期环三峡地区的重要区域文化，邻近的楚文化、蜀文化、秦文化乃至夜郎文化均与其有着较密切的关系，对此，史籍中不乏相关记载。在《山海经》中，对巴人的起源甚至追溯到早于炎黄的伏羲、神农时代，"西南有巴国。太暤生咸鸟，咸鸟生乘厘，乘厘生后照，后照是始为巴人"①，该说法得到不少古文献的认同并转载。《山海经》对一个地处西南边远闭塞的地区的小民族如此"抬爱"，不能不说是一个令人称奇并三思的现象。

对环三峡地区史前文明及巴文化的考古发掘始于20世纪初，人们在此发现了系列从远古人类、旧石器经新石器时代到巴文化的遗址。出于地域、文化内涵相互渗透的缘故，当时学界常将巴与蜀相提并论。最早进行"巴蜀文化"研究的有郭沫若、葛维汉、林名均等人，而徐中舒、蒙文通、冯汉骥、缪钺等则扩大了对其研究的范围，他们提出的观点主要基于考古发掘。自中华人民共和国成立特别是20世纪80年代以来，巴蜀文化研究的新成果不断问世，任乃强、童恩

---

① 李润英、陈焕良译注：《山海经·海内经》，岳麓书社2006年版，第38页。

正、董其祥、邓少琴等在田野发掘和文献研究的基础上撰写并出版了《古代的巴蜀》①《巴蜀史稿》② 等著述③；而根据三星堆祭祀坑的发现，苏秉琦、李学勤提出了"自成一系"独具特色的"古蜀文化区系"的概念，以之与国内其他地区古文化相区别。上述研究在追溯巴蜀文化的根源时，均不同程度地涉及环三峡地区更早的文献与考古学证据。

环三峡地区的再次引人注目是在20世纪末到21世纪初。由于三峡大坝的兴建在我国开始了一轮声势浩大的抢救性发掘，其结果令人震惊。在三峡库区竟然出土了大大小小60余处石器时代的遗址，它们涵盖了整个从旧石器到新石器时代，并密集地分布于江岸台地上。进而2003年又由中法联合考古队在巫山龙骨坡发现了"巫山人"下颌骨，时间大约在204万年前，有学者因此指出这里可能曾是东亚远古人类的故乡。随之，相关的研究著述亦不断问世：诸如《三峡考古文化》④、《"早期中国的文化交流与互动——以长江三峡库区为中心"学术研讨会论文集》⑤、《三峡考古与巴文化研究》⑥、《重庆库区考古报告集：2002年卷》⑦（上、中、下）、《三峡远古人类的足迹：三峡库区旧石器时代考古的发现和研究》⑧、《重庆地区的新石器文化：以三峡地区为中

---

① 童恩正：《古代的巴蜀》，四川人民出版社1979年版。
② 邓少琴：《巴蜀史稿》，重庆地方史资料丛刊1986年版。
③ 霍巍主编，黄伟副主编：《川大史学》（《徐中舒卷》《任乃强卷》《考古学卷》等），四川大学出版社2006年版。
④ 杨华：《三峡考古文化》，湖北人民出版社2018年版。
⑤ 重庆文物考古研究所、重庆文化遗产保护中心编：《"早期中国的文化交流与互动——以长江三峡库区为中心"学术研讨会论文集》，科学出版社2012年版。
⑥ 朱世学：《三峡考古与巴文化研究》，科学出版社2009年版。
⑦ 重庆市文物局、重庆市移民局编：《重庆库区考古报告集：2002年卷》（上、中、下），科学出版社2010年版。
⑧ 高星、裴树文：《三峡远古人类的足迹：三峡库区旧石器时代考古的发现和研究》，巴蜀书社2010年版。

心》[1]、《三峡巴文化》[2]、《三峡盐业考古研究》[3]、《三峡学》[4]、《重庆库区考古报告集·2001卷》(上、中、下)[5]、《重庆库区考古报告集·2000卷》(上、下)[6]、《三峡远古时代考古文化》[7]、《三峡文明史》[8]、《长江三峡学概论》[9]、《重庆库区考古报告集：1999年卷》[10]、《重庆·2001三峡文物保护学术研讨会论文集》[11]、《重庆库区考古报告集：1998年卷》[12]、《中国三峡文化》[13]、《重庆库区考古报告集：1997年卷》[14]等，这一切对我们研究"先巴文化"提供了大量的依据。

如今在环三峡地区，集中而丰富的考古学人类遗址发现已将长江中上游史前文明推到史学研究的前台，它甚至超过了我国其他地区的史前文化堆积标本。遗憾的是，我们目前所做的还主要停留在对这里"有什么"，它们"是什么"的解读上，而对它们体现出来的文化形态的认知及其与后来文化之间存在关系的探究并不多。解读"前巴文化"的意义不仅在于探索其与巴文化的关联，更在于它承载的文化内涵（意识与

---

[1] 白九江：《重庆地区的新石器文化：以三峡地区为中心》，巴蜀书社2010年版。
[2] 管维良：《三峡巴文化》，中国言实出版社2009年版。
[3] 任桂园：《三峡盐业考古研究》，中国言实出版社2009年版。
[4] 管维良、李禹阶主编：《三峡学》，重庆出版社2009年版。
[5] 重庆市文物局、重庆市移民局编：《重庆库区考古报告集·2001卷》(上、中、下)，科学出版社2007年版。
[6] 重庆市文物局、重庆市移民局编：《重庆库区考古报告集·2000卷》(上、下)，科学出版社2007年版。
[7] 杨华：《三峡远古时代考古文化》，重庆出版社2007年版。
[8] 李禹阶、管维良主编：《三峡文明史》，重庆出版社2007年版。
[9] 曹诗图等：《长江三峡学概论》，长江出版社2007年版。
[10] 重庆市文物局、重庆市移民局编：《重庆库区考古报告集：1999年卷》，科学出版社2006年版。
[11] 重庆市文物局、重庆市移民局编：《重庆·2001三峡文物保护学术研讨会论文集》，科学出版社2003年版。
[12] 重庆市文物局、重庆市移民局编：《重庆库区考古报告集：1998年卷》，科学出版社2003年版。
[13] 黄中模、管维良主编：《中国三峡文化》，西南师范大学出版社2003年版。
[14] 重庆市文物局、重庆市移民局编：《重庆库区考古报告集：1997年卷》，科学出版社2001年版。

行为）之于远古长江文明的重要地位，而这正是我们需要做的。

第二节 "前巴文化"的时空距离

一 "前巴文化"的空间范围

"前巴文化"的空间范围主要位于长江中上游，以三峡地区为核心。这里北靠大巴山脉，南临川鄂山地，在此基础上向周边辐射，大致涉及今重庆市、湖北省、湖南省、四川省、陕西省四省一市范围。

以今长江三峡库区为核心延伸，其主要空间"地处重庆市东部和湖北省西部，地理坐标大致为北纬28°09′—32°12′，东经105°56′—112°05′。长江由西南向东北，在该区蜿蜒穿过。该地区在地质构造上主要由川东褶皱带和川鄂湘黔隆起带构成，处在长江上游向中游的过渡地带，自然地理位置在由大兴安岭—太行山—巫山—雪峰山组成的我国第四阶梯面和第三阶梯面的交界处"[①]。库区内大致以今重庆市奉节县为界分为东西两段，形成不同的人类生存空间：其地貌，东段主要为平均海拔1000米以上的古生代碳酸类岩石构成的褶皱山地，包括今奉节、巫山、巫溪、巴东、秭归、兴山至宜昌诸县市；其西段，海拔400—500米，主要由中生代内陆湖相沉积（如砂岩、泥岩和石灰岩）的丘陵地带构成，包括自奉节以上，今云阳、万县、石柱、丰都、涪陵、武隆、长寿至巴南、江津诸区、县。

在长江三峡中有长约90千米的峡谷地段，两岸群峰环列，悬崖峭壁相对，每值夏秋时节，洪水猛涨不宜人居。但是，在其他漫长的宽谷地段，两岸坡度相对平缓，山前多有不易被洪水淹没的阶地，阶

---

① 高星、裴树文：《三峡远古人类的足迹：三峡库区旧石器时代考古的发现和研究》，巴蜀书社2010年版，第1—2页。

地土层相对肥沃，是古人类活动的理想场所。考古发掘表明，长江三峡沿线有从旧石器时代到新石器时代丰富的人类遗址，即从史前时期开始到历史时期的各个时代，人类便一直在三峡这些地区频繁活动，繁衍生息。

三峡地区的地理位置在长江中上游具有枢轴作用，其峡口（西陵峡）东端连接着富饶广袤的两湖平原，为鱼米之乡；峡口（瞿塘峡）西端经重庆可以远达天府之国的川西平原，其间，嘉陵江、涪江、沱江、岷江水系发达，交通便利、尽享丰饶物产，峡区则是"前巴文化"的轴心。

二 "前巴文化"的时间范围

"前巴文化"的时间范畴当在上述地区自远古人类产生之后，到夏、商时期巴文化出现之前。该时间段历经了旧石器时代与新石器时代，而文化的重点在新石器时代末期，此时人类的文明开始产生。

环三峡地区的古人类具有出现时间早、沿江分布的特点，其代表性遗址有巫山龙骨坡、雷坪洞、迷宫洞、奉节兴隆洞、草堂镇等，其他如铜梁的张二塘遗址也在长江的支流。这些遗址从距今204万年的巫山猿人到距今15万—12万年前的奉节人，时间序列明显且跨度大，有利于我们对早期人类起源、直立人的起源与演化、现代人的起源等热点问题的研究，[①] 其学术价值为古人类学界高度关注。"前巴文化"追溯到旧石器时代及其以前人类的踪迹，对长江流域人类文明的起源研究和继后的巴文化研究具有潜在价值。

很早以来，三峡地区就是古脊椎动物演化、古人类起源和文化发展的重要区域，也是我国最早开展调查脊椎动物化石和旧石器时代考

[①] 武仙竹、裴树文等：《中国三峡地区人类化石的发现与研究》，《考古》2009年第3期。

古的地区。①其中，在重庆市范围内就有近100处旧石器地点发现，如1976年发现最早的铜梁文化遗址就是其中之一②，而1993—1994年由全国考古相关单位配合"三峡工程"又进行了旧石器时代专题调查，其间共发现了68个地点，这是最大规模的发现③。据统计，在1995—2005年，专家们考古发掘了三峡地区的28个重要遗址，在近20000平方米的面积中，他们发掘出了万余件石制品和为数众多的动物化石。

新石器时代的遗址在三峡地区约有80处。从发现的时间顺序看：首先是中华人民共和国成立后沿长江两岸开展的文物专题调查成果，④其中又以1958年在巫山大溪遗址的发掘成果最重要，被认为是长江流域史前考古中最有影响的发现⑤。然后为1992—1996年，在三峡库区的30处新石器时代遗址被发现，⑥到1997年以后人们又陆续取得了三峡地区巫山县人民医院、云阳县大地坪遗址发掘成果。再往后，2000年以来，在嘉陵江、渝西长江、酉水和乌江等地区又有40多处新石器时代遗址被发现。近期发掘中，又以2014年在巫溪大水田遗址的考古发掘收获最大，该遗址距今五六千年，属母系氏族晚期至父系氏族萌芽时期，部分资料填补了大溪文化发现的空白。⑦

---

① 高星、裴树文：《三峡远古人类的足迹：三峡库区旧石器时代考古的发现和研究》，巴蜀书社2010年版，第9页。

② 李宣民、张森水：《铜梁旧石器文化之研究》，《古脊椎动物与古人类》1981年第4期。

③ 李毅、陈瑁：《三峡工程淹没区旧石器时代文化遗址调查报告》，载徐钦琦、谢飞、王建主编《庆贺贾兰坡院士九十华诞国际学术讨论会文集·史前考古学新进展》，科学出版社1999年版，第111—124页。

④ 四川省博物馆：《川东长江沿岸新石器时代遗址调查简报》《四川省长江三峡水库考古调查简报》，《考古》1959年第8期。

⑤ 四川省博物馆：《巫山大溪遗址第三次发掘》，《考古学报》1981年第4期。

⑥ 重庆市文物局、重庆市移民局编：《重庆·2001三峡文物保护学术研讨会论文集》，科学出版社2003年版，第17页。

⑦ 重庆文化遗产保护中心、重庆市文物考古所：《重庆考古60年》，《四川文物》2009年第6期。

对重庆峡江地区新石器时代文化的序列，2003年邹后曦、袁东山从整体上提出了玉溪下层遗址→玉溪上层→玉溪坪文化→哨棚嘴文化的发展关系。"他们将相当于大溪文化晚期至屈家岭文化阶段的重庆峡江新石器时代遗存命名为'玉溪坪文化'，将4600年以后的遗存建议仍以'哨棚嘴文化'指称。"[①] 该命名方法得到了不少学者的认可，此后针对重庆峡江地区新石器晚期遗存基本未见提出过有影响的新命名。

第三节 "前巴文化"的考古遗址

环三峡地区作为东方人类的摇篮之一是有迹可循的。在这里，沿长江一线我们能够找到依时间序列而存在的大量远古人类遗址，它们不仅证明了长江中上游地区对于华夏远古文明的重要意义，也为当地区域文化"巴文化"的形成准备了前提，甚至可能较大程度地影响楚、蜀文化。试依时间顺序择要阐述。

一 旧石器时代早、中期遗址

从300万年到1万年属于旧石器时代，通常在时期划分上采用"三分法"，即旧石器时代早期（距今10万年以上）、中期（距今10万—2万或3万年前）和晚期（距今3万—2万年前），大体上分别相当于人类体质进化的能人和直立人阶段、早期智人阶段、晚期智人阶段。它们的遗存在环三峡地区都有发现，其中以三峡工程库区的分布最为密集。[②]

三峡地区很早就被认为是古人类起源和文化发展的重要区域。20

[①] 白九江:《重庆地区新石器文化》，巴蜀书社2010年版，第15页。
[②] 高星、裴树文:《三峡远古人类的足迹：三峡库区旧石器时代考古的发现和研究》（表2-1，表2-2，表2-3），巴蜀书社2010年版，第13—19页。

世纪初，美国传教士埃德加（J. Edgar）就在湖北和四川的长江沿岸采集过石器。20世纪90年代，随着三峡水利枢纽工程的启动，1993年12月—1994年6月，文物保护相关部门对工程淹没区进行了全面的调查，发现68个更新世（距今约350万—1.1万年前）考古和化石地点，其中重要的旧石器遗址近40处。自1995年以后长达十年的时间里，三峡地区又有面积近2万平方米的28个重要遗址被旧石器考古队发掘。

（一）旧石器时代早期的重要遗址

在环三峡地区的多处古人类化石遗址中，最著名的有巫山龙骨坡、湖北建始、湖北十堰市郧阳区和重庆市奉节县兴隆洞。它们的发现基本可以建构当地从类人猿到直立人的起源与演化、现代人起源的模型。简述如下。

巫山龙骨坡遗址。该遗址位于重庆市巫山县境，面积约1300平方米，其古地磁年代距今204万—201万年。1984年被黄万波、李宣民等首先发现，1985—1988年的4年间，在这里发掘出了一段带有2颗臼齿的残破直立人左侧下颌骨化石、一颗上内侧门齿、两件石器和包括巨猿、大熊猫等在内的116种哺乳动物化石。经鉴定，两件人类化石为同一种类，但分属两个个体，他们被定名为直立人巫山亚种，是我国目前最古老的人类化石。为此，黄万波等中外学者在1995年的英国《自然》杂志上发表了论文《亚洲的早期人类化石及其石器制品》[①]并引起广泛注意。

建始人遗址。该遗址发现于湖北省恩施土家族苗族自治州建始县高坪镇，文化遗物时间在215万—195万年前。"巨猿洞遗址北面与巫山县毗连，西北与奉节、巫山县接壤，与龙骨坡遗址的直线距离为63千

---

① 黄万波等：《亚洲的早期人类化石及其石器制品》，《自然》1995年第378卷，第275—278页。

米，仅一山之隔。"① 在该处的发掘由20世纪50年代初该县境内的挖"龙骨"热潮引发，1969年中国科学院古人类研究所专家循着巨猿牙齿化石追踪到了高坪镇麻扎坪龙骨洞。1970年7月由裴文中带队，对龙骨洞进行了第一次科学发掘，并从西洞中发现了两枚古人牙化石和大批巨猿牙化石及其他哺乳动物化石。通过先后8次发掘，专家们获得了大量的古人类生存繁衍资料。

郧县人遗址。在三峡北面大巴山北的湖北省十堰市，人们早在1975年就发现了古人类牙齿化石。1989年、1990年在郧阳区汉江河畔的青曲弥陀寺村学堂梁子先后发现了两具人类头骨化石，它们都保存了完整的脑颅和基本完整的面颅，被定名为"郧县直立人"，通过古地磁法测定，该化石大致距今90万—80万年。在其文化层共出土石核、石片、砍砸器、刮削器、石锤等石器241件，另有丰富的哺乳动物化石。郧县人化石体现出的早期智人特征对直立人与早期智人的发展关系研究提供了重要的实物资料。

兴隆洞遗址。重庆市奉节县云雾乡兴隆洞遗址于2001—2002年发掘，其中出土物包括4枚人类牙齿化石、20件石制品和50多种哺乳动物的化石。它们的地质年代距今约15万—12万年，时值中更新世晚期到晚更新世早期。有专家认为遗物中的石哨、石鸮和剑齿象牙刻痕具有较大的研究价值：石钟乳石哨如果其孔洞及其两边的斜切截面是由人工形成的，则于中国音乐史意义巨大；石鸮虽然制作粗糙，亦堪称我国最早的鸟类形象雕像；人类石器在剑齿象牙上的刻痕，则将刻画艺术的萌芽时期向前推进了6万年，对原始艺术起源、东亚地区现代人类行为方式的研究意义重大。②

---

① 魏光飚：《峡江寻梦》，重庆出版社2007年版，第69页。
② 黄万波、徐自强等：《14万年前奉节人——天坑地缝地区发现古人类遗址》，中华书局2002年版，第4—10、16、21页。

烟磴堡遗址。该遗址位于长江右岸重庆市丰都县城迁建区内，发现于1994年3月。烟墩堡遗址的年代为中更新世早期，属旧石器时代早期。该遗址共出土石制品1341件，保留了大量古人生产活动的原始信息，该遗址主要功能是远古人类的石器制作场所。"烟墩堡遗址经过系统发掘，出土的石制品丰富，遗址的发现和发掘受到了当地政府和中国考古学界的关注，曾入选1996年度全国十大考古新发现。"①

湖北孙家洞遗址。位于秭归县城西南约50千米的两河口镇二甲村，洞长约60米，宽3—4米，洞口坐西向东高约3.5米，洞顶向内逐渐降低。考察结果表明，孙家洞是一处含大熊猫—剑齿象动物群化石和旧石器时代石制品的文化遗址，其石制品数量丰富。根据化石种类和地貌特征，初步断定孙家洞遗址的时代为中更新世晚期。该遗址位于海拔800米以上，在中国中东部类似的旧石器地点并不多见，初步调查表明该遗址石制品和伴生动物化石丰富，地层未被扰动，具有良好的科学考察前景。②

（二）旧石器时代中期的重要遗址

三峡地区旧石器时代中期遗址群集中分布于重庆市丰都县长江两岸的二、三级基座阶地上。以高家镇遗址、冉家路口遗址、井水湾遗址及枣子坪遗址为其代表。

高家镇遗址。地点在重庆市丰都县的高家镇桂花二村，地处长江右岸第三级阶地，于1994年发现，文化遗存埋藏在基座阶地底部的砾石

---

① 高星、裴树文：《三峡远古人类的足迹：三峡库区旧石器时代考古的发现和研究》（表2-1，表2-2，表2-3），巴蜀书社2010年版，第13—19页。
② 董明星：《湖北秭归孙家洞旧石器文化遗址调查简报》，《人类学学报》1999年第2期。

层中，遗址发掘总面积520平方米，共出土石制品约2500件。该遗址是一处石料采集场和就地加工石器的作坊，原始先民在此进行了石料的采集、初级剥片、石器简单修整等活动，亦有可能是将石片带到他处进行第二步加工。该遗址石器特点鲜明，属于中国南方旧石器类型，如大型砍砸器、锤击法剥片等。[①]

冉家路口遗址。位于重庆市丰都县镇江镇建设村二社冉家路口，于1994年发现，中国科学院古脊椎动物与古人类研究所、重庆自然博物馆、丰都县文管所先后进行了4次（2000—2007年）抢救性发掘，面积超过3800平方米。该遗址"是在三峡库区旧石器时代遗址中发掘次数最多、揭露面积最大、历时最长、工作最系统的一处重点遗址。"[②]该遗址共出土石制品1636件，出土石器呈现较强的石片工业特点，即成批制作、形状类似。[③] 据认为这是一处石料采集场和粗加工基地。

井水湾遗址。位于重庆市丰都县三合镇新湾村二社，地处长江右岸的第二级阶地。该遗址在1998—2002年进行了5次系统发掘，共出土石制品910件、烧石6件，哺乳类动物如东方剑齿象、牛、貘、鹿等化石58件，它们可能是古人类狩猎和食用的遗物，采用光释光测年，时间距今约8万年。这里也是一处石料采集场和粗加工基地，除了采石、加工石核、剥片、简单修复外，还保留了一定规模的古人类在河流沿岸生存的信息。

枣子坪遗址。位于重庆市丰都县三合镇新湾村三社，2000—2002年对该遗址进行了两次抢救性发掘，揭露面积1000平方米，出土了101

---

① 裴树文、卫奇等：《高家镇旧石器遗址1998年出土的石制品》，《人类学学报》2005年第2期。
② 高星、裴树文：《三峡远古人类的足迹：三峡库区旧石器时代考古的发现和研究》（表2-1，表2-2，表2-3），巴蜀书社2010年版，第13—19页。
③ 陈福友、高星等：《冉家路口旧石器遗址的初步研究》，《人类学学报》2004年第4期；高星、卫奇、李国洪：《冉家路口旧石器遗址·2005·发掘报告》，《人类学学报》2008年第1期。

件石制品。专家认为,早期人类在长江右岸方圆 0.5 平方千米的井水湾和枣子坪一带活动频繁,两处遗址可能是共生的。这次发掘有利于探讨该地区古人类的生活与长江古河道的演变。专家指出,这里的石器已经呈现出了长宽等比小型化的趋势,它表明此时三峡地区的南方主工业中——石片石器的不断增多,器型也向小型化发展。①

二 旧石器时代晚期—新石器时代初期的重要遗址

该段时间在 1 万—3 万年,其文化特点为从旧石器到新石器时代过渡。主要遗址在长江的一、二级阶地以及河漫滩广为分布,亦即后来沿岸主要大城镇如万州、奉节、忠县、巫山等的诞生地。主要遗址有奉节鱼腹浦、奉节洋安渡、奉节三沱、奉节横路、万州渣子门、忠县唐家河、丰都和平村、丰都老鹰嘴,以及巫山的上、中、下安坪,嘉陵江流域的铜梁的张二塘、合川的唐家坝等。在该类遗址中出土了丰富的石制品与动物化石,个别遗址还出土了陶片,这对研究环三峡地区旧石器向新石器时代过渡时期人类文化的发展、生存模式的转变有重要意义,它表明环三峡地区是我国人类由旧石器时代向新石器时代迈进的领先地区之一。

铜梁张二塘遗址。于 1978 年发现,是重庆地区旧石器时代晚期文化的代表,出土有一段距今 24450±850 年的人类肱骨化石,另有 300 余件旧石器和多种动、植物化石。该期的工具以石片(刮削器)为主,石核(砍砸器)次之,出土的哺乳动物化石共计 4 目 10 种。该发现的两个意义在于:一有利于我们认识长江流域旧石器文化传统,二有利于了解中国南北旧石器文化呈现出来的二元结构。② 专家指出,在重庆的嘉陵江及涪江流域、在大渡口地区的长江沿岸,在四川的沱江流域都有

---

① 裴树文、陈福友等:《三峡地区枣子坪旧石器遗址》,《人类学学报》2004 年第 3 期。
② 李宣民、张森水:《铜梁旧石器文化之研究》,《古脊椎动物与古人类》1981 年第 4 期。

该类文化遗存发现。① 属于同一文化类型的还有合川唐家坝遗址，该遗址自 2003 年和 2004 年两次发掘，发现大型砍砸器、刮削器等石制品 253 件，其覆盖年代或更早。②

奉节鱼腹浦遗址。位于重庆市奉节县永安镇东侧鱼腹浦长江左岸第 1 级阶地，1994 年试掘，1998 年抢救性发掘。在该遗址发现了 12 个规律排列的有用火痕迹的火塘遗迹和 386 件石制品，许多中小型动物的骨骼化石和 2 件陶片，C14 测年代距今约 8000 年。③ 该遗址是一处古人类居住场所，且具较长时间的稳定活动期，人们在此修整工具，肢解捕获的动物并制作食物。遗址内出土的陶片对三峡地区早期新石器时代遗存的发现与研究价值重大，而火塘可能与原始宗教相关，它们大体呈两排排列，间距较均匀，周边有大量的烧石、烧骨等遗物。

奉节洋安渡遗址。位于重庆市奉节县永乐镇洋安渡村一社，遗址出土的文化遗物包括石制品 619 件，磨制骨锥 3 件，陶片 320 余件和与人类活动有关的动物骨骼 301 件。陶片基本是残片，动物遗存与人类生产工具及用具伴生，说明渔猎经济在当时人们的生活中仍然十分重要。专家指出，这时虽然磨制工具和陶器已经出现，但人们仍主要使用打制石器，这可能与打制石器的制作比磨制石器更省力、省时有关，这更符合人类社会的经济原则。④

奉节横路遗址。位于重庆市奉节县康乐镇横路村北侧梅溪河岸边，于 1993 年发现，1998—2000 年进行了两次发掘。该遗址出土 105 件石

---

① 李宣民：《桃花溪旧石器》，《人类学报》1992 年第 2 期。
② 重庆市文物考古所、合川市文物保管所：《重庆合川市唐家坝遗址抢救性考古发掘简报》，《四川文物》2006 年增刊。
③ 中国科学院古脊椎动物与古人类研究所、重庆自然博物馆等：《奉节鱼腹浦遗址旧石器时代考古发掘报告》，载《重庆库区考古报告集：1997 年卷》，科学出版社 2001 年版，第 144—159 页。
④ 陈福友、冯兴无、高星等：《三峡洋安渡遗址石制品研究》，《人类学学报》2006 年第 4 期。

制品，类型包括石核、石片、石器和断块，原料取自周边岩层中的燧石和石英岩等。专家认为该遗址作为临时活动场所，古人从别处开采、带来原料在这里简单加工。由于此非大型河流，人们无法获取鹅卵石并采取"摔碰技术"制作工具，于是便因地制宜从周边岩石中开采石料并用锤击法剥片进行简单的刮削器加工。这里的石制品呈现出小型、中型的窄薄型特征。①

奉节三沱遗址。位于重庆市奉节县安坪乡山头村附近，于1994年发现，2000年首次发掘，2002年第二次发掘。遗址出土石制品24件、动物骨骼20件，分别属于豪猪、鹿类、羊、猪，其中以猪、羊类标本最多。遗址上层出土打制石器、磨制石器和陶片，具有大溪文化特点的陶器表明该遗址存在新石器时代人类的活动。遗址下层不含新石器时代遗物，推断为旧石器时代晚期，不排除其具有旧石器时代向新石器时代过渡的阶段性。该遗址应该是一处古人从事生产和生活的综合性场所。②

丰都和平村遗址。位于重庆市丰都县镇江镇和平村一社，于1994年发现，2001年系统发掘，发掘面积200平方米。该遗址出土石制品89件，未见陶片和动物化石。石制品类型有石片、石器、断块和石斧，出土的4件石斧中3件仅刃部磨光，石斧的出现意味着磨制技术的萌芽或初级应用，这是文化内涵从旧石器时代向新石器时代过渡的体现。该遗址并非当时人类从事生产与生活的主要场所，但无疑是先民选材加工的地点。

奉节藕塘遗址。位于重庆市奉节县安坪乡藕塘村北，沿长江南岸分布在东西长约3千米、南北宽约50米的几个台地上。于1993年发现，

---

① 三峡旧石器时代考古工作队：《奉节横路遗址发掘报告》，载《重庆库区考古报告集·1998卷》，科学出版社2003年版，第232—238页。

② 中国科学院古脊椎动物与古人类研究所、重庆市文物局：《奉节三沱遗址发掘报告》，载《重庆库区考古报告集：2000年卷》（下），科学出版社2007年版，第503—508页。

2006年由山西大学考古系单位等进行钻探与发掘，发掘面积2050平方米。这是一处以打制石器、磨制石器和夹砂陶器为主要文化特征的新石器时代早期遗址。在该遗址主要发现有陶片和石制品147件，但未发现灰坑、墓葬等遗迹。[①]

上述遗址具有从旧石器时代向新石器时代过渡的特征，即从打制向磨制、器型由大变小、陶器出现等。其中部分遗址中两种文化的重叠现象，这恰好证明了其文化具有延续性，它们是环三峡地区早期新石器时代文化探索的重要线索。

三　新石器时代中、晚期的主要遗址

（一）新石器时代中期的主要遗址

玉溪遗址下层。1992年发现的玉溪遗址位于重庆市丰都县高家镇金刚村二社，面积8万平方米。1999年由重庆市博物馆考古队正式发掘，遗址分为上、下两层，时间跨度下层距今7600—6300年，上层距今6200年左右。[②]下层属于新石器时代中期，该层有3.5米厚的骨渣等生活垃圾遗存。出土遗物包括上万件石器（包括少量磨制的条形石斧）、较少数量制法原始的陶器（以圜底器和圈足器为主的釜、罐、钵、碗、盆等）和数量巨大的动物骨骼（哺乳动物、鱼类、蚌类、龟鳖以及鸟类等27种），这些应该是原始居民在肢解、食用后遗留下的动物骨骼。当时、当地的生态环境和居民的渔猎、捕捞生活方式，由上述遗址的遗存物中得到了反映。

城背溪遗址。位于湖北省宜都市红花套镇吴家岗村五组江边，其上

---

① 白九江：《重庆地区的新石器文化：以三峡地区为中心》，巴蜀书社2010年版，第38—39页。

② 邹后曦、袁东山：《重庆峡江地区的新石器文化》，载《重庆·2001三峡文物保护学术研讨会论文集》，科学出版社2003年版，第17、23页。

限不超过公元前6500年,下限为公元前5000年。该遗址1973—1984年进行了数次发掘,先后出土文物10000多件,遗物主要有石器、陶器和骨器,还有较大数量的动物骨骼和稻作遗物。其中石器以打制为主,通体磨制的较少;陶器使用原始的泥片贴塑法成形,尤以满饰绳纹的猪嘴状支座最具特色[1];骨器有针、锥、骨片等。遗址还出土有用作纺织的纺轮和用作渔猎的石质网坠。"城背溪文化遗物表明,当时就已经有了以种植水稻为基础的原始农业,而渔猎在当时人们的经济生活中也同时占有重要地位。"[2]

柳林溪遗址。位于湖北省秭归县茅坪镇庙河村长江北岸,于1958年发现,经1981—2000年多次发掘,面积5300平方米。遗址跨越时间长,其中新石器时代堆积有四层,相当于城背溪文化晚期阶段,时间距今7000年左右。出土石器制品有2000余件,陶器1000余件。石器中,尤其以一件黑色燧石透雕人像著名,可能与原始信仰、巫术崇拜有关。另有一件被疑为"神器"的陶罐,其肩部刻有人像,在空心三角形和实心三角形图案间刻有飞禽,可能是寓意人立于天地之间。[3] 遗址出土了1000多件有纹饰的陶支座,支座被认为用来支撑陶器(或点蜡烛),纹饰则可能被用来记事。该遗址因三峡库区蓄水没入江底。

(二) 新石器时代晚期主要遗址

被广泛发现的三峡地区新石器时代晚期典型遗址,除玉溪遗址上层外,还有涪陵陈家嘴遗址,丰都县玉溪坪遗址群,忠县的㴬井沟遗址群,万州的苏和坪、涪溪口及黄柏溪遗址,云阳县的丝栗包与大地坪遗

---

[1] 林春、黎泽高:《城背溪遗址复查记》,《江汉考古》1988年第4期。
[2] 杨权喜:《试论城背溪文化》,《东南文化》1991年第5期。
[3] 王风竹、黄文新、罗运兵:《湖北秭归县柳林溪遗址1998年发掘简报》,《考古》2000年第8期。

址，奉节县的老关庙遗址，巫山县的大溪、魏家梁子和锁龙遗址等近20个遗址。学界将其划分为三个大的发展阶段，命名为哨棚嘴、玉溪坪和中坝三个考古学文化。①

玉溪遗址上层。位于重庆市丰都县高家镇金刚村二社，上层遗存堆积物厚约2米，其堆积与玉溪遗址下层比较则显得较薄。其中的出土遗物既有打制石器和磨制石器，包括呈多台面的小燧石石核，也有少量灰陶与褐陶片。②在此出土有卷沿盆、折沿釜（罐）、深腹缸、敞口钵、敛口钵、附耳钵以及纺轮等陶器标本。根据玉溪上层遗存动物骨胶原C14检测，时间距今约6200年。

哨棚嘴遗址。位于重庆市忠县忠州镇红星村，瀳井沟河口附近。于1994—2000年发掘，面积约8000平方米，厚达6—7米，遗址涵盖从新石器时代到夏、商、周以至汉代和南朝时期的地层编年和古文化演变发展序列。其中"哨棚嘴一期文化"属新石器时代遗存，陶器以夹砂陶为主，黄褐、灰褐、灰黑色居多，饰交错绳纹，花边口装饰，有筒形、盘口罐，碗、盆、钵、豆等，其文化特征为卷沿罐器物群盛行。其时代距今5500—5100年，它与玉溪上层文化遗存是一脉相承的，大致在瞿塘峡一带，与东边的大溪文化分界。有学者认为，"该文化可能通过白龙江、嘉陵江流域与甘肃地区的新石器文化（主要是马家窑文化马家窑类型）有联系"③。

玉溪坪遗址。位于重庆市丰都县龙孔乡玉溪坪村，与玉溪遗址相邻，其文化经玉溪上层发展而来。该遗址经2001年、2002年两次发掘，地层堆积厚4米，包含新石器时代、商周、汉唐至明清等不同时

---

① 白九江、邹后曦：《重庆峡江地区新石器时代晚期文化》，载《中国考古学会第十次年会论文集》，文物出版社2008年版，第11—49页。
② 白九江：《重庆地区的新石器文化：以三峡地区为中心》，巴蜀书社2010年版，第72页。
③ 江章华：《关于哨棚嘴文化的几个问题》，《四川文物》2010年第2期。

期的遗存。其中,新石器时代的遗物包括从"玉溪坪文化"到"中坝文化"两个阶段的遗存,该文化以盛行夹砂折沿罐器物群为特征,末期向盘口器演变。其时代距今5100—4600年,与屈家岭文化大致相当。该文化的先民开始种植人工作物并驯养家畜,但采集渔猎经济仍占主导地位。据专家认为在东起湖北省的宜昌市,西至重庆市的渝西地区,东南到贵州省的东北地区,北达四川省东北的广大地域,该文化遗存都有发现,是新石器晚期鼎盛时期文化在重庆峡江地区的体现。[①]

中坝遗址。位于忠县县城正北6千米㽏井河两岸的台地上,遗址总面积约5万平方米。该遗址考古始于20世纪50年代末,1990—1999年由四川省文物考古研究所进行抢救性发掘,发现文化堆积层12.5米,涵盖12个时期,完整展现了自新石器时代至清代连续不断的历史。在新石器时代遗存出土有大量陶、石、骨类文物,其文化特征是花边缸器物群盛行。其时代距今4600—3700年,后期已经跨入夏纪年范畴。专家认为:"中坝文化主要是在继承本地玉溪坪文化的基础上,吸收周邻地区考古学文化因素融合而成的自具地方特色的一支考古学文化。"[②]

大河口遗址。位于重庆市涪陵区义和镇朱砂村六组长江边的第二级阶地上。2018年由重庆市文化遗产研究院、重庆师范大学历史与社会学院、涪陵区博物馆联合抢救发掘。出土新石器时代遗物有陶片、石器、骨器、动物骨骼等,其中石制品合计177件,遗址距今5300—4600年,其内涵为玉溪坪文化。专家认为该遗址是在三峡以西地区发现为数不多的新石器时代晚期的重要遗址,"在整个重庆三峡库区新石器时代

[①] 王海阔、徐静、白九江等:《重庆市丰都县玉溪坪遗址2002年度发掘简报》,《南方民族考古》2015年第1期。

[②] 于孟洲:《重庆峡江地区中坝文化研究》,《考古与文物》2010年第3期。

遗址考古中，大河口遗址文化内涵的丰富程度也是很少见的"①。该发现为研究重庆地区新石器晚期人类活动提供了珍贵的实物资料，对完善三峡地区史前文化谱系有重要参考价值。

第四节 "前巴文化"的大溪文化

对大溪文化做单独介绍，主要原因在于它自成体系，与瞿塘峡以西新石器时代遗址不同渊源而与长江中上游文化密切相关。在长江中上游文化中，以城背溪文化、大溪文化、屈家岭文化和石家河文化最为典型，它们之间关联紧密。其中，距今6000年以上的城背溪文化（如前所述）主要分布在西陵峡及峡口以东宜都一带，其中西陵峡中重要的遗址有秭归柳林溪、枝城北、枝江青龙山等，它们可能较大地影响了大溪文化。杨权喜指出："城背溪文化分布范围处于大溪文化分布的中心区域内……从这两种文化的遗物，特别是出土的陶器来看，它们之间有许多内在联系。"② 而距今5000—4600年因湖北省京山县屈家岭遗址而得名的屈家岭文化，其分布范围主要在江汉平原，其西可达巫峡，南达湖南澧县，有学者认为，"屈家岭文化是承袭大溪文化来的"③。石家河文化（距今4800—4200年）发现于湖北省天门市石河镇的石家河遗址群，因承袭屈家岭文化演变而来，其在峡江的代表性遗存是宜昌白庙和秭归庙坪。由于该文化发现有青铜块、玉器、祭祀遗迹和类似于文字的刻画符号与城址，被认为可能进入了文明时代。

大溪文化因首现于重庆市巫山县瞿塘峡东口，即今巫山县的大溪遗

---

① 重庆市文化遗产研究院、重庆师范大学历史与社会学院、涪陵区博物馆：《重庆涪陵长江两岸考古调查与勘探》，载《科技考古与文物保护技术》，科学出版社2019年版，第289页。
② 杨权喜：《试论城背溪文化》，《东南文化》1991年第5期。
③ 管维良、李禹阶主编：《三峡学》，重庆出版社2009年版，第37—39页。

址而得名，但它并非大溪文化的中心。就目前所知，大溪文化的分布范围横跨湘、鄂、渝二省一市。它的地界分别为渝东南（西），鄂东南（东），洞庭湖北岸（南），京山、大洪山南麓（北）。[1] 其重要遗址包括巫山大溪、巫山大水田、巫山人民医院、秭归龚家大沟、秭归朝天嘴、宜昌中堡岛、宜昌杨家湾、宜昌清水滩、宜昌五相庙、宜都红花套、枝江关庙山、松滋桂花树、公安王家岗、澧县城头山、澧县三元宫、澧县丁家岗、安乡划城岗、安乡汤家岗、华容车轱山、江陵朱家台、江陵毛家山、钟祥六合、钟祥边畈、京山朱家嘴、京山屈家岭、京山油子岭、天门谭家岭、酉阳笔架山28处。

大溪文化的时间距今6500—5300年，分为早期（6500—6000年）、中期（6000—5600年）和晚期（5600—5300年）。如前所述，多数学者认为大溪文化的形成与城背溪文化、柳林溪文化和汤家岗文化相关，而屈家岭文化承其后。其间，仰韶文化对它的影响十分明显，在巫山欧家老屋遗址出土的器物"与仰韶文化半坡类型的红顶碗、带状黑彩钵等陶器一脉相承。大宁河自渝东北的城口县发源，经巫溪县在巫山县入长江，其上游紧邻汉水，与汉水支流任河仅隔几千米之遥"[2]。笔者试对该文化中的大溪、大水田、笔山坝、中堡岛、关庙山、城头山和汤家岗等重点遗址，三元宫遗址简述如下。

一　大溪文化在西陵峡以西地区的主要遗址

大溪遗址。地点在重庆市巫山县城西45千米处。这里是瞿塘峡的东口，在此处长江南岸约15000平方米的二级阶地上，来自四川省文物考古队、四川博物馆等单位的工作人员，通过1959—1994年的多次发

---

[1]　重庆中国三峡博物馆等编：《大溪》，中国图书出版社2017年版，第32—33页。
[2]　白九江：《三峡地区大溪文化的边缘效应：廊道效应、互惠交换、在地精神和简单聚落》，《重庆师范大学学报》（社会科学版）2019年第3期。

掘，先后发掘出墓葬200余座，出土了大量特征鲜明的陶器、石器、玉器、骨器和蚌器，遗址由此定名"大溪文化"，此后又进行了多次发掘。大溪遗址的陶器主要为彩陶，纹饰有戳印、镂孔、横"人"字纹、绳索、波浪纹等，普遍施以化妆土，陶片多呈内黑外红，器形早晚不同。陶器中"圜足器三足较普遍，不见袋足器和管状流形器，用点线组成的三角几何形图案的空心陶球，内装石子，摇动作响，也是典型器之一"①。其墓葬为竖穴土坑墓，以仰身直肢葬与屈肢葬（含跪屈式和蹲屈式）为主，墓中多有随葬品（以随葬鱼为特色）。其大量墓葬与石质人面像、各种随葬品的出现，表明原始巫文化现象已经十分明显。该遗址功能分区明确，体现出不同于江汉平原地区稻作农业的渔猎采集经济类型。

大水田遗址。地点在重庆市巫山县的曲尺乡伍柏村三社，这里在大溪遗址西边，两者相距28千米。重庆市文化遗产研究院通过2014年3—9月对该遗址的持续发掘，在此发掘出了墓葬212座、房址1座、灰坑208座，同时还出土了丰富的遗物，1—4期的大溪文化代表性器物类型在该遗址中被基本涵盖。该发掘丰富了大溪文化的文化内涵，堪称大溪文化的重要代表性遗存。其中陶面具形器、石质动物、人面、环形饰、生育崇拜石质人像的发现，提供了大溪文化认知领域考古的新材料，有助于了解大溪文化、原始宗教、社会组织、精神意识等深层次问题。对大水田遗址的价值，学者做了五个方面的总结。②

笔山坝遗址。位于重庆市酉阳土家族苗族自治县笔山坝，2007年在该遗址发现了丰富的大溪文化遗存，该遗存年代距今7000—5500年，其晚期出现了大溪文化、哨棚嘴文化两组器物。学者认为，该发现有利

---

① 管维良、李禹阶主编：《三峡学》，重庆出版社2009年版，第37—38页。
② 重庆市文化遗产研究院、巫山县文物管理所：《重庆市巫山县大水田遗址大溪文化遗存发掘简报》，《考古》2017年第1期。

于对大溪文化在重庆的分布及传播探究，有利于学界对大溪文化的总体认知。①

二　大溪文化在西陵峡以东地区的主要遗址

中堡岛遗址。地点在湖北省宜昌市境内，距宜昌城西约 25 千米。位于长江西陵峡东口，河滩中部隆起的小岛中部，面积在 3000 平方米左右。该遗址发现于 20 世纪 50 年代，1979 年由宜昌地区博物馆等在此发掘出大溪文化及屈家岭文化遗存。遗存具有由大溪文化向屈家岭文化的过渡特征。② 在 1985—1986 年，国家考古部门又在此组织了大规模发掘，先后出土数以千计的石器、陶器与骨器，成为三峡地区出土大溪文化遗物最多的遗址。

关庙山遗址。地点在湖北省枝江市，距城东北 11.5 千米。这里是江汉平原的西部边缘地带，1975 年遗址被发现并进行了试掘，中国社会科学院考古研究所 1978—1980 年又进行了约 2000 平方米的两次发掘。在遗址中除了发现新石器时代的房屋基址、灶坑、灰坑、灰沟及瓮棺葬之外，还有大量石器、陶器和骨器出土。专家指出"在陶片和红烧土中都发现有稻谷壳碎屑和碳化稻谷现象"，这表明关庙山是一种以稻作为主的农业文化遗存。③ 该遗址是以大溪文化遗存为主的一个地方性类型的代表，该遗址中大溪文化、屈家岭文化和石家河文化依次叠压的地层关系的发现，为研究大溪文化的年代和长江中游地区新石器时代文化关系提供了证据。

---

① 李大地、白九江、袁东山等：《渝东南地区先秦时期的考古发现》，载重庆市文物考古所、重庆文化遗产保护中心编《"早期中国的文化交流与互动——以长江三峡库区为中心"学术研讨会论文集》，科学出版社 2012 年版，第 29—32 页。

② 白九江：《宜昌中堡岛遗址大溪、屈家岭和哨棚嘴三种文化因素的分析》，《江汉考古》2003 年第 2 期。

③ 阎孝玉：《枝江关庙山稻作文化浅析》，《中国农史》1996 年第 3 期。

城头山遗址。地点在湖南省澧县东溪乡南岳村，距县城西北 10 千米。遗址于 1978 年发现，继后湖南省文物考古研究所等单位又在 1991—1998 年发掘了大约 4000 平方米的面积。该遗存涵盖了大溪文化、屈家岭文化与石家河文化。其中，有外绕壕沟的大溪文化圆形城址，城内还有祭坛、房址、制陶作坊等建筑基址，以及一些屈肢葬墓、瓮棺葬墓。据分析，该遗址大溪文化的一、二、三期分别属于母系氏族公社繁荣末期、母系氏族向父系氏族公社过渡期、父系氏族公社初期。从发现的稻田遗址，炭化稻谷、植物籽粒，以及竹子与芦苇编织物、船及木桨等遗物看，该文化已经达到了相当的高度，甚至有学者指出它"已经早于我国史前任何文化遗址率先进入父系氏族公社"①。

汤家岗遗址。位于湖南省安乡县城北，发掘面积约 20000 平方米。湖南省博物馆于 1978 年对此进行发掘，发现了 12 座墓葬，有柱洞、红烧土坑、灰坑等遗迹。在众多的出土遗物中，印文白陶的精细程度特别令人瞩目。该遗址出现的原始农业引人注目，这里出土陶片中的稃壳表面印痕表明，当地栽培的水稻属于似籼型品种。② 专家指出"该遗址为研究洞庭湖地区大溪文化的年代和特征提供了新的资料"③。

三元宫遗址。位于湖南省澧县县城北 16 千米处，遗址面积大约有 20000 平方米。该遗址最早发现于 1966 年，次年由湖南省博物馆进行试掘。据 1974 年的正式发掘表明，此处保留了大溪文化及屈家岭文化的遗存。在此，大块红烧土建筑遗迹成片分布，23 座墓葬得到清理。有专家指出，"屈家岭文化三元宫类型的前身及其后继者，大体是本地

---

① 曹卫平：《再论大溪文化时期城头山住民所处之社会形态》，《湖南文理学院学报》（社会科学版）2008 年第 11 期。
② 张文绪、裴安平：《澧阳平原几处遗址出土陶片中稻谷稃面印痕和稃壳残片的研究》，《作物学报》1998 年第 3 期。
③ 重庆中国三峡博物馆等编：《大溪》，中国图书出版社 2017 年版，第 37 页。

区的大溪文化及龙山期文化遗存"①。

由上可见，环三峡地区"前巴文化"遗址是十分丰富的，它源远流长，涵盖了整个石器时代。其中旧石器时代遗址众多且主要分布在峡区谷地，有东方人类摇篮之誉；到新石器时代人类聚落向宽谷地带延展，并触及平原边缘。不少遗址在时空上表现出有序传承，且最终发展成为该地区域重镇。就考古发掘遗物看：到新石器时代，峡区内外陶器普遍产生，器型大同小异；石器制造以砾石为主要材料，由粗犷的打制向精致的磨制发展，器型也由大转小；其生业状况峡区内以渔猎为主、种植为辅，峡区外种植业得到较大发展；人类的原始宗教在其葬式、随葬物品和雕刻、绘画上得到了不同程度的体现；在瞿塘峡的东西两侧都形成了较明显的文化序列，它们各具特色又相互融合，共同构成了"前巴文化"的整体面貌。

第五节 "前巴文化"的几点认识

环三峡地区的"前巴文化"无疑是丰富多彩的，通过对它的考古学调查，我们大致可以得到以下四点认识。

认识之一，环三峡地区是中华远古人类文明的摇篮。在峡区有限的空间里聚集了近30个属于旧石器时代的遗址，对其文化特点及学术意义，古人类学家得出了七点认识。② 大致可概括为四个方面：第一，巫山龙骨坡（巫山人）的发现，改变了之前中国古人类限于更新世晚期和全新世早期的认识，他们于早更新世已在三峡地区生存和繁衍；第

---

① 朱乃诚：《三元宫墓葬的分期及其文化性质》，《考古》1990年第5期。
② 高星、裴树文、冯兴无等：《三峡地区在中国旧石器时代考古研究中的地位》，载重庆文物局、重庆移民局编《重庆·2001三峡文物保护学术研讨会论文集》，科学出版社2003年版，第2页。

二，鉴于三峡地区古人类文化遗址沿长江分布，江两岸的二、三级阶地多出土文化遗物，且多为原地埋藏，可得知当时人类应为沿江生活，并能较好地利用长江水源与动植物资源；第三，三峡古人类用砸击法将砾石（河卵石）劈裂，制作砍砸器、刮削器，这种因地制宜对当地资源的利用，反映出其灵活的应变能力和组合技术的娴熟使用；第四，到旧石器时代晚期，这种具有"南方砾石工业"特点的工具制作手段与初级磨制石器、原始陶片的共生现象，向我们展示了该地区古人类由旧石器时代向新石器时代过渡、由狩猎采集向农业经济发展的场景。笔者认为，在原始农业尚未产生的旧石器时代，人类的采集与狩猎无疑是资源消耗性生产方式，这注定了多数地区原始先民必须以不断地迁徙为主要生活方式。然而，环三峡地区的古人类似乎不太受此规律的左右，该地区呈垂直状貌的地形和十分丰富的资源为他们较早进入相对定居的生活提供了良好的空间，大量旧石器时代遗址在峡区的出土便是证明。因此，环三峡地区被誉为东方人类摇篮不无道理。

认识之二，环三峡地区新石器时代考古文化十分发达。第一，该地区存在大量从旧石器时代到新石器时代过渡的人类遗址，这表明其文化的传承是以原生文化为主的。第二，环三峡地区新石器时代遗址大量存在，仅以重庆地区为例，据2010年统计便达到33处，[①] 这说明人类到新石器时代在该地区的活动比过去更加频繁，活动的范围也越来越大。第三，在三峡的东、西两段分别形成了各具特色又相互影响的文化谱系，其东段包括瞿塘峡至西陵峡以及附近地区，西段即指重庆以下到奉节地区。依据早期、中期、晚期、末期的"四分法"，东段具有代表性的文化序列大抵为：桅杆坪遗址（长江支流清江流域）、城背溪遗址—城背溪文化、柳林溪文化—大溪文化—屈家岭文化—石家河文化、白庙

---

① 白九江：《重庆地区的新石器文化：以三峡地区为中心》，巴蜀书社2010年版，第12页。

遗存。西段具有代表性的文化序列大抵为：奉节横路遗址、奉节鱼复浦遗址—玉溪下层文化—玉溪上层文化、哨棚嘴文化、玉溪坪文化—中坝文化。对东西两个文化序列之间的关系，白九江认为，"其中，在新石器文化中期以前，三峡东、西段的考古文化虽然有明显差异，但也存在一定的共性，可以定性为有亲缘关系的文化交互作用圈，从新石器晚期阶段起，三峡东、西部文化差异明显，分属两个独立的文化系统，但两者间有着较明显的文化交流，到了晚期阶段，中坝文化对白庙遗存的影响甚深"[1]。渊源深厚、数量众多、序列清晰、交流频繁，此为环三峡地区新石器时代文化发达的标志。

认识之三，原始人类宗教现象较早产生且表现突出。宗教观念的较早出现是人类思维进步的标志。环三峡地区人类产生早、石器时代遗址丰富、文化传承序列清晰等现象表明，这里无疑具备宗教观念早熟的条件。首先是旧石器时代奉节兴隆洞遗址出土的石哨、石鸮和剑齿象牙刻痕，其次是奉节鱼腹浦遗址有规律排列的火塘与焚烧的遗物，再次是新石器时代湖北秭归柳林溪出土的人物坐像、东门头发现的"太阳人"像，最后是巫山大溪、大水田遗址复杂的丧葬方式和人像雕刻、陶器纹饰等，莫不在向我们证明具有原始宗教观念的思维形式在环三峡地区不但源远流长而且兴旺发达，对其内涵笔者曾经做过探讨。[2] 而这些考古学发现恰与古籍中"有灵山巫咸、巫即、巫盼、巫彭、巫姑、巫真、巫礼、巫抵、巫谢、巫罗十巫，从此升降，百药爰在"[3] 的记载，以及"《归藏》曰：昔黄帝与炎神争斗涿鹿之野，将战，筮于巫咸"[4] 之说，

---

[1] 白九江:《重庆地区的新石器文化：以三峡地区为中心》，巴蜀书社2010年版，第24—25页。
[2] 邓晓、何瑛:《美术考古视野下的环三峡地区新石器时代石质人像雕像研究》，《重庆师范大学学报》2019年第5期。
[3] 李润英、陈焕良译注:《山海经·海内经》，岳麓书社2006年版，第365页。
[4] （宋）李昉等:《太平御览》第4册（四部丛刊三编子部），上海书店1939年版，第25页。

均"不谋而合"。"灵山"即巫山,袁珂早有论证,而炎黄在部落战争(新石器时代晚期)中对巫咸卜筮的请求,正好说明巫咸在当时已经声名卓著。有考古与文献双重证据,我们似可以为环三峡地区远古人类的原始宗教(巫文化)的存在并盛行下定论。

认识之四,巴文化可能是"前巴文化"的继承者。从夏商时期(公元前2100—前1100年)考古材料看,大溪文化覆盖的西陵峡、鄂西、黔东北、渝东南地区及西陵峡以东地区,恰是早期巴文化圈所在地,就此笔者倾向于同意杨华关于"鄂西、三峡地区是早期巴人起源地"的观点①。另就文献研究看,任乃强在《说盐》中指出大溪文化的古墓中"发现皆有大量鱼骨。可以肯定是殉葬食物"②,并强调巫山县北产盐的宝源山与大溪一水相通仅200里。《山海经》又提到了盛极一时的巫载国"巫载民,盼姓,食谷。不绩不经,服也,不稼不穑,食也"③。而据董其祥考订,《世本》所谓巴人廪君蛮"故出巫蜑(诞)"的巫蜑就是《山海经》中的"巫载","大巴山、巫山地方,正是古巴族巫蜑活动、聚居之所"④,载民正是依靠盐的交换过上好日子的。由上,无论考古发掘还是文献考证,巴族的渊源都离不开环三峡地区,他们的祖先应该就是当地的原住民。

至于巴文化的来龙去脉,杨华等人对早期巴文化提出的观点⑤似有助于我们对此的认识。观点一:西陵峡地区及该峡出口处以东地区、黔东北、渝东南地区有着类似夏商时期文化遗存,可统归为"早期巴文化遗存"分布区,中心在"鄂西和西陵峡地区"。观点二:在巫峡的东、

---

① 杨华:《从鄂西地区考古发现谈巴文化的起源》,《考古与文物》1995年第1期。
② 任乃强:《川大史学》(任乃强卷),任新建编,四川大学出版社2006年版,第305—306页。
③ 李润英、陈焕良译注:《山海经·大荒南经》,岳麓书社2006年版,第355页。
④ 重庆三峡博物馆编:《董其祥历史与考古文集》,重庆出版社2005年版,第19页。
⑤ 杨华、刘前凤、张首才:《三峡考古发现对早期巴文化研究的新认识》,载《长江文明》第4辑,四川美术出版社2019年版,第4—18页。

西地区考古发现的夏商时期出土遗物有一定差异（东边圜底器更多且接近同时期中原器类，峡西多见小平底器与尖底器），但"两地相同的器类应占主导地位"。观点三：三峡北部大巴山、米仓山以南的嘉陵江及渠江流域，出土大量与三峡地区夏商时期文化遗存相同或相似器类，可统归为"早期巴文化遗存"的范畴；赵丛苍也曾指出，在商代早期的晚些时候，曾有一支巴人向西北方向迁徙，通过大宁河或其他河谷北上，最终进入汉水流域。① 观点四：20世纪在成都发现的"早期蜀文化遗存"中，较多遗物器形与三峡地区"早期巴文化遗存"惊人的相似且时间略晚，显然早期巴文化因素"对成都地区蜀民族文化的影响是强烈的"。观点五：李学勤认为蜀文化里的中原商文化因素系两湖地区传入，而两湖入川"则势必沿江穿过三峡"，在三峡地区有近200处相当于中原夏商时期的人类居住遗址和类似器物的实证。观点六：在《竹书纪年》《山海经》《华阳国志》等史籍中都有中原夏王朝与三峡地区巴人交流的历史，商代殷墟甲骨文中亦有中原商王朝南下征伐巴人的记载，而三峡地区考古发现的相当于中原二里头文化的一些遗存"肯定了文献中记载的真实性"。

依据上述观点，结合前面分析，笔者亦得出三点看法：第一，早巴文化应是环三峡地区的原生文化，它具有对"前巴文化"的继承性；同时它因受到诸"前巴文化"的影响而具有"泛巴"性质，此亦古文献中对巴的起源和传说各执一词现象产生的重要原因。第二，早巴文化凭借发达的水系向周边扩张，向北扩展到嘉陵江、渠江、汉江流域，向西影响至成都平原；三峡地区在文化传播过程中的枢轴作用十分明显。第三，能够引起中原夏、商高度关注的应是三峡地位与资源的重要和原住民文化的日渐强势；文献记载和大量带有夏、商文

---

① 西北大学文博学院编著：《城固宝山·1998年发掘报告》，文物出版社2002年版，第25页。

化特色的器物在环三峡地区和川西平原等地出现，或可视为夏商势力干涉的结果。

我们习惯于将有文字记载的历史称为"文明史"，事实上相对人类漫长的发展历程，它仅仅只是一瞬间，但"文明"阶段本身大量文献的保留导致整个历史研究重心的后移。而"文明"对史前时代的记忆又往往因为时间久远语焉不详甚至神话杂糅。幸而有百年来科学考古的理论与方法的践行，使扑朔迷离的远古传说逐渐变得清晰，也使环三峡地区"前巴文化"得见天日。

小　结

综上所述，笔者强调以下观点：第一，环三峡地区的史前文化源远流长，因其产生于当地主流文化"巴文化"之前，我们将其称为"前巴文化"；第二，环三峡地区是我国古人类的重要发祥地之一，有着贯穿整个石器时代丰富的遗址群，体现出深厚的文化底蕴；第三，环三峡地区前巴文化到新石器时代发育成以瞿塘峡为界东、西两侧不同的谱系，其间交流频繁、内涵大同小异，共同构成早巴文化的基础；第四，环三峡地区的特殊地貌对当地人类生产方式产生重要影响，形成了峡区以渔猎为主（晚期增加盐业）和宽谷以种植为主的生业形态；第五，环三峡地区的"前巴文化"浓厚的巫文化氛围在考古发掘和文献记载中表现突出，且对周边文化产生较大影响。据此，我们确认史前长江中上游环三峡地区曾经有过较为发达的"前巴文化"，它是远古长江文明的重要组成部分，也是后来"巴渝文化"的主要渊源，蕴藏着远古巫文化的内涵。

第三章

环三峡地区远古巫文化基础
"前巴文化"之背景

  提　要：从人类学的角度考察，就自然、社会和人类三者的关系而言，对"人类"的探究可概括为三个表述：人类源于自然，是自然、社会和文化融合互生的系统；人类是被他们自己创造的，也是自己的创造者；人类被他们创造的社会和文化所创造。据此，环三峡地区是长江中上游文明的重要发源地，这里有十分丰富的人类石器时代遗址，有包括渔、猎、农耕在内的生业形态，而这一切都得益于当地独特的自然地貌与丰富的动植物和矿产资源。当地特殊的自然环境和物质基础既是该地区"前巴文化"得以产生并兴旺的基础，同时又是后来"巴文化"发展壮大的重要制约因素。

  笔者将巴文化产生之前地处长江中、上游的环三峡地区远古文化归纳为"前巴文化"，对该概念及其内涵已在上一章中阐述，而"前巴文化"的产生和发展是深受当地自然环境影响的，恰如"一方水土养一方人"。对环境的关注在我国古已有之，如"殷墟甲骨文记载动物与哺乳动物化石之发现，弥补了我国史初史，为探寻殷商之气候提供了直接根据，为了解三千多年前我国自然、社会及其彼此间关系提供了宝贵的史料"①。事实上，利用环境资料科学考古源自20世纪之初，学界前辈曾就此进行过不懈地探索，如地质考古学先驱袁复礼（1893—1987）将地质学与考古学相结合，开启了我国考古学的新起点；继后裴文中（1904—1982）把地貌与遗址分布结合进行研究，成为我国环境考古的先驱；顾颉刚、李四光、侯德封、孙健初等先生亦有不少对环境与人生关系的科学讨论。通过众人不懈的努力，关注环境与人及环境与人类社会发展逐渐成为考古学界的共识。

第一节 环境对于"前巴文化"的意义

以环境考古的立场审视环三峡地区，无疑有助于我们认知石器时代远古三峡先民的生存状态。周昆叔强调：自然界的所有生物都是环境的产物，人类亦如此。对人类起源之谜的揭示和对其发展过程中诸多问题的解答，都有赖于环境与人类关系的研究。由此，"若企图探求人类形成和人类文化创造的规律，就要结合人类曾经生存的场所来研究人与环境的历史"②。具体言之，则如朱诚等所述，"研究环境考古主要包括三个方面的内容：一是对研究区内人类遗址时空分布变化演替规律的研究，二是对研究区内典型遗址考古地层学的研究，三是对研究区内典型自然沉积地层环境演变背景的研究"③。即通过这些对人类遗址和地层环境演变的研究，有助于我们了解人类文明的诞生与发展过程，阐释地理要素中的地貌、地质和地形等空间分布及其变化，与人类遗址、社会

---

① 周昆叔：《环境考古》，文物出版社2007年版，第10页。
② 周昆叔：《环境考古》，文物出版社2007年版，第2页。
③ 朱诚、吴立、李兰等：《长江流域全新世环境考古研究进展》，《地理学报》（第69卷）2014年第9期。

变革的关联；有利于我们探索垂向地层学与时空变化对该区域不同时代的人类的影响。三峡地区的自然环境构成了当地原始先民得天独厚的生存空间，我们关于环三峡地区"前巴文化"物质基础的讨论便主要基于此。图3-1为三峡风光。

图3-1　三峡风光（笔者自摄）

三峡地区是我国第二地形阶梯向第三地形阶梯下降的过渡区，又是大巴山山脉、大娄山山脉、巫山山脉等的汇聚处。这里群山绵延、江河密布，地貌十分复杂。在三峡中长约90千米的峡谷地段，两岸群峰环列、悬崖峭壁对峙，显然不宜人居，每至夏秋洪水时节更是如此，但在被诸峡分割的众多宽谷中，两岸坡度相对平缓，积淀了不易被洪水淹没的肥沃阶地，它们便成了在此生活的古人类理想的活动场所。从奉节县往东有大宁河宽谷、香溪宽谷与庙南宽谷，自奉节县向西至重庆沿铁凤山和方斗山之间的长江沿岸形成了若干向斜谷地，它们在今天被称为"坪"或"坝"。峡区之于人类生存的优势已被学者精辟地概括为三方面：第一，江边台地不但水源充足、水生物繁盛，而且冲积扇、冲积平原植被茂盛，是峡区各类动物充足的饮食之源；第二，地形多变不但满足多种动植物生存和繁衍条件，还在客观上可以构成相辅相成的生物链；第三，峡谷内巨大的垂直高差造成了不同高程区域的不同气候与植被特点，即使发生极端气候现象，这里的动物只需作纵向迁移，即可安生而不必远走他乡，"这也为各类动物提供了相对稳定的家园"①。对其相关优势，周昆叔还补充道："在三峡地区形成一个特殊的文化区，成长的地域环境，概括起来有两个方面，一是季风影响，二是地势影响。""就季风影响来说，此处受西南季风和东南季风双重影响，地处31°N，但属中亚热带，水热环境好，至今在万州一带盛产名果脐橙。三峡杨家嘴遗址发掘出一批饰有橘皮纹饰的陶器，证明三峡至少在西周以前已有橘林，至于全新世气候适宜期的新石器时代，这里有喜暖的爪哇犀、象等大型动物，还有獐、狸、狼、豹等动物。"② 以上优势集水土、植被、地貌和气候于一体，为远古时期当地的各类动物（也包括人类）提供了独特而优良的生存条件，这也便是这里被誉为"东方人类摇篮"的缘故。近些年的考古发掘业已证明这里有从旧石器时代到新石器时代密集的人类遗址，其时间涵盖了几乎整个人类活动的各个时期。由此可见，环三峡地区良好的自然环境是"前巴文化"得以产生的土壤。

目前，三峡地区业已成为旧石器考古研究的一个重心。在重庆三峡库区的巫山、奉节、忠县、丰都等地，已有旧石器时代遗址、石器制作场和古脊椎动物化石点40多处被考古学家发现；另在湖北省境内的三峡库区，人们也于宜昌、兴山、巴东、秭归等地调查发现了旧石器遗

---

① 高星、裴树文：《三峡远古人类的足迹：三峡库区旧石器时代考古的发现和研究》，巴蜀书社2010年版，第2页。

② 周昆叔：《环境考古》，文物出版社2007年版，第132页。

址和古脊椎动物化石点近30处。对旧石器时代三峡考古成果的学术要义，高星等古人类学学者做了五点精辟的归纳：第一，众多的更新世古文化遗址"扩大了古人类在中华大地的分布区域"；第二，"巫山人"的出现"为古人类在东亚地区的起源提供了珍贵的资料"；第三，沿江分布密集的旧石器时代遗址表明，长江流域的环三峡地区无疑也是孕育华夏民族与中华文明的重要区域之一；第四，其旧石器文化基本属于南方砾石工业体系，它提供了我们今天研究远古时期南、北方人群迁徙及文化交流乃至巴蜀地区民族形成、融合的重要资料；第五，峡区长江二级阶地遗址所包含的从旧石器时代向新石器时代过渡的文化层位，对我们今天研究当时的人类在石器磨制、制陶技术、农业耕作、驯养家畜方面的进步，以及他们如何完成从迁徙游动向定居的转变具有重要意义。① 据此，笔者得到以下三个关于环三峡地区远古文化重要意义的启示：第一，环三峡地区是我国古人类重要分布区之一；第二，环三峡地区是华夏文明的重要渊源之一；第三，环三峡地区远古文化特色鲜明且得到了一脉相承的发展。这三大意义又都与其独特的自然环境密切相关。

三峡地区作为生命的摇篮有据可依。早在19世纪70年代，英国人理查德·欧文（Richard Owen）在三峡地区考察时便收集了一批哺乳动物化石标本；20世纪20年代，美国古生物学家怀特·葛兰阶（Walter Granger）就曾以旅游为名，多次（1921—1923年、1925—1926年）前往万县盐井沟坪坝一带收购了农民挖掘的大批"龙骨"。所谓"龙骨"就是动物的化石，"几百万年至一万年前的哺乳动物死亡后，假如尸体能及时地被泥沙埋藏，动物的肌肉随之腐烂，骨骼内部的有机成分在地

---

① 高星、裴树文、冯兴无等：《三峡地区在中国旧石器时代考古研究中的地位》，载重庆文物局、重庆移民局编《重庆·2001三峡文物保护学术研讨会论文集》，科学出版社2003年版，第3页。

下水的作用下逐渐分解、减少，水中的矿物质乘机渗进骨骼的空隙，久而久之，骨骼变得既硬又重，而骨骼的外部结构和内部形态基本不变，仍保持原状，古生物学家把这样的动物骨骼称为'化石'"。①葛兰阶能够在此收到大批量的动物化石，恰好证明远古三峡地区是众多动物的家园，它们的大量存在便是原始先民通过渔猎活动谋生的前提。正是基于此，考古学家黄万波才信心十足地在《四川文物》1985年第2期发表了题为《三峡地区可能揭开早期人类活动的奥秘》②的文章。

1985年秋，黄万波参加了由四川省文化厅委托重庆自然博物馆组成的"长江三峡古生物及洞穴考古队"赴巫山县考察。10月13日，他们在庙宇镇龙骨坡发现了"巫山人"的一段下颚骨和附着其上的两颗牙齿，通过研究，他认定"这些性质表明它是一个老年个体。从牙齿和牙床的形态综合来看，这件标本无疑是属于高级灵长类动物的"③。对"巫山人"化石检测的结果为201万—204万年（2014年修正为214万年），比之前我国最早的云南元谋猿人还早约30万年，黄万波等为此在国际权威科技期刊《自然》专门发文④。同时，古人类在环三峡地区的生存状态如何，必然受到该地区自然环境及不同时期气候条件的影响，朱诚在分析长江流域中游地区为何较早出现新石器文化（城背溪文化），而长江下游迄今未发现距今7000年以前的新石器遗址时指出，这一现象实际上与其不同的自然地理环境密切相关，"长江中游多平原湖泊，有利于人类农业耕作和文明发展；长江下游虽有广阔的平原，但受洪涝、海侵、风暴潮等自然灾变事件影响极大"⑤。

---

① 黄万波：《我与古人类有个约会》，科学出版社2011年版，第2页。
② 黄万波：《三峡地区可能揭开早期人类活动的奥秘》，《四川文物》1985年第2期。
③ 黄万波：《我与古人类有个约会》，科学出版社2011年版，第21页。
④ 黄万波等：《亚洲的早期人类化石及其石器制品》，《自然》1995年第378卷，第275—278页。
⑤ 朱诚：《对长江流域新石器时代以来环境考古研究问题的思考》，《自然科学进展》2005年第2期。

环三峡地区的自然环境对于"前巴文化"的意义在于它是该文化的摇篮。它孕育了这里历史悠久、特色明显、传承文脉清晰的在地文化。正是环三峡地区生态环境的多样性造就了它生业形态的丰富多彩,并随着时间的推移和区域性气候的变化,在不同地区先后经历了从旧石器时代狩猎与采集向以渔盐业、农业为主的新石器时代平稳过渡。

第二节 环三峡地区的生态多样性讨论

环三峡地区丰富的自然资源是古人类得以生存的前提。就植被与动物资源而言,悬殊极大的垂直地貌和气候提供了不同种类的动、植物生长的良好条件。在这里的高山地区生长着北方系的喜冷动物;在峡谷地带,利于南方系喜暖动物的生存。考古发掘表明,峡区里除了古代文献中常有记叙的虎、猿、猴、蛇、鹿外,还有犀牛、野猪、象、豹、狼、牛、马、獾、獐、狗、狸、鳖、螺、蚌等诸多动物存在。[①] 大江里有种类丰富的鱼类,岸坡上还有成片的橘林和多种可食用的植物,这一切为先民的狩猎与采集生活提供了丰富的季节性食物。这里是矿产资源的富足区,品种多达 60 余种,其中可供原始人类直接使用的矿产以岩盐和丹砂为主,作为我国见载文献开采历史最早的内陆产盐区,为新石器时代先民生业的开拓提供了丰富的资源。

一 狩猎采集与渔业经济

旧石器时代的三峡人类主要居住于洞穴中,他们以采集和狩猎为生。在这里,不仅有岩溶洞穴与河流阶地的冲积扇沃土为古人类提供较

---

① 管维良、李禹阶主编:《三峡学》,重庆出版社 2009 年版,第 24 页。

好的栖息地，还有长江及众多支流和两岸丰富的动植物资源为其提供了赖以生存的水与食物资源，而满布河床的鹅卵石（砾石）保证了他们取之不尽用之不竭的工具原材料。人与自然的因果关系，我们在巫山龙骨坡遗址的发掘中不难看到：这里出土遗物十分丰富，包括15件石制品、5件有着人工痕迹的哺乳动物骨片、14颗巨猿牙齿化石，在多达120种脊椎动物化石中，哺乳动物化石占了116种。涉及的内容有食虫目、啮齿目、长鼻目、灵长目、翼手目、食肉目、奇蹄目及偶蹄目等。[1] 而在奉节县兴隆洞出土的动物化石种类也达到50种。研究表明，在更新世时期的三峡地区，气候总体以温暖湿润为主，背山面河、相对温湿的森林是古人类主要生活区。研究表明，该生态环境下的原始人类有着充足的食物来源，他们的主要生业手段是狩猎和采集，生产工具以粗大的砾石为主，可见砾石加工是流行的石器工业。[2] 显而易见，狩猎与采集应为旧石器时代当地人类的主要生产方式，立体垂直分布的自然环境为在此活动的原始先民准备了十分丰富的动植物食物资源。

在旧石器时代向新石器时代的过渡时期，更新世三峡地区的气候与第四纪环境变化基本一致，频繁的冰期与间冰期冷暖气候交替的局面曾导致部分大型哺乳类动物灭绝。由于三峡地区地理纬度较低、地形地貌复杂等，其所受自然环境变化的影响要明显弱于北方地区。即使如此，人们在这里的更新世中晚期旧石器时代遗址中发现的动物化石数量和种类均呈下降趋势。该狩猎与采集资源逐渐减少的气候环境，既是导致全新世时期新石器时代人们的生业状态多样化的重要诱因，也是迫使人类逐步走出洞穴步入旷野生活的重要原因，它使人类逐渐改变原来纵向、近距离围猎的方式，拓展到近水坡岸捕鱼并较远距离

---

[1] 黄万波主编：《龙骨坡史前文化志》（第1卷），中华书局1990年版，第6—17页。
[2] 李一全：《三峡地区史前生业与居住》，博士学位论文，南京师范大学，2012年。

觅食的活动。调查发现，该期人类遗址多转变成了旷野类型，如奉节的洋安渡与横路、丰都的老鹰嘴等遗址，就主要分布于长江及其支流沿岸。这些在更新世晚期到全新世时期走出洞穴的早期人类，逐渐掌握了比过去更为先进的生存技能，如石器的制作技术（磨制加工石器）、狩猎技巧（制作渔网等），学会了控制与获取火的技术，并且能够制作陶器和建筑居室。

在三峡新石器时代的遗址发掘中，尽管各类动物的骨骼依旧大量出现，但动物个体已经趋向小型化，这是因气候变化导致大型动物逐渐减少的结果，而在过去人们通常是较少捕捉这些时间成本耗费更高的小动物和鱼类的。值得注意的是，新石器时代三峡地区的众多遗址都有与渔业活动相关的遗存，鱼骨已在该时期诸多遗址中出现，如早期的奉节鱼复浦遗址、洋安渡遗址，中、晚期的巫山大溪遗址、忠县中坝遗址等，而江边的阶地正是从事渔猎活动的理想场所（见图 3-2）。

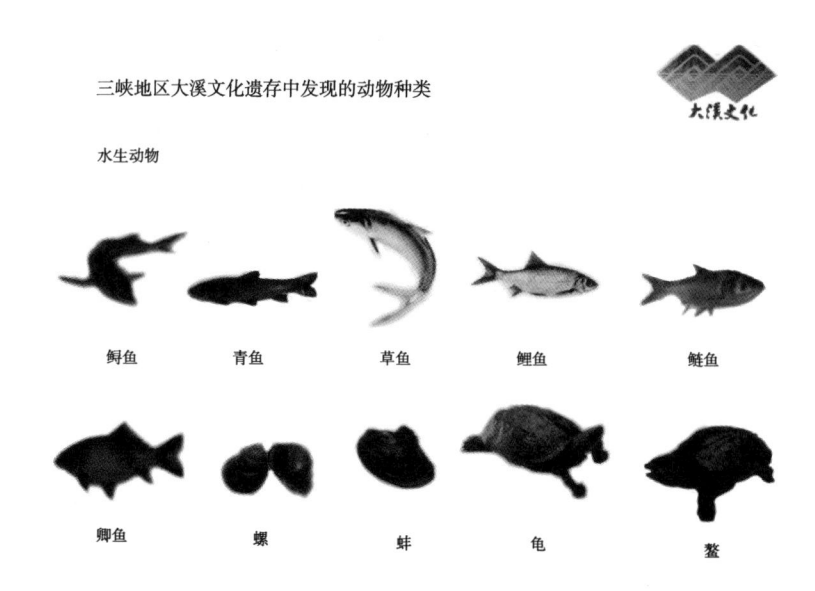

图 3-2 大溪文化时期的动物·走进长江文明之大溪文化主题展（2017 年 6 月）

在环三峡地区，除主流长江外，还有450余条流域面积大于50平方千米的河流，它们的总长度达到了12700多千米。相对温暖的江水又为各种鱼类的生存与产卵、繁殖提供了极其优越的条件，因此从古至今三峡地区都是我国重要的产鱼区。周昆叔评价三峡环境道："就地形因素而言这里山高水深，山夷平线达1500—3000米，而低谷不过100米左右。山高自然垂直带为形成丰富的动植物资源创造了条件，而水中鱼类多，又有回流产卵的条件，故三峡尽管因地势陡峭不利发展耕作，但采摘、捕捞与狩猎业发达。"[1] 考古发掘表明，捕渔业在三峡地区的作用不容小觑，尤其是在新石器时代。

新石器时代的三峡先民大多近水而居，聚落集中在沿江第一、二、三级阶地上，其中尤以第一、二级阶地最受青睐。数据表明，"近年来，对三峡地区的大量考古工作发现，90%以上的古文化遗址分布在这两级河流阶地上，其中又以高程较低的近河处更为密集"[2]。这种在第一、二阶地傍水而居的优势，既便于取水、捕鱼，又可以避免洪水。他们特别喜欢在支干流汇聚处落脚，因为在河道的支流汇入干流处，支流之水对干流的上游来水起着顶托作用，相对和缓的水体易使浮游生物留存于此并越来越多，这就会引来鱼类聚集寻食，当然也就有利人们的捕鱼活动，因此在河流交汇的地方，往往也就成了人类渔猎与居住的场所。[3] 对考古发掘中石器时代先民的遗址分布点位置明显高于历史时期人类城镇的原因，亦有学者解释为：全新世以来，由于区域地层构造的抬升，同时河流对两岸下切所致。久而久之，大自然的鬼斧神工便将一些史前遗址置于较高的海拔位置。

---

[1] 周昆叔：《环境考古》，文物出版社2007年版，第133页。
[2] 曾学军、曾檀：《古代三峡地区人居聚落选址特点》，载《长江文明》第4辑，四川美术出版社2019年版，第19—26页。
[3] 朱诚、吴立、李兰等：《长江流域全新世环境考古研究进展》，《地理学报》2014年第9期。

沿江河滩富集的鹅卵石成了原始先民制作工具唾手可得、取之不尽的原材料。考古队在河滩发掘出多处石器时代的石器制作工场，其石器数量令人叹为观止，且在制作上形成了自己特有的"南方风格"。在这里，一是旧石器时代用于狩猎的砾石砍砸器为数众多，它们厚重且粗大，即使进入新石器时代也与精致的磨制细石器并用；二是捕鱼的石质网坠在新石器时代遗址比比皆是。新石器时代三峡地区的渔业方式是与时俱进的，除网捕外利用鱼凫和弋射捕鱼亦屡见不鲜，在近年来长江三峡等地的考古发掘中发现，先秦巴人的文物遗存里，不仅有鸬鹚陶塑品出土，还有不少将鸬鹚作为器物的造型或装饰。[①] 在有关三峡地区的考古发掘报告中，我们常常见到有鱼骨渣、陶片、石器与兽骨夹杂出土的描述，若将新、旧石器时代的生业相较，后者的渔业经济明显更发达。

在三峡腹地，山高、坡陡、林深、坝少的自然地貌显然不利于农业，但众多的野生动植物与丰富的鱼类资源构成了原始先民可持续性生存的食物保障。丰富的动物遗骸从三峡地区古遗址出土，不仅反映了该地区渔猎经济形态的长期存在，也体现了渔猎经济与农业经济在民生中的"比例关系"。[②] 正是这种渔猎经济占主导地位的特有比例关系，使当地先民也能在新石器时代像三峡东口长江中游平原农业部落那样聚族繁衍、欣欣向荣。

二 农林经济

出现在新石器时代的农业源于过去人们的采集活动，与畜牧业一道，它们的出现意味着人类生产力的飞跃，由天然物质的收集者转而成为物质财富的创造者。全新世气候的转暖虽然有利于农业的

[①] 武仙竹：《长江三峡动物考古学研究》，重庆出版社2007年版，第280页。
[②] 武仙竹：《长江三峡动物考古学研究》，重庆出版社2007年版，第287页。

发展，却无法改变三峡地区的固有地貌。峡区虽有部分宽谷低岸，谷口河流转弯回水处的肥沃阶地可供人类生存和种植，但这样的堆积阶地颇为狭窄，可供种植的土地面积相对狭小。周昆叔曾以瞿塘峡为例分析地势不同对先民聚落的影响："瞿塘峡东西文化有早晚和内涵差异，看来与瞿塘峡谷深、窄、险和山高陡峻的阻隔作用有关，也与其东西人类居住的一级阶地形成有别有关。东边的一级阶地高多为40—50米，而西部高多为10—30米，两者相差20米以上，故西部在哨棚嘴、中坝和玉溪遗址含多层洪水沉积，这些自然会给先人的居住、生活带来影响。"① 三峡地区的自然环境决定了这里的农业在整体上是不适宜的，虽然在部分阶地与渔猎经济并行的也有少量的农林经济，但它绝不可能占据主导地位。在这里先是渔猎收获相对稳定导致定居聚落的出现，然后才在聚落的周边利用有限的土地种植。因此，即使在新石器时代，在大部分峡区种植业只可能是作为渔猎经济的辅助生产方式而存在，其耕种面积和占当时社会经济总量的比例极其有限。

就整个环三峡地区而言，农业主要地在瞿塘峡以西、西陵峡以东得到较好的发展。出西陵峡、进入长江中游的平原和浅丘地带，农业便成了先民们最重要的生业。例如，属于大溪文化的关庙山遗址、城头山遗址、汤家岗遗址等，考古发掘均已见到大量的稻作遗迹。以城头山遗址为例，该遗址发现有圆形城址一座，城墙始建于大溪文化早期，距今6000多年，是中国目前所见最早的古城址之一。城外有壕沟，城内有祭坛、房址、制陶作坊、屈肢葬墓和瓮棺葬墓等。在这里"发现有水稻田遗迹，出土炭化稻谷、数十种植物籽粒、竹和芦苇编织物以及木桨、船、船艄等"②。其谷物的种植时间当早于建城的时间，亦是当地先民

---

① 周昆叔：《环境考古》，文物出版社2007年版，第133—134页。
② 重庆中国三峡博物馆等编：《大溪》，中国图书出版社2017年版，第36—37页。

聚落乃至城市得以建立的重要原因。

由此，我们对环三峡地区新石器时代先民的农林经济状态有了如下认识：在峡区，先民主要以渔猎为主种植为辅，渔猎经济收获的相对稳定性使这里的先民得以聚族而居，代代相传；在峡区的东、西两侧，以种植农业为主渔猎为辅，人们在此建立起了相对成熟、稳定的聚落，其中又以自然环境更好的峡东地区为成熟。

三 盐业经济

三峡地区先民对天然盐源的利用应该是很早的，但是其有迹可循的陶器制盐方法应开始于新石器时代晚期，在重庆峡江地区忠县的中坝、哨棚嘴与瓦渣地，巫山的双堰塘，丰都的石地坝，云阳的李家坝，万州的麻柳沱等，都应属于这类遗址，它们也是我国早期盐业生产场所。或许在此之前三峡先民就开始利用和生产食盐，遗憾的是他们没有为我们留下最初制盐业的遗迹，从而使考古发掘难以发现。

三峡地区的盐业资源十分丰富，因为这里曾几度沧海。到距今七八千万年"中生代"末期的"燕山运动"时，地壳的抬升使原处于水平状态的盐卤、盐岩倾斜、弯曲和挤压，盐卤溢出成为自然盐泉。人类利用盐源的时间应该远超过我们考古发现的时间，旧石器时代的先民虽然还没有发明熬盐技术（陶器尚未产生），但利用天然盐泉是可能的，而《山海经》关于"有盐泉瀑出"的记载也表明人们早已开始对盐的关注。在旧石器时代以采集狩猎为主的先民似乎对盐的需求并不十分强烈，研究表明：在人类以狩猎采集为主的新石器时代之前，人体对盐分的需要基本可以从不同动物的肉中得到满足。进入新石器时代，农业的产生及发展使谷物逐渐成为人类的主食，正是因为谷物的超低含盐量难以满足人类新陈代谢的需要，于是以谷物为主食的人类就必须寻找盐分的补充来源。① 显然，人类生产方式改变对盐需要的增加是促生三峡盐业的一个重要原因，新石器时代正是峡口以东江汉地区稻作农业的兴起之时，恰好这里基本不产盐，这就埋下了后来三峡地区盐源争伐激烈的伏线。

三峡谷地在进入新石器时代之后，尽管依旧保持着渔猎经济的天然优势，但这时人们的生存环境也起了一系列变化：人口数量增加使生存压力增大，并出现了农业人口；气候的急剧波动使大型动物骤减，鱼类等小型动物成了主要食物；该时期洪水频发也较大地影响了种植业的生产与收获。根据近年在三峡出口及长江中下游地区发现的由上游洪水搬运而来的大量古树埋藏和泥炭堆积分析，在距今 6000—2000 年都有大洪水发生，它们分别属于第 1—第 3 洪水期。② 当峡区的渔业与农业生产不足以满足人类的生存需求之时，先民们转而开发其他的生业方式（比如盐、丹砂）便成了必需。

三峡盐业在新石器时代晚期勃然兴起，应是与上述这些变化密切相关的。一方面是三峡先民自身对盐的需求，包括以盐腌鱼储存以保证其不腐和农业人口用盐的需要；另一方面是峡区以外（主要是峡东平原）迅猛增加的农业人口对盐的大量需求，而后者可能是促进该时期三峡盐业大发展的重要原因。1997—2001 年，考古学者在对峡西重庆忠县中坝遗址的发掘中出土了大量制盐陶器、容器和制盐遗迹，证实了这是一处远古时期的巴人制盐产业遗存（见图 3-3）。而后，在环三峡地区频频出现巴人及巴楚间争夺盐源的战争，亦应视为各方对三峡盐业高度重视的注脚。

---

① 徐燕：《峡江地区早期盐业的考古发现与研究》，《盐业史研究》2013 年第 4 期。
② 朱诚、于世永、卢春成：《长江三峡及江汉平原地区全新世环境考古与异常洪涝灾害研究》，《地理学报》（第 52 卷）1997 年第 3 期。

图 3－3　忠县中坝遗址文化层[①]

三峡盐业的应运而生为当地先民带来至少两大好处：第一，以盐腌鱼，满足了自己的需要。任桂园针对考古发现大溪人以鱼随葬的现象分析：“众人皆知，鱼是最易腐烂的动物，随葬之后历经 5300 余年之久，今人发掘尚见其骨，尤可见当时随葬之鱼，已是用食盐腌制过的鱼干了。”[②] 由此可见，最迟在新石器时代晚期，当地人便善用以盐腌鱼的技术。第二，以盐易物，丰富了家庭的生活。任乃强在谈到巫山的“大溪人”时，认为他们可能就是古籍《山海经》中所谓“巫臷人”的先辈。在《山海经·大荒南经》中就有“巫臷民朌姓，食谷，不绩不经，服也；不稼不穑，食也。爰有歌舞之鸟，鸾鸟自歌，凤鸟自舞。爰有百兽，相群爰处。百谷所聚”[③] 的记载。巫臷民生活的地方就在大宁河

① 蓝勇主编：《重庆历史地图集》，星球地图出版社 2017 年版，第 6 页。
② 任桂园：《三峡盐业考古研究》，中国言实出版社 2009 年版，第 33 页。
③ 王斐译注：《山海经译注》，上海三联书店 2014 年版，第 355 页。

下游的谷口处，发掘表明这里有着较为集中的石器时代遗址，如江东嘴、欧家老屋、魏家梁子和琵琶洲山顶遗址等，而继后的双堰塘、琵琶州、七里和罗家院子等遗址不仅地域接近、时代相同，文化内涵也一致。它们均出现以锯齿形口沿夹砂绳纹（或篮纹）褐陶器及灰陶（平底或尖底陶器为典型特征）以及中原地区常见的铜器等器物特征，表明"可能大宁河流域有一支拥有青铜器铸造的文化——方国文化"[1]。文献中"食谷，不绩不经，服也；不稼不穑，食也"的描述，或许正是巫�国民通过大宁河进行以盐为主的贸易交流、文化交往的反映。

对巫�民究竟以什么东西换来自己丰衣足食的生活，学者们普遍认为是盐。在峡区上述新石器时代的产盐遗址中，人们发现了大量用作制盐的陶器。制盐陶器的种类包括有尖底（或小平底）缸，有尖底杯（涵角杯、炮弹状杯），有花边圜底罐，还有船形杯等形形色色、不一而足。人们为了方便运输，往往是直接将装有凝结盐块的制盐陶器（亦作量具用）外运，于是我们在不产盐的地方也能够出土这种制盐陶器，而这类陶器的数量必然大大低于当地的日用生活类陶器。[2] 这种具有明显特征的陶器在非盐产地遗址的出现，刚好反证了文献中环三峡地区先民贸易的广泛存在。

三峡地区盐矿丰富，先民用盐历史十分悠久，制盐业可以追溯到新石器时代晚期以前。其盐业的产生和发展与环三峡地区自然环境变化密切相关，其制盐技术的高质量发展已成为考古发掘证明，而遗址发掘与文献亦印证了盐业交易对该地区先民的重要意义。

---

[1] 张芸、朱诚：《长江三峡大宁河流域大昌地区环境考古》，《科学通报》（第53卷）2008年增刊Ⅰ，第121—131页。
[2] 徐燕：《峡江地区早期盐业的考古发现与研究》，《盐业史研究》2013年第4期。

第三节　环境之于"前巴文化"的内涵

环三峡地区"前巴文化"受益于它独特的自然环境，为数众多的石器时代遗址是其产生的基础。相较之下，在旧石器时代长江上游的成都平原与中游的江汉平原，不受约束的水患曾经严重制约了先民的生存，使之不易出现与环三峡地区类似的为数众多且传承有序的在地文化传统。在成都平原上我们几乎找不到旧石器时代先民的遗址，而江汉地区"屈家岭文化（距今5000—4600年）、石家河文化（距今4600—4000年）遗址也主要分布在地势较高、洪水难及的荆北丘陵和汉水流域"[①]。

峡区内以渔猎、盐业为主的经济形态与峡区周边以农业为主的经济并存，它们共同建构起环三峡地区新石器时代经济的基本状貌。这种与当地特殊自然环境息息相关的状貌深刻地影响着该地区先民的早期性格与思维方式，并形成为该时期长江中上游"先巴文明"的特点，大抵体现为四个方面。兹详述如下。

一　文化纳构力分析

这里所谓的"纳构力"主要体现为两个方面：第一，三峡地区本土文化具有较强的同质性；第二，它与周边地区（环三峡地区）的充分互动，而这两者都与该地区的自然环境密切相关。其文化的同质性得益于当地优越的自然条件，它为远古人类文明营造了良好生存与发展环境，并使之较早成熟为大同小异的共生文明。以三峡地区为核心，依靠该地区长江流域丰富发达的河道水系使该文明具有呼吸的便利，于是我

[①]　周昆叔：《环境考古》，文物出版社2007年版，第135页。

们看到了该文化与周边的充分互动。

　　就其同质性文化而言，三峡地区优越的自然环境不仅孕育了这里丰富的旧石器时代文化，并使之一脉相承地发展到了新石器时代。在漫长的历史进程中，整个地区的文化几乎同步发展。在峡区及其东、西地区逐步形成了大同小异的风貌，对此我们能够从环三峡地区东西不同地点出土的风格类似器物上得到证明。针对该现象，杨华曾指出，在巫峡的东西两部分考古发现的器物，虽然在造型和纹饰上有所不同，但"尽管如此，其东西两地相同的器类应占主导地位"①。该文化与周边的互动，则可以从当地族群频繁向外扩张和外来族群不断向三峡地区渗透两方面看出，而导致这一切发生的原因是先民对生存资源的渴望进而所采取的行动。

　　三峡地区原始文化的纳构力十分有限。一方面，该区域地貌的狭窄与碎片化割裂必然会在相当程度上限制先民的活动空间，使强大、统一的权力难以在整个地区形成，这恐怕就是我们在此能够找到成系列、较完整先民生活的遗迹，可以听到不少古老的神话传说，但没找到成熟而强大国家形成证据的重要原因。另一方面，该纳构力还将受到时间的局限，且会随着社会生产力的进步、人类的活动对更广阔空间的要求而衰减。事实证明，当三峡地区的空间环境与在地资源不足以满足人类不断发展的需要之时，这个曾经的文明摇篮相对于不断成长的人类文明也显得越来越小，于是便有了巴人的不断迁徙，有了商朝及楚人对峡区资源的频繁掠夺。到后来，广袤的中原成了华夏生产力发展的重心，尽管峡区的资源对外来者依旧具有较大的吸引力，但当地的原住民及其政治地位逐渐被边缘化。

---

① 杨华：《巴文化考古研究》，中国言实出版社2009年版，第28页。

二 文化奇幻性分析

三峡人类远古文化"奇幻性"的形成亦与当地的自然环境密切相关。环三峡地区地貌复杂,既有峡东烟波浩渺的长江中游云梦大泽,也有峡内云遮雾绕、雄奇挺拔、连绵起伏的群山。前者令人遐想、兴叹,后者使人崇仰、敬畏。水的缥缈、山的雄奇平添了环三峡地区文化意象的浪漫与神秘,并深刻地影响了当地先民的认知。于是,便有了三峡人浪漫主义的文学与神秘主义的巫俗传统。

就环三峡地区的浪漫主义文学土壤而言,刘师培在分析南北文学(分别以中原文化与楚文化为代表)差异时指出,北方土厚水深,民生其间多尚实际;南方水势汪洋,民生其间多尚虚无,由于地理环境的相异导致了两地文化与习俗的不同。而"民崇实际,故所著之文,不外记事、哲理二端;民尚虚无,故所作之文或为言志,抒情字体"[①] 的差异,产生了《诗经》黄钟大吕般的庄严和《楚辞》纵横驰骋的洒脱。无论是阅读屈原的《离骚》《山鬼》还是宋玉的《高唐赋》,无论传说中是以鱼盐挽留廪君务相的盐水神女,还是在楚庄王梦中欲与其共赴云雨的巫山神女,那种瑰丽、缠绵与浪漫绝对不可能孕育于中原文化的自然环境。这种崇尚"虚无"文化的前提则是当地丰富的物产资源,它使这里先民的生活成本相对便宜,使他们有闲暇去仰望山高和揣测水深,窥探人与自然关系的神秘。保罗·赫尔曼论斯堪的纳维亚半岛的神话:"在长久且缓慢的发展中,北欧人已经知道如何天马行空地想象他们身处的大自然,使其更加生气蓬勃,并将其中的图像氛围以韵文的方式相互连接,优美地呈现于诗歌中。"[②]

[①] 黄中模、管维良主编:《三峡文化史》,西南师范大学出版社 2003 年版,第 13 页。
[②] [德]保罗·赫尔曼:《北欧神话:世界开端与尽头的想象》,张诗敏、许嫚红译,上海人民出版社 2020 年版,第 9 页。

就环三峡地区的神秘主义巫俗而论，该地区可谓我国远古巫文化产生的重地之一，在距今约8000年的奉节鱼腹浦遗址，人们发现了有序排列的12个烧土堆，其周围留下了大量的烧石、烧骨等遗物，① 其可能与原始宗教行为相关。在巫山大溪遗址，数以百计的先民墓葬及其葬式变化、丰富的随葬物品，莫不反映出其复杂多样的宗教观念。② 同时，文献记载中的三峡地区巫师群体也被认为是产生时间最早的（见图3-4）。据《山海经·海外西经》记载，以巫咸为首的十巫在三峡立国（巫咸国）且"在登葆山，群巫所从上下也"③。学者考证"登葆山"为巫山山脉的宝源山。《汉书》曰："晋巫祀巫社巫祠，秦巫祀巫保，荆巫祀巫先。《注》皆古巫之神也。巫先，巫之最先者也。"④

图3-4　大溪文化的不同葬式·走进长江文明之大溪文化展（2017年6月）

---

① 吉林大学考古学系：《重庆市奉节县鱼复浦遗址发掘报告》，《江汉考古》1997年第1期。
② 管维良、李禹阶主编：《三峡学》，重庆出版社2009年版，第37—38页。
③ 王斐译注：《山海经译注》，上海三联书店2014年版，第287页。
④ （汉）班固：《汉书·郊祀志》（志第五上，卷二十五上），（唐）颜师古注，中州古籍出版社1991年版，第207页。

环三峡地区巫俗盛行，文献中的巫咸是当时最大的巫师。《世本·作篇》载"巫咸作筮"，《说文解字》曰"古者巫咸初作巫"，《离骚》记"巫咸将夕降兮……九疑将缤其并迎"。巫咸与炎黄同时，史书载："昔黄帝与炎帝争斗涿鹿之野，将战，筮于巫咸。"① 李泽厚认为远古中国是"巫君合一"的，由最初的"家为巫史"发展到"绝地通天"后，"巫"便成了"君"（政治领袖）。"即使，其后分化出一整套'巫''祝''卜''史'的专业职官，但最大的'巫'仍然是'王''君''天子'。"② 亦如张光直所言："如我们所知，商汤可祭祀祈雨，后稷具有使庄稼生长得更快的特殊才能。这些传统信仰得到了商代甲骨文的印证，这也说明帝王确为巫觋之首。"③ 无疑，环三峡地区"前巴文化"的奇幻性对周边文明的巫化产生了较大的影响。

三 文化悲剧性分析

三峡文化具有的悲剧性也是明显的。大自然在慷慨地赐予这里先民得天独厚、丰富物产的同时，也制造了种种限定。特别是在峡区，依山傍水也意味着困难重重，进山狩猎得面临山高坡陡、石崩岩塌、山洪突降、猛兽出没的威胁；下河捕鱼、驾舟航行，又会遭遇江河暴涨、水流湍急被漩涡浊浪吞噬的危险。这一切注定了峡区的先民一生不得不在高山峡谷、风口浪尖上讨生活的悲剧性命运。

正是这种既定的悲剧性命运迫使三峡人具备直面各种危险的坚毅与勇敢。在讨论古希腊悲剧的意义时，尼采反复强调痛苦对该地区人类精神产生的作用，说正是自然的残酷与可怕浩劫培养和磨炼了他们大胆的

---

① （宋）李昉等：《太平御览》（卷七九），中华书局1985年版，第367页。
② 李泽厚：《说巫史传统》，上海译文出版社2012年版，第9页。
③ 张光直：《艺术、神话与祭祀》，刘静、乌鲁木加甫译，北京出版集团公司北京出版社2016年版，第36页。

目光，使他们敢于直视所有的困难，并不惧生死危难的威胁。[①]这种向死而生、明知不可为而为之的斗争精神和锲而不舍的努力，正是尼采称为"悲剧精神"的东西，它是一种只有经过苦难才能得到的美丽。它显现出远古先民以"人"的身份同自然力顽强斗争的勇敢与坚毅，而斗争的对象在古希腊是变幻莫测的苍茫大海，在三峡则是险山恶水。

在三峡的悲剧精神中，有的是倔强与坚毅，有的是乐观与通达，有的是合作与个性，并带有天地间的大气与野性。也正是这种悲剧性练就了峡江人勇于开拓的精神，成就了他们倔强的性格，使他们成了后世杜甫三峡诗歌《最能行》中那群"欹帆侧柁入波涛，撇漩捎濆无险阻"的汉子。同时，在三峡地区诸如女娲补天、大禹治水、呼归石[②]等脍炙人口的神话传说中，皆莫不凸显出这种悲剧精神。在经历漫长岁月之后，该精神业已外化为当地人的性格。

四 文化延展性分析

该文化的延展性是充分的。作为新石器时代"前巴文化"的主要继承者，在三峡地区是以巴文化的各支为代表，据晋代常璩的《华阳国志》（卷一·巴志）载，其不同称呼的族群便有"濮、賨、苴、共、奴、獽、夷、蜑"[③]各支。它们虽同属于"巴"，但名称与其信仰各不相同，其崇拜的图腾有虎、蛇、鱼凫、鳖等。除其内部相互之间的文化碰撞外，同时还以"巴"的名义向周边拓展，人口的压力和资源的争夺应是其拓展的主要动力。

[①] ［德］尼采：《悲剧的诞生》，熊希伟译，华龄出版社1996年版，第33页。
[②] 中国民间故事集成编纂委员会编：《中国民间故事集成（重庆卷）》，科学技术出版社重庆分社1990年版，第5—39、285页。
[③] （晋）常璩：《华阳国志》，刘琳校注，巴蜀书社1984年版，第28页。

管维良指出，见载于文献向外扩张的巴人主要有"鱼凫部""鳖灵部""彄部""巴蛇部""白虎部"各支。①巴人"鱼凫部"溯岷江向川西平原发展，与古蜀文化三星堆文明结缘甚深。而后又有"鳖灵部"再次逆行岷江影响古蜀文明，其首领即为取望帝之位而代之的丛帝（开明帝），巴蜀地区大量出土的类似兵器、用具及铭文（巴蜀图语）证明了两者间深厚的渊源。巴人"巴蛇部"顺长江而下向东发展，征服了当地部族（或以象为图腾），遂有了"巴蛇食象"的传说，并与当地崇蛇的三苗部落融合称雄于洞庭湖畔，继后他们受到中原华夏族群打击，史书留下了"昔羿屠巴蛇于洞庭，其骨若陵，故曰巴陵"②的故事。巴人"白虎部"势力最强，载其起源于清江流域武落钟离山（今湖北省宜昌市长阳土家族自治县境内的佷山），最初首领为廪君务相，该部族主要活动于三峡一线，且与楚、蜀长期战和互动，白虎巴人曾加入周武王伐纣的大军，并因战功卓著而被封姬姓纳入华夏集团，终继蜀之后灭于秦。③巴人"彄部"向嘉陵江上游逆行一路向北，过汉中最终在今陕西省宝鸡市一带落脚，建立了鱼（彄）国，20世纪80年代在此发掘的数十座墓中，出土了大量具有巴蜀文化特征的遗物。④学者认为鱼国范围大体在今宝鸡市渭河南北两岸，该文化是由鄂西溯汉水而上，进入安康和汉中盆地，再沿嘉陵江北上，到达关中西部而形成的。对彄国墓葬及其与巴蜀关系的研究，我们在卢连成、胡智生等人的文章中可以见到。⑤

---

① 管维良：《巴族史》，天地出版社1996年版，第9—40页。
② 巴陵郡即今湖南省岳阳市，文见（唐）李吉甫撰《元和郡县图志》，中华书局1983年版，第656页。
③ （晋）常璩：《华阳国志》，刘琳校注，巴蜀书社1984年版，第21—33页。
④ 宝鸡茹家庄西周墓发掘队：《陕西省宝鸡市茹家庄西周墓发掘简报》，《文物》1976年第4期。
⑤ 卢连成、胡智生：《宝鸡茹家庄、竹园沟墓地出土兵器的初步研究——兼论蜀式兵器的渊源和发展》，《考古与文物》1983年第5期。

在远古时期，由于"三峡相对闭塞的环境，一方面使人们生活环境稳定，不易受外来侵扰，有利文化孕育，但另一方面不利于与外界交流，有碍文化的发展"①。该状况到新石器时代晚期以后发生了变化，随着人口的增加、资源的消耗、驾船能力的提高，狭窄地域的压力反倒成为迫使当地先民不断向外拓展的动力，同时峡区特有的资源（盐及丹砂等）也必然会吸引周边部族前来，而纵横交错、四通八达的水道为这些不同目的的人们提供了交通便利，文化于是随之融合、扩散。

自然环境对"前巴文化"内涵形成的影响是显而易见的。其强大的纳构力、丰富的奇幻性、深刻的悲剧性与突出的延展性诸特点，以其兼收并蓄的包容、丰富的想象与强烈的宗教意识、勇敢与坚毅、不断开拓的精神，不断内化、积淀成为其后"先巴文化"的基因，再后又随着巴文化的扩散影响周边文明。

小　结

综上所述，我们通过环三峡地区"前巴文化"自然生态解析提出了以下观点：第一，环三峡地区的生态环境是"前巴文化"的摇篮，在当地旧石器时代向新石器时代过渡中起着举足轻重的作用。第二，环三峡地区自然资源的多样性造就了当地先民生业的丰富多彩，其人地关系的变化亦与当地社会的发展息息相关。第三，环三峡地区的生态环境也影响"前巴文化"特性的形成，而它又成了后来巴文化的基因。同时，自然生态对于环三峡地区"前巴文化"的意义亦具有双面性：一方面，它导致了先民生存资料的相对丰富和生业类型的多样化，使其免

---

① 周昆叔：《环境考古》，文物出版社2007年版，第134页。

于寻找食物的不停迁徙,使相对稳定的聚落在峡区较早出现,进而促使该地区"前巴文化"的早熟;另一方面,相对狭窄的生存空间也成为后世该地区古老文明进一步发展的较大障碍,使统一政权难以形成,人口压力难以缓解。进入夏商时期,随着中原文化的日益强大和川西平原与江汉平原治水与农耕的发展,当广袤的平原成为华夏文明的主要舞台时,巴文化却越来越受限于自身的自然资源根基。于是,在夏、商王朝的打压下,在与楚、蜀、秦国的较量中,它逐渐地走向了衰落。

第四章

环三峡地区新石器时代墓葬中的巫文化现象

提　要："满天星斗"是华夏民族文明源起的重要特征，环三峡地区的大溪文化无疑是新石器时代长江文明的重要源头之一。环三峡地区新石器时代巫文化现象突出地在大溪文化遗址中显现，且以先民的墓葬和祭祀坑最具代表性，本章拟从巫山大溪文化中以鱼殉葬和狗坑葬现象着手分析。在新石器时代巫山大溪遗址的墓葬发掘中出现了以鱼殉葬的现象。该现象除了表明渔猎经济在当时、当地的重要意义外，还在一定程度上折射出原始社会先民的精神世界。以鱼殉葬的实施反映了巫山大溪人的来世观念，显然具有巫术的性质；在同属于大溪文化的重庆市巫山县大水田遗址独立的"狗坑葬"中，人们还将狗作为独立的个体尊崇并为其随葬物品，该形式在原始社会极为少见，它反映出大溪人原始宗教思维的复杂性与多样性，是进行环三峡地区远古巫文化研究的重要资料。

第一节　巫山大溪遗址的鱼类随葬探讨

位于环三峡地区的大溪文化遗址十分丰富，主要包括巫山大溪文化遗址、宜昌中堡岛遗址、宜昌清水滩遗址、宜昌杨家湾遗址、宜都红花套遗址、枝江关庙山遗址等。这些遗址中都发现有被称为"鱼骨坑""鱼骨层"的大量鱼骨堆积文化层，它们证实了新石器时代末期先民以捕鱼为主的生业状态。其中，在巫山大溪遗址中，除发现大量的"鱼骨坑"外，还发现了以大鱼随葬的特殊现象。近年来，学者们对以鱼随葬的现象进行了种种探讨，普遍认为具有巫术的内涵。就其研究的深入程度与广度而言仍有较大的空间，在此拟通过对遗址考古发掘报告的整理、对比与分析，并借助人类学、民族学、宗教学的研究方法做进一步探究。

一　巫山大溪遗址及其墓葬

在重庆市巫山县，大溪遗址的发掘工作是分四次进行的，其中1959年进行了两次，1975年和1994年进行了第三次和第四次发掘。四次发掘除了在堆积层出土了大量的石器、骨器、陶器和玉器等遗物外，还发现了墓葬211座（前两次发掘75座；第三次发掘133座；第四次3座）。经1994年调查勘探，大溪遗址总面积约有49500平方米，而前后四次发掘的总面积仅670平方米，虽然勘探与发掘的比例悬殊使我们难以根据现有的发掘资料，重构距今6000—5300年前大溪人生活的全貌，但211座墓葬依旧可以在相当程度上为我们提供大溪先民的社会生活状况与精神活动信息。

巫山大溪遗址的墓葬特征是较为明显的，发掘表明这里的死者都埋在氏族公共墓地，他们盛行单人葬，墓坑多数只能置放一人，但偶有母子合葬墓。墓地的相互打破关系严重，没有葬具的墓葬密集地重叠在一块。葬向多为正南北，头朝南，葬式以屈肢葬、直肢葬为主（见图4-1）。"墓葬内一般都有随葬品，在偏早阶段的墓葬中以葬生产工具为主，在偏晚阶段的墓葬中以随葬陶制日常生活器皿为主。"[1]

---

[1] 杨华、丁建华：《巫山大溪遗址的考古发现与研究》，《四川文物》2000年第1期。

116 / 环三峡地区远古巫文化探究

图 4-1　大溪文化发掘现场①

由此,我们可以得出以下基本信息:第一,公共墓地体现了先民们采取聚族而居的生活方式;第二,墓葬密集重叠表明当地聚落的延续时间较长且已经成熟;第三,对死人采取埋葬的方式且有明确葬向、葬式和随葬品,说明当时人类已经有了对死后(另一世界)生活的初步思考和技术手段,此亦证明他们原始宗教思想产生与巫术活动业已出现。

在上述墓葬中令人瞩目的是,有9座出土了鱼类随葬品。作为重要随葬品,鱼的摆放位置虽不尽统一,但也并非随心所欲(见图 4-2)。9座墓葬中 M3 的葬式显得极为独特,"其放置部位是在人骨架胸腹之上

---

① 重庆中国三峡博物馆等编:《大溪》,中国图书出版社 2017 年版,第 34 页。

第四章　环三峡地区新石器时代墓葬中的巫文化现象 / 117

的两侧，鱼头向北，尾端含于人架口中，这也是比较特别的地方"①，而 M153 鱼骨摆放于手臂两侧，M78 则含于口内。它们必须是在自己的可控范围内。笔者根据考古发掘报告整理"大溪遗址中以鱼随葬的墓葬汇总"（见表 4-1）。

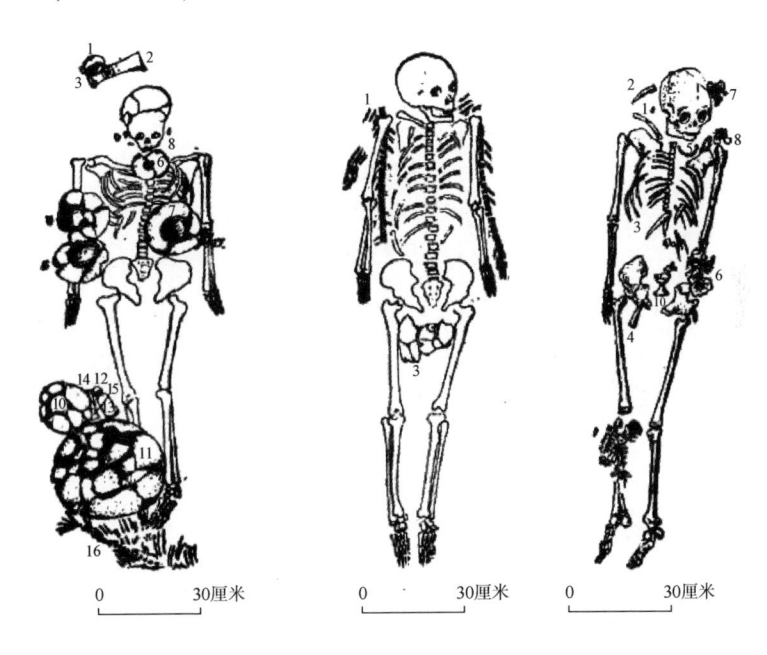

图 4-2　随葬品 M106、M153、M138

表 4-1　　　　　　大溪遗址中以鱼随葬的墓葬汇总

墓号	方向	葬式	性别	年龄	随葬器物	分期	备注
3	第二次发掘情况不详				鱼		人骨架胸腹之上的两侧，鱼头向北，尾端于人骨架口中
78	头南面东	仰身跪屈	男	约50	鱼	早期	保存较好，鱼含于口内

---

① 四川长江流域文物保护委员会文物考古队：《四川巫山大溪新石器时代遗址发掘记略》，《文物》1961 年第 11 期。

续表

墓号	方向	葬式	性别	年龄	随葬器物	分期	备注
93	头南面西	仰身直肢	女	不详	石斧、锛、石料，灰陶碗、耳饰，鱼	晚期	下肢残缺，口含鱼
102	头南面东	仰身直肢	女	小孩	红陶豆、夹砂红陶釜，玉璜3，动物牙2，鱼	晚期	
106	头南面上	仰身直肢	女	约40	石斧2、石料2、罐、彩陶瓶、红陶碗2、红陶杯、夹砂红陶釜2、黑陶小罐、器盖、曲腹杯、圈足盆、石料2、石镯、鱼、绿松石耳饰2	晚期	
110	头南面上	仰身直肢	男	不详	玉璜，石镯2，鱼	晚期	头部残破
138	头南面上	仰身直肢	男	40—50	骨矛，红陶曲腹杯，蚌镯，绿松石耳饰，野猪牙，鱼	晚期	
153	头南面西	仰身直肢	女	约50	红陶罐，鱼2	晚期	
156	头南面上	仰身直肢	不详	小孩	红陶盘、小罐、陶球2，鱼，小石子若干	晚期	

注：（1）随葬器物栏中的阿拉伯数字为件数，未注者为1件；（2）根据上下两层土质、土色和出土遗物的不同，人们将其下层定为早期、上层定为晚期。

如表4-1所示，随葬品（包括鱼类）的出土并不以性别、年龄为划分的依据。有鱼随葬的墓主身份按性别划分包括男性与女性，按年龄段划分包括中年与少年。与鱼骨相随的其他随葬品的种类也不尽相同，随葬品的丰富程度因人而异有较大的差别。墓葬的葬式多为仰身直肢葬。我们据此试作如下分析。

第一，有鱼墓葬对比分析。首先，鱼类随葬品出现的墓葬数量不足墓葬总数的百分之五；其次，出现鱼类随葬品的墓主的性别比例男女相当（9座墓中，2座因性别不详不予讨论）。在随葬品器物种类和数量上，女性墓要比男性墓丰富，女性墓中有出土石斧、石锛等砍砸器，并且陶器的种类和数量也多于男性墓。最后，以鱼随葬的墓主年龄段成年要多于少年。

第二，有鱼墓葬与无鱼墓葬比较分析。首先，与其他墓葬对比，同一年龄段出现鱼类随葬品的墓葬中，随葬品数量多于未有鱼骨的墓葬。[1] 其次，巫山大溪人墓葬的随葬品（石斧、石锛等砍伐器，夹砂红陶釜、红陶豆、曲腹杯等日常生活器皿，绿松石耳饰、蚌镯、玉璜等装饰品，野猪牙、动物牙等）在有鱼类墓葬中均有所见。

由上，笔者得出三点认识：第一，有鱼墓葬的主人属于极少数群体（氏族中的巫师或贵族）；第二，有鱼墓葬的主人地位高于无鱼墓葬的主人（他们的随葬品相对丰富）；第三，有鱼墓葬者中女性随葬品稍多（巫师中可能女性地位更高，在巫文化的低级阶段与灵界的沟通中女性思维方式的情绪化表达更具有煽动性）。

二　巫山大溪人的渔猎经济

三峡地区地理环境独特，动植物资源十分丰富。在巫山县东南的"迷宫洞出土的脊椎动物材料比较丰富，共计300余件，包括鱼类、爬行类和哺乳类"[2]。这与巫山大溪遗址动物坑（牛、狗、猪、鱼等）和随葬骨器的多样性相互印证。长江宽谷地带的自然状貌虽然极大地限制了当地农业的成长，但动植物的多样性有利于先民们的狩猎、采集活动开展。到旧石器时代末期，由于气候的变迁导致大型动物的骤减，相对过去耗时耗力的狩猎动物，捕鱼生产便成了日常生产的补充形式，并越

---

[1] 四川省博物馆：《巫山大溪遗址第三次发掘》，《考古学报》2002年第4期。
[2] 黄万波：《我与古人有个约会》，科学出版社2011年版，第103页。

来越显得重要。长江的宽阔水域、丰富的鱼类及其规律性的繁殖方式为大溪人准备了充足的渔业资源。在峡江地区大溪文化遗址发现的大量鱼骨坑，表明渔猎已经成为他们的重要食物来源。据考古发现，仅在西陵峡的中堡岛，深1米多、坑口长达2.6米积满鱼鳃骨的鱼骨坑约200个。① 这些鱼骨的种类包括草鱼、鲤鱼、青鱼、鲍鱼、鲢鱼、鲫鱼、鳙鱼和白鳍豚等，足见当时该地区鱼类品种与资源的丰富多样性，它们是当地先民以渔猎为主要生业的重要证据。

在巫山大溪文化中渔猎经济显然占据了主导地位。其考古发掘依据如下：第一，渔猎手段的成熟，有大量的渔猎工具（石网坠、石球、石箭镞，骨矛、骨锥、鱼钩等工具），在大溪墓葬和文化层中出土；第二，在大溪遗址中发现数量众多的鱼骨坑，且鱼的种类十分丰富（人们已经能够对付各种不同的鱼类）；第三，从大溪人以腌鱼随葬的方式看，他们已经掌握了较为成熟的鱼类加工技术。

如果说火的运用使生食变为熟食（动物坑中部分骨骼有烧烤过的痕迹、有可用作煮食的陶器出土）促进了人类体质的进步，而以盐腌鱼的技术解决了易腐食物在日常生活中长期保存的难题。对三峡地区原始盐业的讨论已经进行了多年，探讨盐对当地经济、政治及文化的意义的著述亦时有所见，此不赘述。鱼肉高度易腐，如果不以咸盐腌制，即使煮熟也无法长期保存，而巫山大溪墓葬中的鱼骨得以保存至今，正好说明当时当地腌鱼技术的存在，对此学者曾有过论证。②

与长江中下游的大溪文化不同，巫山地区的大溪人没有前者那样优越的水稻种植条件和发达的犁耕农业，且考古发现"这一地区的主要农作物是粟和黍，而不见水稻"。正是限于山地河谷的自然条件"在大溪文化时期，各聚落的取食经济主要成分是渔猎采集，另有一定的家畜饲

---

① 王家德：《试论长江三峡地区大溪文化的原始渔猎》，《江汉考古》1994年第3期。
② 任桂园：《三峡盐业考古研究》，中国言实出版社2009年版，第33页。

养、旱作农业作为补充"①，而鱼类资源的丰富、捕鱼技术的成熟和腌鱼技术的使用成了他们的优势。这就较好地为我们回答了大溪人的主要社会经济模式——以捕鱼为主，辅以采集和旱作农业，兼及狩猎与家畜饲养和逐渐兴盛起来的盐业。显然，这种以渔猎为主混合经济模式的形成，在相当程度上得益于该地区特殊的自然环境与物质资源。在我们讨论上述巫山大溪遗址以鱼类随葬的现象时，我们已感受到了在大溪先民那里，人们的社会生产与生活皆与巫术紧密地结合到了一起。

三 以鱼殉葬的巫术意义

对巫山大溪文化中以鱼随葬的现象，有学者解读为反映出了人们的生死观念——他们在生前要以鱼为食物，死后还要以鱼随葬，供他们在另一个世界里享用，"由此可见，'鱼'在当时大溪人的生活中应当有神圣的位置"②。这里的所谓"神圣"即指与人的生死攸关，在先民的眼中，鱼既是大自然对大溪人的恩赐，更是他们来世今生的生存需要；他们在墓葬中随葬鱼等物品，一方面表明当时的人们已经有了原始的宗教意识；另一方面在墓葬中随葬品多寡不均的现象又告诉我们，当时的社会已经有了不同职业（巫师）划分的"等级"。

根据物以稀为贵的常理，所占比例甚小的以鱼随葬（包括其他随葬品）的墓主，其身份与地位自然也就高于没有以鱼随葬（亦无其他随葬品）的绝大多数先民。在原始社会，氏族组织的核心成员无非两类人，氏族首领（通常是巫师）和氏族贵族，前者是组织领袖和精神领袖，后者为其主要支持者。神权合一的现象在三峡一带尤为突出，例如，《山海经》中反复提到的巫咸国首领巫咸及其麾下的群巫。③ 这位

---

① 重庆中国三峡博物馆等编：《大溪》，中国图书出版社2017年版，第23页。
② 杨华、丁建华：《巫山大溪遗址的考古发现与研究》，《四川文物》2000年第1期。
③ 王斐译注：《山海经译注》，上海三联书店2014年版，第365页。

神权领袖（巫师）可以是不同性别的（在母系氏族女性应该更多），①也可以有年龄差异，但他们必须是极少数人。正是由于他们的作用，鱼才在大溪人认为的来世生活中具有了"神圣位置"。死者若为氏族贵族，则难得的腌鱼便是其心目中未来世界的佳肴；死者若是巫师，则腌鱼别有用心的放置方式或体现为他们的某种施法手段。

鱼的神圣性，首先源于其与人类生存的密切关系。也正因为如此，先民们才将其视为"图腾"并予以崇拜。林向曾就仰韶半坡人口含两条大鱼埋葬的现象指出，此举不能不令人联系起大溪 M3（墓主人）的奇妙葬俗——口含两条大鱼。这是两地族人信仰、习俗一致性的真实反映。由此"长江流域的大溪文化与黄河流域的仰韶文化有着包括人种、习俗乃至图腾、文化上的亲密关系是不容怀疑的"②。虽然在大溪文化中，我们迄今为止没有见到（或因发掘面积有限）刻或绘于器物上的鱼图腾，但是其以鱼随葬的现象本身已经表明鱼在大溪人心目中的重要意义或与仰韶人相近。此外，"墓葬用整条海鱼随葬"的习俗，在山东省胶县（今青岛胶州市）三里河遗址的大汶口文化也有出现，其之所以得以实施，应该也与当地海盐丰富相关。仰韶文化的半坡人将鱼与人的关系形象地绘于陶盆上随葬所要表达的意思，当与大溪人、三里河人的目的相同——有鱼可食。至于他们是否曾以腌鱼随葬笔者虽未见证据，但其彩陶中"人口衔鱼纹盆"展示的形象似与大溪墓中主人衔鱼随葬的目的类似。

笔者认为，被半坡或大溪人视为"图腾"的鱼当是"鱼的精灵"（鱼神），现实中供人们食用和随葬的鱼则受其驱使。以物随葬是原始宗教观的体现，是先民对死后另一个世界美好生活的期盼，"万物有

---

① 许慎：《说文解字》，中华书局1981年版，第100页。
② 林向：《大溪文化与巫山大溪遗址》，载《中国考古学会第二次年会论文集》（1980年），文物出版社1982年版，第124—132页。

灵"的观念因其生产水平的低下而产生,并因其与大自然和谐共生的愿望而精彩。巫师为达成这一愿望的"巫术",则是对以物随葬手段的实施。我们注意到,在巫山大溪文化墓地的众多人群、众多随葬品中,拥有以鱼随葬特权的人毕竟是极少数,有学者据此指出他们或是巫师:在该遗址三次发掘的共207座墓葬中,只有9座伴以鱼类随葬,其比例仅占总数的4.3%。"表明这9座墓葬的主人身份的特殊,也许是巫师、首领等一类(2座为小孩,可不列入)的人物。"① 其见解是有道理的,但笔者以为将小孩另当别论大可不必,因为我们无法排除他们已经被奉为巫师的可能,比如直至今日对"灵童"的尊崇在民族地区尚存,至少他们的身份不一般。

巫山大溪文化随葬的"鱼",显然是供墓主人食用的,其用途实质上与其他随葬品类似,虽然该鱼本身可能不具备"图腾"(神灵、祖先或亲族)的意义,但是以鱼随葬的巫术实施,体现了当时人们深层次的宗教思维——来世生活的存在、对美好未来的追求、生者对逝者的祝福等,这便是巫术意义之所在。

生态人类学显示,考察人类生活当以食物资源分布、生计方式和繁殖方式三个问题为着眼点,但是我们过去对隐藏在这三个方面背后的文化因素往往注意不够。本着考古学"透物见人"的目的,对当事者眼中其与食物资源的关系、他们谋生方式的禁忌、其自己繁衍的意识及其与大自然的关联等,还可作更深入的探讨。这些属于精神层面的内涵,在当今原始部落中,通过深入细致的民族学调查②,我们仍可以找到蛛丝马迹;同时,落后地区保存至今的巫文化遗产亦能够为

---

① 谢建忠:《巫山大溪遗址以鱼随葬的原始宗教意识与巫术》,《重庆三峡学院学报》2011年第1期。
② 民族学的调查为研究原始社会提供了最丰富、最生动的资料。早年民族学家摩尔根的《古代社会》、泰勒的《原始文化》均基于民族学调查。

我们提供一些线索。

接下来我们还需要思考如下三个问题。

第一，墓葬中为何要以鱼为最高随葬等级？笔者认为，这首先取决于它对河边台地先民生存繁衍的重要意义。其作用不仅在于延续生命、丰富的蛋白质有利于提高人类的体质，还因为鱼的繁衍方式（大批量）令先民向往。在万物有灵的原始认知下，"丰产与再生"的环节是紧密联系在一起的。于是以鱼为"图腾"（神灵）加以崇拜理所当然，或许这就是在原始社会的纹饰中，鱼与蛙的形象屡见不鲜的重要原因。特别需要说明的是，在这里随葬的鱼不是图腾（鱼神）本身，而是由鱼神赐予墓主的、具有神化意味的食物，只有与其最接近的人能够永享。

第二，为何只有极少数墓里才有鱼随葬？既然发掘表明大溪人以渔猎为生，用鱼随葬应当是不成问题的，但在绝大多数人的墓葬中我们没有发现鱼骨。对此答案可能有两个：一是普通人不被准许以鱼随葬；二是普通人也曾以鱼随葬，但由于他们缺少腌鱼用的盐，于是鱼便很快腐败消融了。相较之下笔者更倾向于第二种假设，因为只有首领（巫师）才是制盐的技术和成品盐的掌控者，普通人即使能够得到卤水，但腌鱼所需要的成品盐不易得到。

第三，腌鱼的摆放方式有无特殊意义？从巫山大溪人的葬式看，其葬姿和朝向是有规律可循的。其葬姿从直姿（本土）逐步发展为以蹲踞（受南方影响）为主，有别于北方的跪踞式；朝向多为正南北、头朝南，这表明南方对他们有着特殊的意义。在随鱼葬中，我们注意到墓主将鱼尾端含口中的现象，在此墓主人"吃"用意当是十分明显的，也使人联想到半坡出土的人面衔鱼纹彩陶盆。大溪人为何不像后者那样也将两个鱼头放在嘴边，而是将它们的尾巴放置口中呢？一则因为将鱼头放嘴里难度太大，二则鱼尾放置口中更能体现吃的意图。当然，将两个鱼头放在嘴边的形式美感也只能在画中出现。

考古学、人类学、民族学均为我们考察、研究原始社会的重要方法，其中"人类学家的著述往往以人类发展史为中心，旁及文化工具和人类社会；考古学家的著作着重描写文化特别是物质文化的发展；民族学家对原始社会史的研究，则全面地阐述原始时代社会发展的历史"①。结合以上主要方法，通过对巫山大溪遗址鱼类随葬品及其内涵的探析，笔者得出以下三点结论：第一，巫山大溪人以鱼随葬是一种巫术行为，鱼是为墓主人在另一个世界准备的延续生命的食物；第二，该行为体现了先民基于万物有灵原始思维基础之上的来世观念；第三，以鱼随葬是极少数人（巫师等）的特权，这与他们的特殊地位和对盐资源的掌控相关。通过以上结论，我们不难看出大溪文化的原始先民已经具有较为成熟的来世思想和巫术手段，进而该现象的存在向我们表明在此之前他们已经有过相关思维的萌芽。

第二节　巫山大水田遗址的狗坑葬探究

在巫山大溪遗址中，我们曾发现多处以物品为人随葬的现象（其中包括鱼类等动物），且该现象在新石器时代原始社会的墓葬遗址中较为普遍。那些为人随葬的物品当是为死者来世享用准备的，在宗教学的意义上该现象属于"死人崇拜"的体现。在同属于大溪文化类型的大水田遗址墓葬中，我们还发现了以狗为主要埋葬对象的独立墓坑，该坑的用途是用狗来祭祀神灵，或是专门为祭祀狗而准备的？对该问题的探讨关系到大溪人是否已经具有"动物崇拜"的观念，以及是否已经产生与之相应的巫术文化。笔者拟根据已有考古发掘材料，结合前人观点试做如下讨论。

---

① 林耀华主编：《原始社会史》，中华书局1984年版，第19页。

一 大水田遗址及狗坑墓

大水田遗址"地处重庆库区大溪文化的代表性遗存大溪遗址和人民医院遗址之间"①。其具体位置在巫山县曲尺乡伍佰村三社，位于长江北岸二级阶地上，东临长江，南距冬瓜包遗址约200米，西面为缓坡台地，北距林家湾遗址约1000米，分布面积约12000平方米。西距大溪遗址约28千米（见图4-3）。

图4-3 大水田遗址发掘现场②

---

① 重庆市文化遗产研究院、巫山县文物管理所:《重庆市巫山县大水田遗址大溪文化遗存发掘简报》,《考古》2017年第1期。
② 重庆中国三峡博物馆等编:《大溪》,中国图书出版社2017年版，第35页。

大水田遗址的考古发掘工作由重庆市文化遗产研究院和巫山县文物管理所联合进行，通过2014年3—9月的努力，共发掘面积1300平方米，多数探方的第3—10层及其叠压的遗迹属大溪文化类遗存。该地发掘的成果十分丰富，人们先后发现了大溪时期的墓葬212座，灰坑208座，器物坑一座，房屋一座。出土遗物以陶器和石器居多，还发现了较多玉器（21件）、骨器，另有黑色板岩饰21件，其中有人和动物形饰、环形饰、贝形饰、滑轮形饰等。这些遗迹和遗物较为全面地反映了大溪时期大水田遗址先民们的生存状态，其中就包括令人费解的独立狗葬坑一座。

通常考古遗址里的"灰坑"是用作处理垃圾的，也为特殊的祭祀所用。人们在大水田的"灰坑"类遗址中发现有独立"狗坑葬"一座。据考察该"狗坑葬"形制规整，葬法独特。对于该坑性质的判断，在2017年1月公布的考古发掘报告中，撰写者认为"可能与祭祀或原始宗教仪式相关"。

该"狗坑葬"位于大水田遗址西南部探方T0911中（在遗址离长江沿岸较远的内侧），编号H79（见图4-4）。其所处层位"叠压于第3层下，打破第4层"，为大溪文化层偏上部分。灰坑平面近乎圆形，"直径1.23—1.34米，残深0.12米"，东北角被M64打破。

在坑底部"发现一具狗骨架，头向北，侧身"。狗骨架侧卧，脊背隆起，头北面东（面向长江的方向），两前肢和两后肢分别合拢，四肢伸向灰坑东部。灰坑的中部，分布一层螺蛳壳。螺蛳壳分布平面略呈半圆形，边缘东部与狗骨架的头、颈、背部相接。概言之，灰坑中狗骨架头朝北面向长江侧卧，背靠一层平面呈半圆形的螺蛳壳。

在我国同时期的考古发掘中，以狗为人随葬的方式并不少见，我们可以较容易地将其解释为为了死者来世所需，但由人类专门为狗挖坑埋葬并且随葬螺蛳的做法较为罕见。对此做法的目的和意义，似有认真讨论的必要。

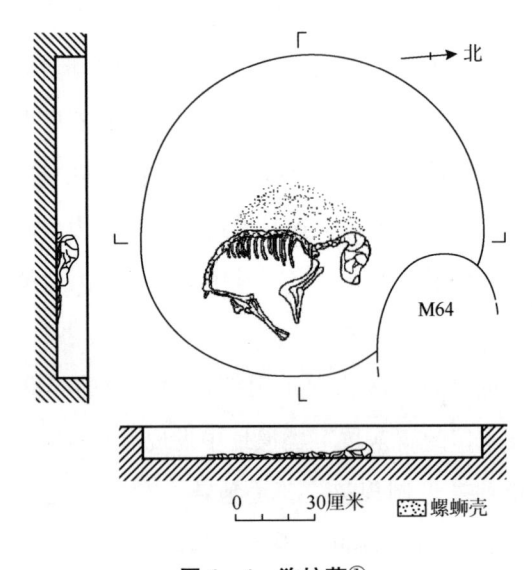

图 4-4　狗坑葬①

二　原始社会的以狗随葬

学界认为，狗在距今 15000 年前由东亚地区的灰狼驯化而来，是最早被人类驯化的动物之一，它们曾起着先民狩猎助手与生活伙伴的作用。据我国动物考古学家确认，最早的狗是在距今约 10000 年的河北徐水南庄头遗址②中被发现的，之后在距今 9000—7800 年的贾湖遗址③里也发现多个坑中有狗随葬。这表明在旧石器时代晚期，人类已经开始了

---

①　重庆市文化遗产研究院、巫山县文物管理所：《重庆市巫山县大水田遗址大溪文化遗存发掘简报》，《考古》2017 年第 1 期。

②　袁靖、李君：《河北徐水南庄头遗址出土动物遗存研究报告》，《考古学报》2010 年第 3 期（附录）。

③　李君、乔倩、任雪岩：《1997 年河北徐水南庄头遗址发掘报告》（附录：袁靖、李君：《河北徐水南庄头遗址出土动物遗存研究报告》），《考古学报》2010 年第 3 期。

第四章　环三峡地区新石器时代墓葬中的巫文化现象 / 129

与狗共谋生存的历程。

到新石器时代早期，以狗为人随葬的习俗变得普遍起来。该现象在中国并见的有海岱地区、淮河流域与汉水流域，其中最早发现墓中以狗随葬的现象见于河南省西南部属于汉水流域的淅川下王岗遗址，在此距今6000年属于仰韶文化时期的墓葬中，就发现有5座随葬了狗。① 但是，该期以狗为独立牺牲的埋葬方式基本未见。

从新石器时代中期到龙山文化时期，不但以狗随葬的现象越来越多，而且以狗为牺牲的埋葬方式也时有所见。例如，在江苏刘林遗址发掘的墓葬中，有8座墓葬随葬狗8只，另有1狗在墓区中单独埋葬；② 在江苏大墩子遗址发掘清理出的墓葬中有9座殉狗，共14只，另有两座墓葬随葬狗的模型2只；③ 在山东胶县三里河遗址、兖州王因遗址、江苏武进的圩墩遗址等都有发现葬狗现象。在多数发掘报告中，对以狗随葬的方式语焉不详，仅江苏刘林遗址的发掘报告描述相对具体："随葬的狗架都侧卧在人骨架的腿部之上，头向与人架相一致。"④ 探讨其安放的位置，在腿部之上似乎意味着将面临的危险来自地面，而共同的朝向则表明其与死者是亲密的伙伴关系。作为牺牲埋葬的，在巫山大溪遗址的M179中埋葬有"一犬科动物"⑤；山东长岛县陀矶岛一座龙山文化墓地附近亦有埋葬整猪和整狗的坑⑥。它们可能是被用来祭祀神灵的。

到了商周时期，盛行在腰坑中随葬狗。例如，二里岗文化上层一期

---

① 河南省文物研究所等：《淅川下王岗》，文物出版社1991年版，第23页。
② 江苏省文物工作队：《江苏邳县刘林新石器时代遗址的第一次发掘》，《考古学报》1962年第1期。
③ 南京博物院：《江苏邳县四户镇大墩子遗址探掘报告》，《考古学报》1964年第2期。
④ 南京博物院：《江苏邳县刘林新石器时代遗址第二次发掘》，《考古学报》1965第2期。
⑤ 四川省博物馆：《巫山大溪遗址第三次发掘》，《考古学报》1981年第4期。
⑥ 高广仁、邵望平：《中国史前时代的鬼灵与犬牲》，载《中国考古学研究——夏鼐先生考古五十年纪念论文集》，文物出版社1986年版，第65页。

阶段，有 4 座墓葬的腰坑中发现了随葬狗的骨架，在郑州商城遗址墓葬中也发现腰坑内随葬了狗的骨架一具①。这一与之前将狗置于死者腿面上不同的现象，似乎表现出该期先民对未来威胁可能来自未知的地下的担心。

以不同家畜随葬的意义也是不尽相同的，这要根据它们对于人的价值而定。例如，猪、羊及其他家禽的价值，主要是人类的饮食之源；马、牛等主要作为生产工具；狗的价值更多地体现为先民的助手与伙伴。当然在总体上它们又都是人类的财富，恩格斯曾经指出，家畜的驯养和畜群的繁殖，创造了前所未有的财富的来源，"在成为历史的最初期，我们就已经到处可以看到畜群乃是一家之长的特殊财富"②。既然是财富，已经具有来世思想的新石器时代先民将它们用来随葬就十分正常了。站在社会分化在当时业已产生的角度，有学者指出，以动物随葬说明原始人群中已经出现私人对财产的占有现象，该现象表明了这时"以家畜为财富象征的普遍出现"③。于是财富的拥有和使用让该双重价值在动物随葬方式中得到了完美的体现。

在现实生活中，原始人必要时也会偶食狗肉、衣狗皮，如同吃掉其他驯养的动物一样地享用自己的财富，但从随葬的宗教意义出发，对狗的处理就不那么简单了。与以猪、鱼等随葬不同的是，以狗随葬的意义已经超越了提供死者来世衣食财富的基本含义，因为狗既是主人狩猎的伙伴，又因其忠诚而成了主人的守护者。这种陪伴和护卫者的特殊身份，我们可以从狗在墓地中摆放的位置轻易察觉出来，无论放在主人的腿部以上，还是置于身下的腰坑都显得与众不同。也有一些学者亦就此做过探讨，如郭宝钧认为于二层台和填土中殉狗"或守门户，或养犬

---

① 中国科学院考古研究所编：《庙底沟与三里桥》，科学出版社 1959 年版，第 16 页。
② 恩格斯：《家庭、私有制和国家的起源》，人民出版社 1972 年版，第 50—51 页。
③ 王吉怀：《试析史前遗存中的家畜埋葬》，《华夏考古》1996 年第 1 期。

马……都是仿生人的需要而来布置的"①,这与古人的"黄泉"观念有关;岳洪彬也认为"腰坑中的殉狗似乎是为死者把守黄泉路入口,而填土中的殉狗好似为死者把守阴阳两界通道的守护者"②;刘丁辉则直接指出殉狗的"目的主要是守卫墓主人,并为墓主人驱鬼辟邪"③。类似的观点在杨华④、黄展岳⑤、王志友⑥及河北省文物研究所⑦发表的文章中都有体现。显然,狗在墓地中随葬的意义是由其在古代先民生活中的特殊功能与地位决定的。

事实上人类对狗的认知更看重其狩猎伙伴与守护者双重身份。基于此,便可能会忽略其也可以提供肉食、皮毛等普通财富的价值。从民族学材料看,这似乎具有普遍意义。例如,在今天我国众多的少数民族中,把狗看作生活中重要伙伴的比比皆是,赫哲族人钟情于他们能拉雪橇的猎犬,"人们对其爱护备至,狗死后还要进行埋葬,或者挂在树上,防止野兽吞食";黎族的首领被称为"俄吧",意即"领狗的人"⑧。在普米族、拉祜族、苦聪人中,逢年过节先用新米饭喂狗,缺粮的情况下人们挨饿也回去喂狗,狗死后还要进行慎重的埋葬仪式⑨。上述证据可以深化我们对狗葬坑的认知。

由上所述,虽然以狗随葬在原始社会乃至商周时期十分普遍,但我们不能简单地将以狗随葬视同于普通动物随葬,因为同样作为财富的它

---

① 郭宝钧:《一九五〇年殷墟发掘报告》,《中国考古学报》1951年第5期。
② 岳洪彬:《谈商人的"黄泉观念"——从殷墟铜铃上装饰兽面纹说起》,《中国文物报》2006年8月18日第7版。
③ 刘丁辉:《商代殉狗习俗研究》,郑州大学,硕士学位论文,2011年。
④ 杨华:《论黄河流域先秦时期腰坑墓葬俗文化——兼说与长江流域同类墓葬俗的关系》,《华夏考古》2008年第1期。
⑤ 黄展岳:《殷商墓葬中人殉人牲的再考察——附论殉牲祭牲》,《考古》1983年第10期。
⑥ 王志友:《商周时期的腰坑葬俗》,《华中科技大学学报》(社会科学版)2006年第6期。
⑦ 河北省文物研究所:《藁城台西商代遗址》,文物出版社1985年版,第112页。
⑧ 宋兆麟:《中国原始社会史》,文物出版社1983年版,第142页。
⑨ 唐祈:《中华民族风俗词典》,江西教育出版社1988年版,第507页。

们对于先民的使用价值还有相当大的差异，而正是这些差异使它们的埋葬意义会有质的不同。

三　论独立狗坑葬的意义

基于前面原始社会人们对狗的价值的认知，随意杀狗在当时是不大可能的，以狗随葬也主要限于其主人（根据狗的特性是不会轻易服从他人的）。大水田遗址的狗是独立葬在灰坑里的，它显然不具有为主人随葬的意义。就灰坑的性质而言，它可能是垃圾坑，也用作储物坑（窖藏），但有可能是祭祀坑；它既可以利用天然土坑，也可由人工挖掘而成。本节讨论的要点在于它的埋葬方式以及埋葬的目的。

首先，狗是不是作为垃圾和随葬品埋葬的。考察大水田遗址H79灰坑，一是狗骨架十分完整，其中狗的头骨、脊椎骨、肋骨、前肢和后肢等骨骼均处于正常位置，而不是被肢解后散乱分布。我们据此可以排除其被人食其肉后随意丢弃的可能性，并且这与新石器时代遗址灰坑中曾有过的掩埋"食狗"状态大不相同，用作"食狗"的"狗骨大都比较破碎，而且散乱地分布在废弃物中。例如，在磁山遗址出土的是狗骨，其头颅和下颌骨都被敲砸过，残缺不全，显然是人类吃肉后的废弃物"[1]。二是灰坑所在层位为第三层下，打破第四层，灰坑内无人骨，并且在同层位下并未发现与其他任何墓葬存在联系，因此可以确认它不是随葬用狗，而是独立埋葬的狗。既然意在独立埋葬，坑亦当是特意挖掘的。

其次，狗是不是作为祭祀品埋葬的。就埋葬的方式来看，灰坑H79中的狗架侧卧，脊背隆起，头北面东，两前肢和两后肢分别合拢。其体位姿势类似陕西省西安市临潼区白家村遗址H25灰坑出土的

---

[1] 陈文华：《农业考古》，文物出版社2002年版，第81页。

完整狗架,"头西足北,呈侧卧状,脊椎弓起,四肢并排合在一起,似为捆缚所致"①。将动物捆绑后活埋,大概是原始人祭祀必须采用的方式,以免动物(祭品)逃脱。在河南省安阳市鲍家堂仰韶时期遗址,H5坑底的一具完整猪骨架和H25坑底的10具完整猪骨架,也均"两前肢和两后肢分别合拢,似为捆缚埋入的"②。以此类推,大水田灰坑H79中的狗架亦有可能是将狗捆绑后活埋的。就牺牲的用途来看,以埋葬动物"安宅"在新石器时代较为普遍,如在胶县三里河大汶口文化遗存中,发现埋有5具完整幼猪,猪坑埋在房址F202附近,学者认为这种现象与房屋的奠基或建成有一定关系③;在甘肃天水西山坪齐家文化遗存④、山东邹县野店遗址⑤等发现埋葬整猪的现象似都与房屋建筑相关。另外,从民族学资料看,至今我国基诺族人在举行新房仪式时,仍保留着以猪、牛为牺牲的传统⑥。据此,以狗为牺牲单独埋在房屋基坑旁也不是没有可能,因为狗的一个重要功用就是守护家园。从位置上看,大水田遗址的狗葬坑H79亦正处于建筑物F1的南侧,该位置似乎与建房祭祀相关。然而,根据层位判断,F1是叠压于第4层下的且打破了第5层,与第三层的H79不在同一层位上,表明其建筑物年代相对更早,这就排除了它与狗坑H79的关联。显然狗坑H79是完全独立的,这似乎可以排除它作为祭祀(安宅)埋葬的可能性。

最后,坑中的狗本身或许就是享祭者。大水田H79坑中,在狗的

---

① 中国社会科学院考古研究所:《临潼白家村》,巴蜀书社1994年版,第14页。
② 中国社会科学院考古研究所安阳队:《安阳鲍家堂仰韶文化遗址》,《考古学报》1988年第2期。
③ 中国社会科学院考古研究所:《胶县三里河》,文物出版社1988年版,第13页。
④ 中国社会科学院考古研究所甘肃队:《天水市西山坪齐家文化殉葬坑》,载《中国考古学年鉴》,文物出版社1989年版,第264页。
⑤ 山东省博物馆等:《邹县野店》,文物出版社1985年版,第17页。
⑥ 王吉怀:《试析史前遗存中的家畜埋葬》,《华夏考古》1996年第1期。

背后被刻意铺了一层平面呈半圆形的螺蛳壳，它们会不会是为这条狗准备的随葬品呢？由此我们联想到人用狗或其他动物为自己随葬。如果这狗对当时当地的先民尤为重要，如它曾经护主有功或为族群带来过重大利益，而此时病入膏肓，那么对它的单独埋葬和为其随葬牺牲的行为便意义非凡了。值得关注的是，这螺蛳壳是被人为打碎的，其原因可能是考虑到这狗难以将螺蛳壳咬碎，倘若这狗有了自己的随葬品，我们便找到了新石器时代环三峡地区动物崇拜确实存在过的证据。

在原始氏族社会，动物崇拜应是一种普遍现象，这与动物本身对人的重要性密切相关。在上一节里述及的鱼与蛙便同仰韶文化的图腾崇拜密切相关，在后世环三峡地区的巴人、楚人、蜀人那里也都有过动物崇拜的传统，史籍中吞象的巴蛇、噬人的白虎与高翔的凤鸟都曾作为崇拜对象，而"蜀"字本身便与蚕关系密切。由此，狗因其曾经所起的重要作用而被视为神灵也不是没有可能。将狗独立埋葬，并使之与人一样享有自己的随葬品——螺蛳。该方式的巫术意义是十分明显的，这表明在大溪文化时代，三峡先民不仅有了灵魂和死人崇拜的观念，还由己及彼地用到了动物身上。

虽然发掘报告中未对这些螺蛳做进一步描述，但其随葬显然不是随意所为。资料表明，在我国螺蛳仅分布于云贵高原和长江下游的湖泊里，原始先民食用螺蛳的时间亦在新石器时代出现，如云南省玉溪三湖贝丘遗址新石器时代中期遗存发现大量螺蛳壳[1]；河南省郑州荥阳市点军台遗址灰坑 H13 靠西壁与南壁有大量螺蛳，几乎占下部的三分之一[2]；浙江省杭州市余杭下家山遗址良渚文化时期遗存 G2 埠头的周围堆积着大量食用后弃置的螺蛳壳、蛙子壳、蚌壳等水生贝类，其中还

---

[1] 陈泰敏：《"玉溪三湖"周边的贝丘遗址》，《玉溪师范学院学报》2014 年第 1 期。
[2] 郑州市博物馆：《荥阳点军台遗址 1980 年发掘报告》，《中原文物》1982 年第 4 期。

夹杂着鱼骨的残骸①。在三峡地区是不产螺蛳的，它们或从其他地方输入，在大水田发掘报告中的其他灰坑或墓葬里亦无类似发现。物以稀为贵，大水田人在 H79 号灰坑中以螺蛳为狗随葬，可能是有深意的。以珍贵的食物螺蛳为狗随葬，凸显了这狗在当地先民心中的特殊地位。

也许还有另一种解释，那就是 H79 号灰坑中的狗与螺蛳都是牺牲，是一种配对祭祀的方法。在暂时还不能明确祭祀对象的情况下，并结合之后环三峡地区动物图腾盛行的诸多实例，笔者仍倾向于 H79 号灰坑葬是该时期动物崇拜的典型事例。且无论 H79 号灰坑葬的目的如何，该坑的埋葬方式已然表明当地原始巫术在内涵和形式上的复杂化。

由上所述，笔者整理出以下三点认识：第一，以狗随葬是原始社会的普遍现象，但在动机和目的上又与其他动物不尽相同；第二，大水田遗址出现的 H79 号独立"狗坑葬"并附随葬品的现象极为少见，说明此狗在当时可能具有的特殊地位；第三，H79 号独立"狗坑葬"提供的动物崇拜证据，表明大溪文化的宗教意识和巫术形式的复杂化。

小　结

通过对以上两个案例的讨论我们注意到，大溪墓中的随葬物与当时先民的思想认识密切相关。它体现在人类物质文化与物质生活史之中，对该现象的研究有利于我们还原当时人类的社会生活真实。例如，有学者指出，研究人类物质文化与物质生活的要义是可以将研究者带入一个

---

① 赵晔：《探秘卞家山》，《东方博物》2007 年第 3 期。

由具体、真实与象征、虚拟交错构成的历史环境之中,"由此我们能探索个人与社会间的错综复杂关系、社会变迁的微观情境与过程及其与重大历史变迁间的关系"①。通过剖析这些的关系,我们或许能够解开一些远古的谜团。

---

① 王明珂:《青稞、荞麦与玉米——一个对羌族"物质文化"的文本与表征分析》,《西北民族研究》2009 年第 2 期。

第五章

环三峡地区新石器时代
被巫化的石雕人像

提　要：自20世纪中叶以来，长江三峡地区的一些新石器时代遗址先后出土了多件引人注目的石雕人像。无论它们为圆雕或为浮雕，均堪称原始时代雕刻艺术之佳作，其造型之生动、技艺之精妙，亦堪与同时期中外艺术佳品比肩甚至超越。其表达内涵之丰富、寓意之深刻亦令人叹为观止。悉心审视发现与该地区巫文化高度发展、原始先民社会生产与生活密切相关。我国长江流域人类文明之久远、新石器时代原始艺术的较早成熟，亦可由此得到印证。

人类以自我为对象的雕刻作品，最早出现在旧石器时代晚期且多为女性形象。在此之前，生产力的低下与获取食物的艰辛使原始先民整天忙于生计，无暇思考更多抽象的东西。米尔恰·伊利亚德指出："这些雕像分布的地区很广，从法国的西南部到西伯利亚的贝加尔湖，从意大利北部到莱茵河。这些雕像大约5—25厘米高，以石头、骨头和象牙雕刻而成。"对其用途，他解释为"可能代表着某种女性神灵，以及女神的巫术——宗教力量"①。它们之中比较知名的有：意大利的格里玛狄

---

① ［美］米尔恰·伊利亚德：《宗教思想史》（第1卷），吴晓群译，上海社会科学出版社2011年版，第21—22页。

(Grimadi)女像、乌克兰的加家利诺(Gagarino)和梅沁(Mezine)女像、奥地利的维林多夫(Willendori)女像(见图5-1)①、法国的洛赛尔(Laussel)女像(见图5-2)② 等。她们典型的体态特征是丰乳肥臀、腹部滚圆、阴部丰满、具怀孕女性状貌,个别的还持有象征丰满的牛角。祈求更多的生育被认为是那个时代先民的共识,因为面对强大的自然力威压和自身高度的死亡率,加快种族繁衍是保证人类发展的必要手段。

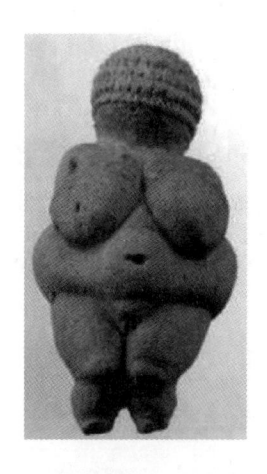

图5-1 奥地利的维林多夫女像　　**图5-2 法国的洛赛尔女像**

这种基于生育信仰的"生命崇拜"③遍及全世界,且一直延续到新石器时代,在我国距今5500年左右的红山文化中,亦有类似陶塑女像出土④。自1959年以来,环三峡地区系列人物石质雕像的陆续出土则为

---

① Roy T. Matthews & F. DeWitt Platt, *the Western Humaninties*, Mayfield Publishing Conpany: Copyright, 1996, p. 4.
② Richard G. Tansey, Fred S. Kleinet, *Gardner's Art Through the Ages*, Harcourt Brace & Conpany: Copyright, 1996, p. 32.
③ 王晓丽:《孕体雕像与女神崇拜》,《青海师范大学学报》1996年第2期。
④ "在圆形台基址附近出土两件小型人物陶塑像,残高分别为5厘米和5.8厘米,均为裸体立像,通体打磨光滑,并施以红色陶衣,腹部凸起,臀部肥大,整个形象体现为孕妇特征。"参见乌凤丽《东山嘴祭祀遗址》,《兰台世界》2004年第2期。

我们今天研究该时期人体雕刻艺术及其文化内涵，进而探讨长江中上游文明产生及其在华夏文明中的重要价值提供了不可多得的素材。同时，也使我们关于新石器时代人物雕像内涵的研究得以走出对象分布零散、数量有限的困境。

第一节　石雕人像的分布与典型代表

环三峡地区是以长江中上游瞿塘峡、巫峡、西陵峡三大峡谷为中心，以巫山和大巴山为主要山脉，以今重庆、湖北、陕西和四川一市三省交界处为核心，向外辐射，且沿长江流域向湖南、贵州延伸的范围。自 20 世纪中叶以来，在这里的考古发掘中发现了以大溪文化[①]为主的不少新石器时代遗址，其中亦有不少的美术品出土，其类型包括石雕人像、彩陶及动物雕刻。其中，已经出土且最具代表性的石雕人像如下。

秭归柳林溪人物坐像（见图 5-3）。该石质圆雕人像出土于湖北省秭归县柳林溪遗址第一期遗存中。柳林溪遗址于 1958 年发现，1960—1981 年多次调查、试掘，1998 年、1999 年因三峡工程建设正式大规模发掘，出土遗物以石器、陶器为主。据发掘报告描述："石雕人像 1 件（T1216⑥：83）。黑色，圆雕人像。蹲坐于圆形石盘之上，双肘支膝，炯目张口，形象生动逼真。头顶有双冠。手掌和左耳残断。高 4.5 厘米、宽 1.9 厘米。"[②] 从该石像的面部表情看，貌似全神贯注，并且念念有词。他的双手掌部虽然残缺，但从生理结构上仍然可以看出其双手

[①] 长江中游地区新石器时代考古学文化，因重庆市巫山县大溪遗址而得名。该文化可分为关庙山、油子岭、汤家岗三个类型。见王巍总主编《中国考古学大词典》，上海辞书出版社 2014 年版，第 211 页。

[②] 湖北省文物考古研究所：《湖北秭归县柳林溪遗址 1998 年发掘简报》，《考古》2000 年第 8 期。

的掌面原应是向上摊开的,似做祈祷状。同时,在该遗址中亦出土了少量彩陶物件。

秭归东门头人物石刻(见图5-4)。该像于1998年11月由湖北省文物考古研究所副所长孟华平等人在东门头遗址东北部的江滩断壁地带发现。"该石块为长条形灰色砂岩,长105厘米、宽20厘米、厚12厘米,整个石面经过精心打磨,表面平整,四周打制较规整。太阳人图像腰部两旁,分别刻画星辰,头上方刻画有23条光芒的太阳图案。"[1] 专家们对该石刻最初存在的疑点是它发现于地表,因而缺乏层位学依据,且发现处无与之相关的遗存,但就人们"在东北部采集到相当于城背溪文化时代的陶器",并且"该遗址还出土了许多石器、陶器、蚌饰等系列文物"[2] 来看,该石刻应属于新石器时代先民的遗物。

图5-3 秭归柳林溪人物坐像　　图5-4 秭归东门头人物石刻

[1] 司开国:《曙光初照·三峡秭归的太阳神石刻》,《中国教育报》2010年7月24日第4版。
[2] 陈文武:《秭归"太阳人"石刻艺术初探》,载《三峡文化研究》(第四辑),武汉出版社2004年版,第129页。

巫山大溪双面人面雕像（见图5-5）。该像于1959年在四川省巫山县瞿塘峡东口大溪公社（今重庆市巫山县大溪乡）长江南岸三级阶地64号墓出土。像长6厘米、宽3.5厘米、厚1.5厘米。顶部左右各有一穿孔。"石质漆黑，质地细腻，平面呈椭圆形，双面各雕以形象相似的人面，脸部轮廓及眼、鼻、口部突起，经打磨，有光泽，轮廓以外的低凹部分未经磨光，挖凿、刻镂痕迹明显。"[1] 有学者研究认为"这是我国新石器时代石雕人面的首次发现。墓葬距今6000—5000年，属大溪文化的晚期阶段"[2]。该遗址曾在1975年和1994年持续发掘，属于同类型的涉及面颇广的长江中上游"大溪文化"，亦因该遗址最早发现而得名。

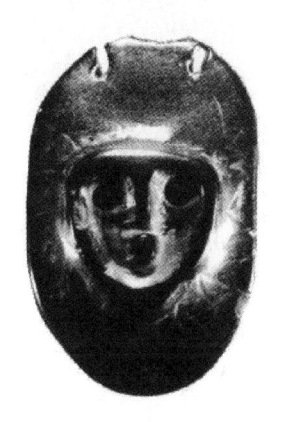

图5-5 巫山大溪双面人面雕像

巫山大水田人物雕像。雕像由黑色板岩制成，主要有两种形式：第一种是女性裸体雕像（见图5-6），第二种是单面人面雕像（见图5-7），均于2014年在巫山县大水田遗址出土。[3] 首先，女性裸体雕像长7厘

---

[1] 中国美术出版社、国家文物出版社、北京银冠电子科技有限公司联合制作出版发行：《中国美术全集》1998年版，第23集"原始社会至战国雕塑"，图15。
[2] 李水城：《从大溪出土石雕人面谈几个问题》，《文物》1986年第3期。
[3] 重庆市文化遗产研究院、巫山县文管所：《重庆市巫山县大水田遗址大溪文化遗存发掘简报》，《考古》2017年第1期。

米、宽2厘米、厚2厘米,上部有两穿孔,身体各部分刻画清晰,其腿上抬与胳膊相连,生殖器官明显外露。其次,单面人面雕像长4.8厘米、宽4.3厘米、厚0.6厘米,左侧残缺,底部较平,正面略凸起,雕刻人面,五官清晰,比例适当。有三个穿孔,中间偏右穿孔呈三角形,两侧穿孔为圆形,但已残。

图5-6 巫山大水田女性裸体雕像　　图5-7 巫山大水田人面雕像

巫山县人民医院双人石雕像(见图5-8)。于重庆巫山县人民医院遗址出土,长6.7厘米,宽3.5厘米。"立体圆雕大小两人,作背负状。前面大人双手置于腿上,作半蹲状,后面小人贴于大人后背。"① 因两人体积稍有不同,该像被解释为成人背负小孩,但亦有观点认为该双人像表现的可能是成人男女交媾的场面。值得注意的是在石器时代出土的人物造像中,类似的双人像几乎没有发现,该像的出土对学界研究原始社会人类的生活与行为方式具有较高的价值。

---

① 重庆三峡博物馆等编:《大溪》,中国图书出版社2017年版,第144页。

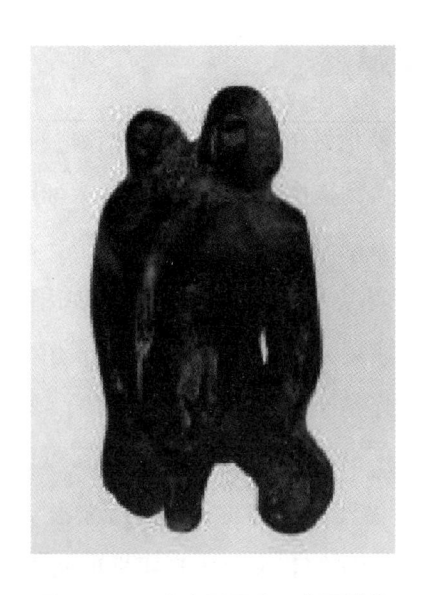

第五章 环三峡地区新石器时代被巫化的石雕人像 / 143

图 5-8 巫山人民医院双人石雕像

"透物见人"是考古学研究的主要目的,上述环三峡地区石质人像的出土为我们研究当时人类的审美方式、雕刻工艺、认知能力及生存状况等提供了不可多得的实物资料,笔者将以此为据在以下部分逐节探讨。

第二节 对石雕人像的审美价值剖析

人类的雕刻工艺虽然产生于石器时代,但其初衷并非以审美为目的。石器时代的雕刻与绘画,其追求实用主义的巫术内涵已被学界公认,为达此目的作品表现的真实性往往被放在了首位,而让人"赏心悦目"的艺术性是不需要考虑的。因此就美术学的角度考察原始艺术,严格意义上的"艺术品"在当时是不存在的,但作为"艺术品"的萌芽亦具有重要的探讨意义。对环三峡地区新石器时代石质人像的审美价值,笔者拟从以下五个方面进行分析。

一 表现手段

新石器时代环三峡地区的石质人像具有该时期盛行的写实主义特征,其中秭归柳林溪人物坐像与巫山大溪双面人面雕像相对更富于具象性;秭归东门头人物石刻与巫山大水田人物雕像、双人石雕像显得较为简略,其中既有作者表现能力的差异,也受其表达宗旨难度的局限。无论如何,作者采取的表现方式是写实主义的,其想要表达的目的也十分明显。不论采取雕塑还是绘画(如彩陶)形式,真实性原则在世界各地的原始民族那里几乎都被严格地遵守着。之所以如此,最根本的原因是真实地表达对象与先民们对切实利益的追求密切相关。因此过分夸张、抽象的表达不符合原始艺术追求真实性的初衷——通过"模拟巫术"达到影响、控制对方的目的。但事实上对原始先民而言,做到绝对的写实往往是很难的,于是便出现了再现对象时的种种偏差,对此当从以下两种可能释读:一是作者还未具备全面、真实反映对象的能力;二是因为真实反映对象的成本太大(难度高)不易成批生产,故而简化。倘若排开以上两种可能性,则是出于某种目的刻意要表现人的某种行为状态或人体的某些部位。考察原始社会"艺术品"的发展历史,大多经历了由繁(复杂、具象)趋简(简略、抽象)的过程。

二 材质选择

从环三峡地区新石器时代的石质人像使用的材质看,主要是当地常见的黑色板岩。该类石材具有石质细腻、较坚硬的特点,以该石材用作雕刻材料的范围较为广泛。秭归柳林溪人物坐像、巫山大溪双面人面雕像、巫山大水田人物雕像、巫山人民医院遗址双人石雕像均由该类石料雕成,此外还有不少同时期的动物雕像也用该类材料制成。秭归东门头人物雕像所用石材则为砂岩,相较之下,前者更为坚硬、细腻,也更易保存。在雕凿工具（石器）极为简陋、雕凿技术极其有限的当时，先民们制作大型石质雕像的难度颇高，于是小型雕像流行。

三 造型方式

从环三峡地区新石器时代石质人像的造型方式看，主要有圆雕与浮雕两类：圆雕以立体的方式造型，可作多面观，包括秭归柳林溪人物坐像与巫山大水田人物雕像、巫山人民医院遗址双人石雕像；浮雕为平面造型，主要作正面观，包括巫山大溪双面人面雕像、巫山大水田单面人面雕像，秭归东门头人物雕像则结合了线雕。就审美的角度而言，圆雕的人物形象比浮雕更被人们喜好。就雕刻的难度而言，圆雕的立体造型方式比浮雕的平面造型方式也更为不易。

四 雕刻技术

环三峡地区新石器时代石质人像的雕刻手段较为丰富，有凿、刻、削、刮、镂空、磨光等工艺。试就其技术分析如下。较为简单的雕像工艺主要采用一种或两种手法，如秭归东门头人物石刻，人像以线刻为主，圆形的太阳及锯齿状光芒以减地法凿刻打磨形成；巫山大溪双面人面雕像，人面轮廓线以外和凸起部位经过打磨，轮廓以内的低凹部分磨刻程度低，挖凿、刻镂的痕迹明显，与之类似的还有巫山大溪双面人面雕像和巫山大水田单面人面雕像，它们均以刻、削为主，辅之以磨光。较为复杂的工艺被用在圆雕人像上，它们同时采取了前述几乎所有手法，如秭归柳林溪人物坐像，有学者通过分析其制作方式指出，原始人在不到4厘米的空间里，居然采用镂空、磨光、刮、削、刻等技术，雕刻出了如此造型准确的人像体态、五官与四肢，其中有些部位还用锋利的小石片精确地进行了切刻、钻孔与磨光加工。其"在技术能力还有很大局限性的新石器时代要创造一件如此高精度化和完美造型的器物是难以想象的"①。钻孔及镂空技术已经被三峡先民使用，从出土的雕像看，其上方多有穿孔，此为配饰或挂件所需。从大水田人形饰上部多个穿孔出现②的现象可以推测，该挂饰还曾被反复使用（在原有孔洞损毁后又重新钻了孔）。大面积镂空是雕刻技术中最大的难题，如同秭归柳林溪人物坐像、巫山大水田人物雕像与巫山人民医院遗址双人石雕像采用的较大面积镂空，在实施过程中均须小心避免石材的破碎。

五　艺术价值

环三峡地区新石器时代石质人像的艺术价值是以其线条刻画的流畅、造型的准确、比例的恰当、磨制的光洁、镂空的精细等雕刻语言体现出来的。原始先民在努力表现真实对象和准确表达其思想意识的前提下，如何使作品看起来更顺眼、摸起来更舒适、用起来更称心也成了追求的目标，而这些正是后世人类审美的基础。在"美观的追求"具有实用价值的雕刻品的制作过程中，先民的审美意识也越来越多地附着在其作品上，作品也就越来越具有令人感动的审美特质。在制作石雕人像的过程中，环三峡地区原始先民的审美意识也经历了一个由产生到发展且不断成熟的过程。

环三峡地区新石器时代石质人像虽然不是严格意义上的艺术品，但也不乏其特有的审美价值。无论在表现方式、材质、造型、技术还是艺术价值上，均能够"艺术"地体现当地先民生产、生活过程中的审美态度与创作方法。正是这种审美态度与创作方法为我们今天准确地传递出了该时代具有的丰富文化内涵。

---

① 陈文武：《长江三峡地区史前美术探谜之——秭归柳林溪遗址发现小型石雕》，《三峡大学学报》（人文社会科学版）2003 年第 11 期。

② 其做法先是分别在挂饰的左右上方穿孔，继后当两侧圆形穿孔残损时，又在靠近上部中间的地方再次打一三角形穿孔。

第三节 对石雕人像文化内涵的讨论

原始社会是人类发展史的初期，尽管当时的思维方式和内容还处在低级阶段，但它毕竟是未来文明发展的基石。因此，解读这些石雕人像文化内涵的宗教因素、揭示该因素与社会艺术之间的关系便十分重要。

首先，与后来的宗教相比，作为其萌芽的巫术更具有实用的性质。如同马林诺夫斯基所指出"在神圣领域以内，巫术是实用的技术，所有的动作只是达到目的的手段"[1]。毫无疑问，该时期环三峡地区的石雕人像也正是带着原始先民实用目的的，对此笔者拟从三个方面进行解读。

第一，其女性雕像应为生殖之神崇拜，但又具有与众不同之处。雕刻生殖女神是人类文化本质的"同一性"体现，人类的生产本就包含三个部分：人类的生存资料的生产（渔猎与农耕）、人类自身的繁衍（生命群体的延续与壮大）及人类的精神生产。三者的意义对于原始社会都很重要，前者是原始先民为了在现实世界谋生存；继者着眼于不断提高人类在恶劣自然环境下的生产力，使种族得以繁衍；后者往往是前两者在精神层面的体现。在巫山大水田出土的女性人物雕像，其双腿高举的造型与刻意暴露的生殖器官与其他地区雕像的寓意类似，但表现显得更为夸张；巫山人民医院遗址双人石雕像直接地将人类自我生产的方式表现了出来。据此有学者解释为："巫山大水田遗址的石人露出女性生殖器，人民医院遗址的双人雕塑实为交媾场景的再现，明显可以看出当时有生殖崇拜观念的盛行。"[2] 该观点不无道理。就独立生殖女神像

---

[1] ［英］布罗尼斯拉夫·马林诺夫斯基：《巫术科学宗教与神话》，李安宅译，上海社会科学院出版社2016年版，第109页。

[2] 重庆三峡博物馆等编：《大溪》，中国图书出版社2017年版，第25页。

而言，类似的例证在国内外不少地方同时期的遗址和崖画中不难找到；但直接表现交媾场景的双人雕像颇为少见，该现象似告诉我们，原始先民的自我行为认知和表现意识正在不断提高，生殖的巫术内涵被他们具象化了。

第二，其人面饰件与求佑、辟邪相关，且该挂件具有巫术内涵。佩戴具有特殊内涵的饰件是原始社会先民常采用的方式，但其初衷不是为了审美。虽然对大溪出土人面石雕饰件的性别特征，由于作者并没有刻意表达我们无从辨别，但其求佑、避邪的目的是十分清楚的。巫山大溪双面人面雕像较为完整，该石片在正反两面雕凿出大抵相似但略有不同的人面形象，一面脸颊相对圆润，另一面较为瘦削，鼻梁挺直，凹刻双眼圆睁，均张嘴成"O"形，作吼叫或诵经状。大水田出土的人面饰件虽然残缺，但在造型上与前者大同小异。对该类人面饰件的身份判断，或许是神像（如太阳神等），或许是巫师的形象，其用途应当是用来护身、祈福的，它们平时被戴在身上，死后便随葬。在我国其他地方也出土过类似人面饰件，如山东藤县岗上村出土的大汶口晚期玉雕人面像、甘肃永昌鸳鸯池出土的马家窑文化马厂类型石雕人面像 M51、陕西神木石峁龙山时代墓葬出土的双面玉雕人面等。由此可见，刻制和佩戴类似石质人面像在当时是较为普遍的，其巫术性质不言而喻。

第三，其男性人体石质雕像具有明显的巫师身份。雕像中最具代表性的是"秭归柳林溪人物坐像"与"秭归东门头人物石刻"，前者为圆雕人物，他坐在地面双手向上，张口做祈祷状，不具明显女性性别特征。后者为石板表面线雕：人物的头顶是一个刻画规范、圆形的太阳，光芒呈锯齿状整齐排列（减地法凿刻打磨）。人物头部约呈倒葫芦状，面部五官明显，眉弓清晰，大眼圆睁，头顶上有一细小针状物，线刻人物躯体呈倒三角形，底部顶端内刻画有男性生殖器，臀部似围有三角形布状物（该穿着方式与人类的穴居生活适应）。其手足均以单线刻出，上肢自然下垂，下肢至膝盖处弯曲。在下肢左右髋部及腰部附近各有两个减地法凿刻的圆状物，可能是表现星体。该人像是在进行与太阳有关的巫术活动（由此，该像被命名为"太阳人"，但有待商榷）。两件雕像的艺术语言均在努力地表达一种人与自然界（太阳）间的特殊关系，而后者更为明确。石雕人物的身份应该是巫师，他们的态度虔诚而恭敬，特别需要指出的是他们均为男性，这至少暗示了男性在当时从事该项特殊工作的事实。类似的石质雕像在我国其他地区也有发现，如辽宁省朝阳市凌源牛河梁出土的红山文化玉人（牛河梁第十六地点中心大墓M4）（见图5-9）和安徽省马鞍山市含山县凌家滩出土的凌家滩文化玉人（见图5-10)[1] 等，只是其巫术内涵的表达和造型的生动性似略逊一筹。

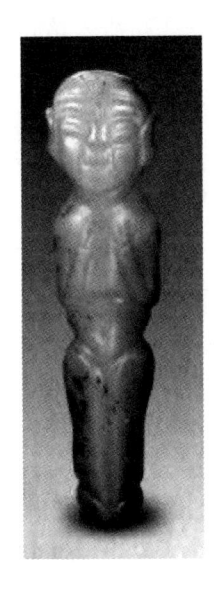

图5-9　红山文化玉人　　　图5-10　凌家滩文化玉人

---

[1] 王巍总主编：《中国考古学大词典》，上海辞书出版社2014年版，第199—234,235页，彩版8。

其次，剖析新石器时代环三峡地区石质人像文化内涵的宗教因素与艺术的关系，这是我们需要讨论的另一个重要问题。早在古罗马时期，学者普林尼便指出巫术是以"三重镣铐控制着人类的情感，即医学、宗教和占星术"①，他指出宗教与人类的情感是息息相关的。对此笔者拟从两个角度进行解读。

第一，原始宗教对艺术产生的意义举足轻重。学界在讨论原始艺术产生的动因时"劳动说"被广泛认同，而原始巫术手段往往被当作先民劳动生产过程中的重要环节。人们在山洞里绘壁画、在旷野制作图腾柱并围绕其载歌载舞，一方面具有祈求神灵赐福或感谢神灵保佑的巫术目的；另一方面是驱使鬼神为我所用的动机，而艺术在此过程中逐渐地产生。研究表明，北美印第安人在挨饿时会跳引诱野牛出现的"野牛舞"，澳大利亚西部原始民族在种下庄稼后会跳期待禾苗迅速生长的"踊跃舞"。"显然舞蹈本身并不是艺术活动，而是追求明显的功利目的的活动，即生产劳动，而且显然还带有某种巫术的色彩，但不可否认地也包含有审美的因素。"② 在论及三峡地区大溪文化的彩陶艺术时，邵学海认为："大溪文化彩陶发展受到限制，但巫术和审美的双重动力使这里的史前人将中期不具有审美意义的拍印、刻印、捏塑等，发展成具有审美意义的截印、镂孔等视觉样式……"③ 他认为这是一种"南方美术的突出风格"，他强调"巫术和审美的双重动力"对三峡彩陶艺术的形成具有推动作用。新石器时代环三峡地区石质人像雕刻的产生原因亦当如此。

第二，原始宗教与艺术的本质既相反相克又相辅相成。巫术是宗教的前身，它具有异化人性的本质；艺术则是人类对自我自由本质的高度

---

① ［古罗马］普林尼：《自然史》，李铁匠译，上海三联书店2018年版，第291页。
② 孙美兰主编：《艺术概论》，高等教育出版社1997年版，第45页。
③ 邵学海：《长江流域史前美术概述》，《社会科学动态》1998第11期。

确认。因此从本质上看两者的矛盾似乎是难以调和的，它们之所以能够合二为一，是先民们征服自然的强烈愿望与激情起了重要作用。从宗教学角度，英国学者弗雷泽将巫术的原理归纳为"相似律"和"接触律"两类，他认为"基于相似律的法术叫作'顺势巫术'或'模拟巫术'。基于接触律或触染律的法术叫作'接触巫术'"①。原始宗教的内涵需要具体的艺术形式（舞蹈、雕刻、绘画等）来表达，否则便不能完成其"模拟"的目的，而模仿越像效果越好，这就需要不断提升模仿技艺（比如雕刻的由平面到立体）；同样，如果不依靠激情，原始巫术也无法通过"交感"从情绪上造成巫师与受众的认知与情感共鸣。从艺术学原理讲，舞蹈、音乐、绘画、雕刻等均具有表达、激发、传递人类情感的功能。宗教与艺术两者间一个需要激情，另一个创造激情，于是巫师们便以宗教的内涵借助艺术的形式，表达其征服自然的愿望，该愿望也逐渐成为原始文化的主旋律。学者指出："在史前人同自然的关系中，被他们征服的仅是其中的微小部分，对其他更广大的尚未占领的部分则是靠崇仰心理去平衡。"②显然这种"崇仰心理"多由披上了艺术外衣的巫术来体现。然而，这并不意味着宗教内涵越丰富，其载体（作品）所含的艺术价值越高，而是恰恰相反，因为宗教的内涵会在相当程度上扭曲人的自由意志，并制约了它随心所欲的自我表达。简言之，在新石器时代的环三峡地区，自然威压的强大与原始先民抗衡力量的弱小是当地巫文化发达的重要原因，也是当地原始艺术早熟的原因。但是，这种早熟并非按照艺术的初衷——表达人类的审美愿望在进行，正如这些石雕人像，成了当地先民用以平衡其更好地生存的心理、在想象中征服自然的特殊形式，因此仅就"审美"而言它们是错位的，至少从美学的

---

① ［英］J. G. 弗雷泽：《金枝——巫术与宗教之研究》，汪培基、徐育新、张泽石译，商务印书馆2019年版，第25页。
② 邓福星：《艺术前的艺术》，山东文艺出版社1986年版，第114页。

角度看是如此。

环三峡地区新石器时代石质人像表达的巫术内涵是显而易见的，无论为了繁衍后代的祈祷，还是出于达到某种目的的期盼或对人与大自然神秘关系的解释。有意思的是，原始巫术的实施与传播往往会借助艺术的形式去增加它的魅力。基于此，这些石质人物雕像便成了我们今天解读该地区巫文化现象的重要桥梁。三峡地区原始宗教的早熟有力地促使了当地石质人像雕刻艺术的成长。

第四节　石雕人像与早熟的原始宗教

在环三峡地区的新石器时代遗址中，原始宗教现象（巫文化）不但显而易见而且源远流长，该传统或可上溯至旧石器时代晚期的奉节鱼复浦遗址（距今 10000—8000 年）。① 在继后的整个新石器时代，当地的原始宗教文化被进一步扩大，并"绑架"着艺术一道发展。

环三峡地区人类历史悠久，重庆三峡地区是探寻人类起源的重点区域。从 1949 年到 2009 年，发现的古人类化石地点有 6 处，旧石器地点近 100 处，新石器时代遗址约 80 处。② 其人类文化基因的连绵不断决定了当地宗教文化的早产与早熟，该现象以新石器时代当地先民丧葬形式的发展变化最具说服力。丧葬的出现本身就意味着原始先民来世思想的萌芽，而埋葬方式的复杂化（直肢葬、屈肢葬、侧身葬、仰身葬等）表明巫师改变死者未来的目的与方式的变化。在三峡的腹地巫山，属于新石器时代的"大溪文化"遗址，有近 200 座墓葬埋葬方式

---

① 在重庆奉节的鱼复浦遗址，人们发现了有规律排列的红烧土（火塘）堆积 12 处和陶片。参见《重庆库区考古报告集：1997 年卷》，科学出版社 2001 年版，第 157 页。前者被认为可能是先民原始宗教活动的痕迹，后者则为三峡地区发现时间最早的陶片。

② 重庆文化遗产保护中心、重庆市文物考古所：《重庆考古 60 年》，《四川文物》2009 年第 6 期。

的演变①显示出其丧葬思想（宗教观念）的不断深化。与此同时，在"大溪墓地还发现用鱼和龟随葬的现象"②，在当地以多种动物殉葬的巫术透露出丧葬目的与动机的日益深刻化。在此，针对"死"的巫术与我们之前讨论的生殖崇拜恰好形成了原始先民应对生死矛盾的两个面，活着佩着人面石像（神像），死后亦将其带入坟墓里。

古文献中对三峡地区巫师的早产已成为共识。据《山海经》载："有灵山，巫咸、巫即、巫朌、巫彭、巫姑、巫真、巫礼、巫抵、巫谢、巫罗十巫，从此升降百药爰在。"③袁珂认定"灵山"亦即巫山，杨绪泽亦在"巫溪及古巫咸、巫臷国名考"④中做了专门考证。许慎《说文解字》释巫与觋："祝也。女能事无形，以舞降神者也。象人两褎舞形。与工同意。古者巫咸初作巫。凡巫之属皆从巫。""觋能齐肃事神明也，在男曰觋，在女曰巫。"⑤此语至少点明了三个问题，一是在远古，巫师就包括男女两种性别，二是巫与觋的职责就是从事与"无形"（鬼神）相关的活动，三是许慎确认最早的巫师就是巫咸。马克斯·韦伯在区分祭司与巫师的细微差别时指出："我们可能会将那些以崇拜的方式来影响神的职业人员称为'祭司'，以区别于用巫术性手段来强制'鬼怪'的巫师。"⑥可见两者相较，作为巫师在面对自然力时更为强调人的主观能动性。研究表明，上古时代的巫师往往就是当地的王者与智者，如华夏传说中的三皇五帝。

原始先民崇拜的对象是多方面的，其中对太阳的崇拜十分重要。研

---

① 邹后曦、袁东山：《重庆峡江地区的新石器文化》，载重庆市文物局、重庆市移民局编《重庆·2001三峡文物保护学术研讨会论文集》，科学出版社2003年版，第36页。
② 朱世学：《三峡考古与巴文化研究》，科学出版社2009年版，第11页。
③ 沈薇薇：《山海经译注·大荒西经》，黑龙江人民出版社2003年版，第180页。
④ 巫溪县志编纂委员会编：《巫溪县志》，四川辞书出版社1993年版，第721—723页。
⑤ （汉）许慎：《说文解字》，中华书局1963年版，第100页。
⑥ ［德］马克斯·韦伯：《宗教社会学、宗教与世界》，康乐、简惠美译，广西师范大学出版社2011年版，第37页。

究认为,在原始部落"对太阳的崇拜是极为普遍的,因为太阳为人们带来光明和热,是人类不能离开的生存和生活的前提"①。该现象在环三峡地区尤为突出,据郦道元《水经注》载:"自三峡七百里中,两岸连山,略无阙处,重岩叠嶂,隐天蔽日,自非停午夜分,不见曦月。"②北魏时期尚且如此,在原始社会亦当更胜一筹。在上述环三峡地区的石质人像雕刻中,除前述图5-6、图5-8明显表达了对生殖女神的崇拜外,大都与太阳相关。其中,"祈祷人物坐像"与"东门头人物刻像",均采用不同的方式表达了巫师与太阳的关系;而大溪文化中的人面饰,其身份很有可能就是太阳神本身。林耀华认为,当进入原始社会的后期,人类整体上已经摆脱以采集与狩猎为主的生产方式,而普遍发展起原始农业与畜牧业生产。原始农业使人类对天体、气象的依赖也更为明显,因此这时的"人们对天体的崇拜也更为兴盛"③。与此相应,定居于环三峡河谷台地、密林之中的原始先民或农耕或捕鱼或晒盐,他们对光明和温暖的追求应该是更为强烈的。

通过对环三峡地区的石质人像雕刻与当地原始宗教关系的讨论,进一步深化了我们对自然力与人类思维关系的认知。环三峡地区是我国长江流域人类文明的重要发祥地之一,有着从旧石器时代到新石器时代成序列且一脉相承的文化;无论从考古发掘还是从文献记载看,这里的人类宗教文化不但成熟早,而且内涵丰富。也正因如此,才促成了当地以石质人像雕刻为代表的原始艺术的早熟,它们以生殖崇拜、太阳崇拜为主,以神灵或巫师的形象为载体,以传递种族繁衍、求福、辟邪、感恩等信息为目的,并且相较之下,这些石雕人像的工艺水准还领先于当时

---

① 陈麟书编著:《宗教学原理》,四川大学出版社1986年版,第101页。
② (北魏)郦道元:《水经注全译》(下),陈桥驿等译注,贵州人民出版社2008年版,第852页。
③ 林耀华主编:《原始社会史》,中华书局1984年版,第408页。

国内多数地区。而从本质上看，这种由原始宗教在生产劳动中催生的艺术形式也真实地展现了当地先民对强大自然力的认识，虽然理性不足却不乏智慧和勇气。

小　结

综上所述，通过对环三峡地区系列新石器时代石质人像雕刻的探究，我们得出以下四点认识：第一，环三峡地区是我国原始雕刻艺术最早产生的主要地区之一，其区域特色十分明显；第二，环三峡地区的石质人像雕刻无论在工艺技术还是形象构思上，均体现出同时期较高的水准和成熟度；第三，环三峡地区的石质人像雕刻以生殖崇拜与太阳崇拜为主，男女巫师是实施该崇拜的主角；第四，环三峡地区石质人像雕刻艺术的相对成熟与当地巫文化的源远流长和高度发展关系密切。概言之，环三峡地区的石质人像雕刻既具有同时代原始雕刻的共性，又不乏长江中上游文明的自身特点，它们折射出当地先民在意识形态上与自然抗争的智慧与勇气，在我国的原始艺术史上是值得重视的一页。为此，我们有责任加强对该领域的关注与研究。中国人自古强调人与自然环境的和谐"人者天也"（《礼记·礼运》），天人合一的观念被全世界大多数原始民族拥有，在环三峡地区的石质人像雕刻中，我们不仅领悟到他们天人合一的世界观，也感受到当地先民的社会关系。

第六章

环三峡地区远古巫文化在古文献中的体现

提　要： 环三峡地区的巫文化较早产生并特征显著，继后该地区的巴、楚、蜀、秦等古国亦巫风盛行，相关的记载我们在不少史籍与文献中能够见到。这些由后人记录的资料与今天当地考古发掘体现出来的巫文化现象往往能够相互印证。在本章里，我们主要着眼于梳理与环三峡地区巫文化相关的古文献，并力图从史料中查找当地巫文化的产生与发展线索。通过对涉巫之古文献、古文献中的巫师和古文献中巫师的活动这三个相互关联问题的探讨，解析环三峡地区的远古巫文化现象。

巫师理政及巫术盛行是原始社会普遍存在的现象。在远古时代巫师的作用是十分明显的，他们不仅是当时部落群体的领导者，也是其思想的指导者，巫术则是这些智者率众谋生的重要手段，所谓"三皇五帝"便是他们的杰出代表，是名垂千古的大巫师。占卜其实是远古巫师普遍的思想诉求方式，并非法国汉学家汪德迈所谓中国思想最初以一种极为讲究的占卜方程式为导向，即巫师（萨满）将巫术信仰理性化为占卜学；在西方，以希腊—拉丁并犹太—基督教为代表，其思想最初是以宗教信仰为导向。① 因为无论在东方还是西方，巫文化都是宗教产生的前提，都离不开巫师的占卜，只是方式方法不同而已。在中国进入文明社会之后，占卜活动亦被长期保留下来，活动本身及其结果也被文字记录，最终作为族群的共同记忆而保留于文献中。

第一节 古文献关于环三峡地区涉巫记载

基于巫文化在远古时期的重要作用，与"巫"相关的文字应该是最早产生的一批。早期它表现为在新石器时代彩陶上的刻画符号，继后则是殷商时期甲骨文中的"巫"以及与"巫"相关的语句，而诸如"卜""祀""祭""祝"等字眼也于当时普遍产生。② 在秦、汉的竹简中，也不乏"祀""祭""神""祇"等涉巫的字眼。③ 作为远古人类沟通自然界的重要媒介，巫师及其巫术曾于古代社会普遍存在，并起着重要作用，因此在古代典籍中，涉巫的文献众多。李秀强在《中国文学的源头是巫术》中分别就原始巫术与诗歌、辞赋、散文、小说的密切关系进行了探讨，他认为原始巫术是中国文化的核心根源，它对我国早期文字、宗教、礼乐、文学艺术与哲学的形成、发展影响深刻，"如若脱离或忽略了这个文化核心，中国文学便会成为无本之木"④。他的话不无道理。在中国古代典籍中涉巫的文献不胜枚举，如《易经》就是一部卜筮之书，它集巫文化之大成；《礼记》的章法中亦莫不贯穿巫教的礼

---

① [法]汪德迈：《中国思想的两种理性：占卜与表意》（修订版），[法]金丝燕译，中国大百科全书出版社2020年版，第1页。
② 徐中书主编：《甲骨文字典》，四川辞书出版社1990年版。
③ 张守中主编：《郭店楚简文字编》，文物出版社2000年版。
④ 李秀强：《中国文学的源头是巫术》，《中国社会科学报》2020年8月26日第10版。

教思想；《诗经》里也有不少为祭祀而创作的作品，而在其他诸经、祈祷、星占与祭祀等巫事活动也多包含巫文化。记述古代环三峡地区涉巫之古文献，主要以《山海经》为代表，《楚辞》亦与之有着很深的关联，而其他诸如《华阳国志》《史记》等史籍和上古之巫书《故记》《琐语》中亦不乏对该地区先民尚巫传统的记载。

《山海经》中记载了不少古代环三峡地区的巫文化信息。鲁迅认为，《山海经》是一本巫书性质十分明显的古籍（见图6-1）。中国的古代神话传说主要散见于不同古籍之中，而在十八卷的《山海经》传本里记录了诸多海内外山、川、神祇、异物及祭祀现象，"所载祠神之物多用糈（精米），与巫术合，盖古之巫书也，然秦人亦有增益"[①]。袁珂先生亦在对该书性质做了深入分析后指出，"《山海经》匪特史地之权舆，乃亦神话之渊府"，该书"和巫术很有关系"[②]。蒙文通在《略论〈山海经〉的写作时代及其产生的地域》中，针对《山海经·大荒经》所述内容提出如下观点：一是该部分记的神怪最多，应为时代最早、文化更落后地区的材料；二是在《山海经·大荒经》五篇里曾四次提到了"巫山"；三是《山海经》中对"巴国""巴人"的记载也仅见于《山海经·大荒经》，据此他认为："《山海经·大荒经》部分可能就是巴国的作品。"[③] 学者蔡靖泉亦肯定地说，从20世纪80年代至今，"许多作者在博征文献的基础上，又结合出土的大量楚文物丛征细辨，充分证实了《山海经》是一部楚地的'巫以记神事之书'"[④]。《山海经》在形成的过程中无疑吸纳了巴、楚两地巫师的观点和著述，

---

① 鲁迅：《中国小说史略》，载《鲁迅全集》（第9卷），人民文学出版社1981年版，第18—19页。
② 袁珂校注：《山海经校注》（序），上海古籍出版社1980年版，第1页。
③ 蒙文通：《巴蜀古史论述》，四川人民出版社1981年版，第140—150页。
④ 蔡靖泉：《楚巫文化与中国神话》，载《楚俗研究》（第二集），湖北美术出版社1995年版，第283页。

是我们考察古代该地区远古巫文化的重要文献。该书与古人笃信万物有灵、天人感应的原始宗教观念紧密相系，其原文或经巫师（文字的掌握者）之手而成，在记事的同时宣扬巫术的法力和巫师的神通广大。

图6-1 《山海经·大荒南经》明刻本插图·巫载国民

此外，如《淮南子》（见图6-2）和《故记》《琐语》等，亦是叙录神话较为丰富的古籍或具有实际操作性质的巫书，它们或预言凶事，或记录异闻传说。下以与《故记》《琐语》相关事例述之。

《故记》作者不详，其书已无存。《吕氏春秋》中曾提及该书所述涉巫之事："荆庄哀王猎于云梦，射随兕，中之。申公子培劫王而夺之。王曰：'何其暴而不敬也？'命吏诛之。左右大夫皆进谏曰：'子培，贤者也，又为王百倍之臣，此必有故，愿察之也。'不出三月，子培疾而死。荆兴师，战于两棠，大胜晋，归而赏有功者。申公子培之弟进请赏

图6-2 光绪二年《淮南子》

于吏曰：'人之有功也于军旅，臣兄之有功也于车下。'王曰：'何谓也？'对曰：'臣之兄犯暴不敬之名，触死亡之罪于王之侧，其愚心将以忠于君王之身，而持千岁之寿也。臣之兄尝读故记曰：杀随兕者，不出三月。是以臣之兄惊惧而争之，故伏其罪而死。'王令人发平府而视之，于故记果有，乃厚赏之。"①虽然吕不韦转载该篇意在宣扬忠君思想，但由此可见《故记》的巫书内涵及其产生的影响。该故事在楚史《梼杌·兕射第十八》中亦有载。不猎随兕（小犀牛）的潜规则大概源自上古之先民从长计议保护物种以备不时之需，遂以恐吓之语记录之。

据《辞源》对《琐语》的介绍为："书名。《晋书·束晳传》：太康二年，汲郡人不准盗发魏襄王墓（或言安釐王冢），得竹书数十车，其中有《琐语》十一篇，为卜梦妖怪相书。"②史载魏襄王薨于公元前

---

① 参见（战国秦）吕不韦等《吕氏春秋·至忠》，另，（汉）刘向《说苑·立节》中亦有："臣之兄读故记曰：'射科雉者，不出三月必死。'"之说，这里的随兕（随母之兕）与科雉（始出科之雉）皆指幼小生物。
② 《辞源》，商务印书馆1995年版，第1123页。

296年，该书应出自此前。其内容为记录名人预言，或占卜预言得应验之事的巫书。该书曾载晋平公梦赤熊窥屏而患疾的故事，子产为晋平公释梦，说过去共工有一个叫浮游的大臣，因败于颛顼而自沉身亡，变成红色的熊的模样经常害人，"见之堂则王天下者死；见堂下，则邦人骇；见门，则近臣忧；见庭，则无伤。窥君之屏，病而无伤"[1]，你因赤熊窥屏而病，只需要祭祀颛顼与共工则可以痊愈。在这里，无论"释梦"还是"圆梦"，所记故事均与巫事相关，可见《琐语》的巫书性质。史载打败浮游的颛顼是楚王的祖先，屈原亦在《离骚》中自称为帝颛顼之后。

我国涉巫之古文献众多，在《楚辞》《华阳国志》《史记》《汉书》《左传》《后汉书》《吕氏春秋》等古文献中，均有不少涉及环三峡地区远古巫文化现象的记载。它们为我们了解和研究当地的巫文化提供了较为丰富的材料。

古文献中涉及环三峡地区的材料以最早古籍《山海经》为主的事实，又恰好说明该地区巫文化的源远流长。以其为主，结合其他相关史籍、神话、传说、巫书等文献资料，我们能够或多或少地了解该地区远古巫文化状貌。

第二节　古文献中描述的环三峡地区巫师

《山海经》是我国最早的神话古籍，其所述或为巫觋的传说，或为其所施巫术的解释，或为鬼神的故事。在该书中，巫师是被视为能够沟通天地、鬼神的人，即为《说文解字》中"能齐肃神明者，在男曰觋，

---

[1] 宋公文、张君：《楚国风俗志》（十一·占卜篇），湖北教育出版社1995年版，第468页。

在女则巫"① 的一群；他们具有祈祷、服务、请降神灵的职能，只是时代更为古老。《山海经》称，在灵山住着"十巫"，他们巫姓分别以咸、即、盼、彭、姑、真、礼、抵、谢、罗为名②（见图6-3）。书中说他们以巫咸为首领建国，而"巫咸国，在女丑北，右手操青蛇，左手操赤蛇，在登葆山，群巫所从上下也"③。对该书所述"灵山十巫"的处所巫咸、巫咸国及灵山诸巫的身份考证如下。

图 6-3　袁珂校注：《山海经校注》（上海古籍出版社 1980 年版）

第一，关于"灵山""登葆山"。袁珂在《山海经校注·大荒西经》中称"灵山即巫山"。一则《说文解字》有"灵，巫也，以玉

---

① （汉）许慎：《说文解字》（卷五·巫部），中华书局1981年版，第100页。
② 袁珂校注：《山海经校注·大荒西经》，上海古籍出版社1980年版，第396页。
③ 袁珂校注：《山海经校注·大荒西经》，上海古籍出版社1980年版，第219页。

事神"之谓，又因为"灵"的繁体字"靈"与"巫"古为同一个字。又，登葆山就是宝山（属巫山山脉），葆即珍贵，与宝通。登葆山因产盐及灵药而得名，为今巫溪之宝源山。① 史载："宝源山在县北二十五里，气象盤蔚，大宁诸山唯此独雄，山半有石穴，出泉如瀑，即咸泉也。"② 当地丰富的宝藏盐与丹砂等，正是以巫咸为首的群巫"从此升降"的根本原因。笔者试梳理其逻辑关系为：先有物产丰富的宝源山（登葆山），后因群巫聚众于此掌握了"上天赐予"的宝藏而称灵山，而当灵山（巫咸山）因巫咸而名扬天下时，登葆山名遂无闻。所以"登葆山"（灵山）的存在是巫师得以产生的基础。

第二，关于"巫咸"。从《山海经校注·大荒西经》看，巫咸位列灵山"十巫"之首，足见其重要。由《世本·作篇》载"巫咸作筮"，可见巫咸的职能主要以施巫术彰显，进而《说文解字》有"古者巫咸初作巫"一语，则表明他被认为是最早的巫师。对巫咸通神、降神的本领，楚人长期以来是深信不疑的，在战国时期屈原的《离骚》中还有"巫咸将夕降兮……九疑将缤其并迎"之说。史载巫咸曾为神农和黄帝主筮，③ 又为帝尧医师，④ 甚至是殷中宗的贤臣，一作"巫戊"。"巫咸治王家有成，作《咸艾》，作《太戊》。"⑤ 在此，我们注意到不同文献中的"巫咸"居然历经了炎黄、尧舜、殷商三个从传说到正史记载的时期，其间其所事雷同，但时间相异。考其究里，笔者认为可能原因有三：一是因巫师之职世袭，巫咸的后代传承了他的名号；二是巫咸

---

① 汤绪泽：《巫溪及古巫咸、巫载国名考》，载巫溪县志编纂委员会编《巫溪县志》，四川辞书出版社1993年版，第722页。
② （明）李贤、彭时等纂修：《大明一统志》（卷之七十·夔州府），巴蜀书社2018年版，第4381页。
③ （宋）李昉等：《太平御览》（卷七九），中华书局1985年版，第367页。
④ （宋）李昉等：《太平御览》（卷七二一），中华书局1985年版，第3194页。
⑤ （汉）司马迁：《史记》（卷三·殷本纪），中华书局1973年版，第100页。

一词后来成了专为王室从事巫术活动的巫官名；三是史籍文献的以讹传讹所致。但是无论如何，巫咸是第一位巫师，也是巫山众巫之首，这两点则是公认的。

第三，关于巫咸国。袁珂认为："巫咸国者，乃一群巫师组织之国家也。"① 这里所谓的国家，应为原始部落后期向国家产生的过渡阶段，即"酋邦"时期，粗具了一些国家的功能，如强权、原始宗教的出现等。巫咸国名的由来或与盐有关，在《说文解字》中便有"盐，鹹（咸）也"的解释；又任乃强有"鹹字古原作咸，加心，为感觉之感，加水，味则减，为减退之减"（《华阳国志校补备注·说盐》）的判断。依据《舆地广记》中"故北井县（今巫溪）有巫溪咸泉"的记载，汤绪泽得出了"巫溪咸泉所在地的今巫溪县在唐尧时为巫咸国本土，巫溪咸泉所出之宝山（登葆山）即巫咸国首会所在地，看来巫盐开发始于巫咸国之时"②的观点。在此有两层意思，一是国名因盐而取，二是处所就在巫溪附近。在多数学者看来，巫咸是以巫控盐、以盐立国的。

第四，关于巫山诸巫。在《山海经》中不同部分出现了共十五位巫师，他们是：巫咸、巫即、巫盼、巫彭、巫姑、巫真、巫礼、巫抵、巫谢、巫罗（《山海经·大荒西经》），巫阳、巫履、巫凡、巫相（《山海经·海内西经》），以及巫载（《山海经·大荒南经》）。此外，还有《世本·氏族篇》"廪君之先"为巫诞之说，据管维良考证，"载"按照郭璞所注：音秩，亦音替。但是"替、旦双声，旦、诞同音"又为作注者所公认。《山海经》载，虞舜曾派其子无淫至三峡地区做巫盼氏族的首领，后来他们将巫咸的部落联盟首领地位取而代之，建立了巫载

---

① 袁珂校注：《山海经校注·大荒西经》，上海古籍出版社1980年版，第219页。
② 汤绪泽：《巫溪及古巫咸、巫载国名考》，载巫溪县志编纂委员会编《巫溪县志》，四川辞书出版社1993年版，第722页。

国,并以盐兴斄创造了盛极一时的"巫斄文化"。① 诸巫当为居于大巫山各原始部落的首领,他们各具优势、占山为王,如"巫斄民,朌姓。食谷,不绩不经,服也;不稼不穑,食也"(《山海经·大荒南经》)。从其不绩不经、不稼不穑而生活富足来看,可能以贩盐经商为业,从时间先后上看巫斄国此时可能已经取代了巫咸国在宝源山一带的统治。此外,巫山还盛产药物,巫彭因率众在此采药、炼丹而另具优势,于是有了"治病工也……古者巫彭初作医"② 之说。巫山诸巫的存在表明,在远古巫巴山地存在着大大小小的原始社会组织,它们生生不息地延续着。

巫师之于社会的重要意义是不言而喻的,自古以来该职位亦非常人能够胜任。春秋时期,楚国大巫师观射父,曾这样诠释自己的职业:"民之精爽不携贰者,而又能齐肃衷正,其智能上下比义,其圣能光远宣朗,其明能光照之,其聪能听彻之。如是则神明降之,在男曰觋,在女曰巫。"③ 在楚国,多由王公贵族子弟出任占尹、卜尹之官。聪慧、精明及较高的修养是为巫之本,该传统无疑源自远古。

巫师在古代环三峡地区的影响是深远的,从述及巴人的文献中我们还看到巫师在当地的崇高地位和权威。在《山海经》中我们读到:"夏后启之臣曰孟涂,是司神于巴,(巴)人请讼于孟涂之所,其衣有血者乃执之,是请生。"④ 在这里,孟涂治巴,显然是以大巫师的身份,他拥有神权。又如,巴族五姓首领在武落钟离山结盟时,将竞争部落首领

---

① 管维良:《三峡巫文化》,载《重庆巫文化学术研讨会会议论文集》2010年版,第9页。
② (汉)许慎:《说文解字》(卷十四·酉部),中华书局1981年版,第313页。
③ (汉)刘向:《国语·战国策》(卷十八,楚语下),李维奇标点,岳麓书社1988年版,第160页。
④ 袁珂校注:《山海经校注·海内南经》,上海古籍出版社1980年版,第277页。

的比赛称为"争神"。再如，当廪君逆清江而上到达盐水之时，这里的统治者亦称"盐水神女"。① 这些"神男"或"神女"实即"通神"的巫师，他们受神青睐、替神传旨意，因其具有异于常人的法力便自然成了首领。至今在巫巴山地的巴人后裔土家族中，尊称本族巫师为"梯玛"，"梯玛"意即领头人，在处理内部事务时他们的话语权堪比当地的行政官员。

第三节 古文献中的环三峡地区巫师活动

由上，我们对巫师及其在古代社会的地位有了初步的了解。下面我们主要讨论两个问题：第一，介绍远古灵山十巫的活动；第二，述及该活动在古代环三峡地区主要居民所在之巴、楚境内的延续。

一 文献中"灵山十巫"的活动

巫师是古代世界拥有权势的智者，其活动包括思想意识与巫术两个方面。这里讨论主要围绕古文献中所述巴、楚两地巫师的活动展开，其中既要探讨他们对原始崇拜形成的作用，又要介绍他们采取的具体实践，即所谓利用虚构的"超自然的力量"来实现某种愿望而实施的各种法术。

文献中以巫咸为首的十巫是居住在灵山的，说他们"从此升降，百药爰在"（《山海经·大荒西经》）。即强调他们的重要工作包括了在山上山下采"神药"，而对诸巫"夹窫窳之尸，皆操不死之药"（《山海经·海内西经》）的描述则表明他们是很会用药的，此亦与"古者巫彭初作医"（《说文解字》）之说相呼应。该现象表明诸巫在

---

① （南朝宋）范晔：《后汉书·南蛮西南夷列传》（传九卷八十六），（唐）李贤等注，中华书局1975年版，第2840页。

当地活动频繁，控制百药且用药为民治病当是其重要的巫术活动之一。又，被群巫遵从的巫咸"右手操青蛇，左手操赤蛇"（《山海经·海外西经》），可能为其作法时的状貌。从文献中"昔黄帝与炎帝争斗涿鹿之野，将战，筮于巫咸"（《太平御览七九》引《归藏》）看，巫咸在占卜方面享誉一时。这也应了"古者巫咸初作巫"（《说文解字》）之谓。这表明诸巫以占卜、作法的形式履行其神权，是其在当地的重要活动之二。可见，实施与民排忧解难和为神传旨意两大功能，确立了远古巫师在巫山地区的至高地位，由此便有了各巫姓国家的发展和繁荣。

二　远古巫文化对巴、楚的影响

（一）远古巫文化对巴人的影响

从孟涂司神于巴（《山海经·海内南经》），"廪君之先，故出巫诞"（《世本·氏族篇》），可见巴人可能是巫巴山地的原住民。古代巴人通晓巫术当有传统可循，其人祀血祭和獭祭彼崖两种方式，便是其巫师重要的巫术活动。

以人祀血祭白虎。以人作牺牲，杀之以祭祀氏族图腾称为人祀血祭。在史书中就有"廪君死，魂魄世为白虎。巴氏以虎饮人血，遂以人祀焉"[1]的记载。传说中，巴人的首领廪君死后化为白虎，在巴族的故乡，今湖北省宜昌市长阳县不仅保留有"白虎陇"地名，至今还流传着廪君化虎的故事，首领廪君便是巴人的名祖。罕见的白虎被视为神灵，先祖化白虎便是升仙，因虎吃人，于是需要用人血祭白虎，这是顺理成章的逻辑推论。在发现的巴蜀图语中，亦有"人手祭虎"的图符。

---

[1]　（南朝宋）范晔：《后汉书·南蛮西南夷列传》（传九卷八十六），（唐）李贤等注，中华书局1975年版，第2840页。

巴人巫师"人祀血祭"的巫术所要达到的目的是明显的——通过该方式求得化神先祖的庇佑。巴人的这种人牲血祭习俗，在其后裔土家人居住的巫巴山地长期流行，后经逐渐演变，改为巫师破头皮、滴血为祭的象征性方式。廪君名务相，"后世以'相''讹向'，尊廪君为'向王天子'，立向王庙'尸而祝之'。明清间，县境先后建有向王庙44座"①。香火祭祀先祖亦即巫术的延续。

用獭祭方式奉祖先。这是汉晋时盛行的巴人巫师祭祀祖先的巫术活动，文献中亦有巴人的奠祭祀诗："惟月孟春，獭祭彼崖，永言孝思，享礼孔嘉。彼黍即洁，彼牺维泽，蒸命良辰，祖考来格。"② 这一祭祀祖先的传统方法就是向在崖穴中栖息的祖先灵魂献祭。我们仅从"永言孝思"与"祖考来格"两句便可明白獭祭巫术的主要目的——追思与尽孝。这种以獭祭祀祖的习俗在当时颇为流行，在《汉书》中亦不乏记载，该习俗从文化中心的中原地区向四面八方扩散，"獭，水居而食鱼，祭者，谓杀之而布列以祭其先"③（唐·颜师古注）。獭祭是否为巴人最初的祭祀方式，笔者不便断言；或如文献所言，是由中原"旁及四夷，莫不修之"的结果。从《华阳国志·巴志》可见，巴子国时，人民选择良辰吉时，如獭祭，一般罗列美食祭祀祖先的习俗已经存在了。

廪君化白虎明显是巴人巫师为达政治、宗教目的编出来的一套神话，血祭白虎和獭祭彼崖则是其为了实践其祭祀活动而具体实施的巫术。古代巴人巫师的巫术活动无疑在古文献中得到了体现。

---

① 湖北省长阳土家族自治县地方志编纂委员会编纂：《长阳县志》，中国城市出版社1992年版，第670页。
② （晋）常璩：《华阳国志》（卷一·巴志），刘琳校注，巴蜀书社1984年版，第28页。
③ （汉）班固：《汉书·郊祀志》（第五上），（唐）颜师古注，中华书局1975年版，第1189页。

（二）远古巫文化对楚人的影响

楚之先民由中原而南迁，于商时在汉水边的荆山立国，继后又因逃避殷人的讨伐迁至环三峡地区秭归附近的丹阳，时间在商末周初。楚先民之固有的巫文化与迁徙地的自然、人文环境相碰撞，催生了楚文化与中原文化截然不同的奇幻、神秘与浪漫。随着商周时期楚国的强大与活跃，使楚文化形成为足以与中原文化相抗衡的局面。史籍中对楚人的故事记载也明显多于巴人，其中亦包括他们尚巫的文献。刘玉堂、贾继东对楚国巫师的活动有过较专门的探讨。[1] 楚巫的特征也是明显的，他们神化自然为我所用、神化祖先为众所崇、但逢大事祭祀为先。

神化自然为我所用。首先，他们推出了日神兼农神炎帝（东君）和火神兼雷神祝融（云中君）为主神供人崇奉，其中炎帝的地位高于祝融，于楚墓（湖南省长沙市子弹库）出土的帛书上便明确写有"炎帝乃命祝融以四神降"。在《山海经》中的《海内经》和《大荒西经》里提及祝融的出处为炎帝或黄帝之后，均强调其德继三皇的能耐："谓之祝融何，祝者属也。言能属续三皇之道而行之。"[2] 地位稍低于炎帝、祝融的是大、少两司命，他们掌握人的寿夭。至战国时期楚巫师又将信仰与君权相结合，创造了最受尊崇的"东皇太一"，屈原《东皇太一》（见图6-4）中即有："吉日兮良辰，穆将愉兮上皇"之句，释："上皇即东皇太一，为诸神之中神位最高之神。"[3] 太一为星名，祠在楚东，故称东皇。它居于太微，宛若楚王居于郢都。我们还注意到，

---

[1] 刘玉堂、贾继东：《楚国的祭祀之礼》，载《楚俗研究》（第二集），湖北美术出版社1995年版，第37—47页。

[2] （汉）班固：《白虎通一》，载《百子全书》（卷六），浙江人民出版社1984年版，第5页。

[3] 周啸天主编：《诗经楚辞鉴赏辞典》，四川辞书出版社1990年版，第977—978页。

在楚国神话中东皇太一兴起的同时，古老的日神炎帝与雷神祝融也趋于人格化，摇身成了日神东君和云中君。杜撰这一切的正是楚国的巫师。

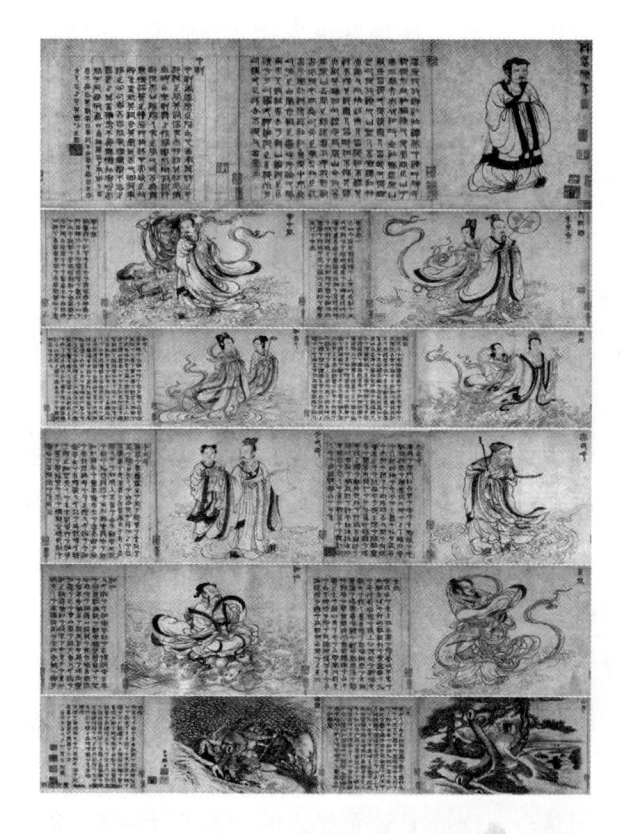

图6-4　元代张渥临李公麟《九歌图》（吴叡书辞卷，28厘米×602.4厘米，上海博物馆藏）

神化祖先为众所崇。在古代社会的发展历程中，那些为氏族立下过赫赫之功的祖先，其业绩往往会成为群体的共同荣誉和财富。出于对伟大祖先的缅怀和基于灵魂不灭观念下对祖先护佑的渴望，也包括显耀自己血脉高贵的需要，权势拥有者往往自己或通过属下巫师将其曾经功劳卓越的祖先神化。在楚国，最明显的例子就是楚巫师对吴回、鬻熊的神化,从《史记》看,"祝融"一名被引入官职是在帝喾高辛之时,当时楚先祖重黎曾"为帝喾高辛居火正,甚有功,能光融天下,帝喾命曰祝融"。后重黎因伐共工不力被诛,"而以其弟吴回为重黎后,复居火正,为祝融"①。于是,"祝融"不但取代了"火正"(火官)之名,且成了重黎、吴回等楚人祖先的代名词。又如,(汉)高诱在为《吕氏春秋》中"其帝炎帝,其神祝融"一句作注时说:"祝融,颛顼氏后,老童之子,吴回也,为高辛氏火正,死为火官之神。"② 由此神与人合而为一了。再如,鬻熊因有赫赫之功于周而在楚被尊为神,"周文王之时,季连之苗裔曰鬻熊。鬻熊子事文王,蚤卒"③。鬻熊曾为文王之师,"至鬻熊知道,而文王咨询,余文遗事,录为《鬻子》"④。而夔国之君夔子对此不甚了然,他不但不祭祀祝融与鬻熊,而且针锋相对曰:"我先王熊挚有疾,鬼神弗赦而自窜于夔,吾是以失楚,又何祀焉?"⑤ 夔子对祖上失去了在楚国的权利而耿耿于怀,最终楚师灭夔,夔子被俘。楚灭夔国,因夔子不敬楚祖便是一个堂而皇之的理由。我们从包山二号楚墓竹简列享祭祀者名单中看到,不仅包括先祖老童、祝融、鬻熊,先王熊绎、武王、昭王等人亦位列其中。

但逢大事祭祀为先。楚人崇拜自然,遇事多祭祀、占卜,其宗教仪式上自然少不了巫师的巫术活动,但祭祀是有规矩的。楚昭王患疾时,曾以"三代命祀,祭不越望。江、汉、睢、漳,楚之望也。祸福之至,不是过也"⑥ 为由不祭河而祭之于郊,体现出君王对所祭对象的严格把握。而楚共王欲从宠子五人中选择冢适(嫡长子)继承王位时,亦求

---

① (汉)司马迁:《史记》(卷四十·楚世家第十),中华书局1973年版,第1689页。
② (战国秦)吕不韦等:《吕氏春秋·孟夏》见《二十二子》,(汉)高诱注,上海古籍出版社1986年版,第638页。
③ (汉)司马迁:《史记》(卷四十·楚世家第十),中华书局1973年版,第1691页。
④ (南朝梁)刘勰:《文心雕龙》(诸子第十七),光明日报出版社2014年版。
⑤ (春秋)左丘明:《左传·僖公二十六年》,内蒙古文化出版社2007年版,第163页。
⑥ (春秋)左丘明:《左传·哀公六年》,内蒙古文化出版社2007年版,第744页。

于巫师的巫术活动,"乃遍以璧见于群望(星辰山川)曰:'当璧而拜者,神所立也,谁敢违之?'"① 他希望以遥祭群望的方式试探上苍旨意,求神明指点。显然,楚王祭祀的言行多出于追逐实利的巫术目的,为国王消灾,为王室储后。

当然,以"信巫鬼,重淫祀"② 著称的楚人,其祭祀活动也并非总是灵验。公元前312年楚秦交战,楚怀王于战前让巫师大办祭祀活动,以为稳操胜券,结果仍吃了败仗,史书称其"隆祭祀,事鬼神,欲以获福助,却秦师,而兵挫地削,身辱国危"③。该事例亦从反面证实了楚国统治者对巫师及其巫术的深信不疑。

小　结

在中国,涉巫之古文献俯拾皆是。杨儒宾在述及庄子思想渊源时曾指出,在上古文献中,巫术是思想和文化的背景和底色,虽然随着社会的轴心转型、人文理性的成熟,巫术逐渐褪色,但在诸家学说中仍旧保存了许多巫术文化的内容。他认定"庄子浸润甚深的巫文化乃是燕齐海滨的类型,这是一种典型的萨满教形态的文化"④。综上,笔者通过对环三峡地区涉巫之古文献、古文献中的巫师、古文献中巫师的活动的探讨,得出了三方面认识:第一,在我国有着较多的涉巫之古文献,其中不少所述时代久远且与环三峡地区远古巫文化相关;第二,环三峡地区是我国远古巫师最早产生的地区,他们以巫咸为代表并拥有强大的神

---

① (春秋)左丘明:《左传·昭公十三年》,内蒙古文化出版社2007年版,第585页。
② (汉)班固:《汉书·地理志》(第八下),(唐)颜师古注,中华书局1975年版,第1666页。
③ (汉)班固:《汉书·郊祀志》(第五下),(唐)颜师古注,中华书局1975年版,第1260页。
④ 杨儒宾:《儒门内的庄子》,上海古籍出版社2020年版,第120页。

权；第三，远古时期环三峡地区巫师的活动频繁，其传统影响至后世的巴楚。由于文献中所载巫事受当时环境、思维及表述语言的时代局限，具有明显的象征性，这使它折射出来的真实难以从神话中剥离，因而往往也不易理解，但对它的解读十分必要，有助于我们参照并读懂田野考古发掘传递的远古信息，了解古人的思维本身，从而更进一步探索环三峡地区远古巫文化的核心。

第七章

环三峡地区远古时期巫文化的主要特色

提　要：作为原始宗教的前身，环三峡地区远古的巫文化是我国巫文化发展的重要源泉。研究表明，这里的远古巫文化具有四个显著特色——以"巫"名地，以"巫"立国，"巫"源深厚与"巫"风广传。这些特色体现出来的内涵，明显有别于国内外其他地区的巫文化传统。笔者由此认为，环三峡地区的远古巫文化是中国古代最具典型意义的巫文化之一，且在世界巫文化中具有重要的地位。

在陕西、重庆和湖北三省交界处，四川盆地和长江中游平原间有着连绵数百里的山地，其中以巫山和大巴山为主要山脉，人们约定俗成地称为巫巴山地，连同它的周边合称为环三峡地区。环三峡地区的远古巫文化在我国的巫文化发展史中有着特殊的地位，它以发源早、流传广、影响大而越来越引起学界的重视。然而，时至今日，学界对该地区远古巫文化特色的认识还远未深入，于是便有了我们以下的探讨。

第一节 环三峡地区以"巫"名地的特色

巫文化在我国源远流长,其表现形式也因地域的广袤而显得丰富多彩,但是其中以"巫"命名的地望屈指可数。在以"巫"命名的地望中,又以巫巴山地独占鳌头,该现象尤其令人关注。

笔者注意到,在全国除巫巴山地外,仅几处地名被冠以"巫"字且有据可循。第一,是山东省济南市长清县城西南22千米孝里铺南的孝堂山,据载此山在春秋战国时曾名为"巫山",《左传》中有"齐侯登巫山以望晋师"[①]的记载,此山亦名龟山,自汉代在山上建享堂(相传为汉代孝子郭巨的墓祠,谓之孝子堂),遂将此山称为孝堂山,而巫山之名遂不闻。第二,位于山西省运城市夏县县城2千米白沙河畔的瑶台山,其别名为"巫咸山"。据称夏桀王曾在此修建琼宫瑶台,又谓此山为商代父子名相巫咸、巫贤隐居之所,但对其"巫咸山"之称谓有人认为产生较晚。此外,2000年时人们还在江苏省常熟市虞山西北岭发现了据称是宋代的"巫相岗"崖刻。由此可见,上述诸带有"巫"字的地名就其可考性和延续性上看,均显得不够确切。

然而,仅在环三峡地区的巫巴山地我们就能找到好几处以"巫"为名的地望、水名,有意思的是,这些山水地望之名多起自远古且不少沿袭至今。例如,巫山、巫峡、巫郡(今巫山县)、巫溪……概述如下。

首先是巫山。巫山山脉位于渝鄂交界区,自重庆市巫山县城东大宁河起,至湖北省宜昌市巴东县官渡口止,绵延40余千米,北与大巴山相连,主峰乌云顶海拔2400米。据《巫山县志》(清·光绪十九

[①] 朱宠达:《左传直解》(下册),浙江文艺出版社2000年版,第502页。

年）曰：巫山"一名巫咸山，晋郭璞巫咸山赋，尧时巫咸没，葬于是。山因以巫名"①。又"《战国策》：苏秦说楚威王曰：西有黔中巫郡。盖郡据巫山之险，因以山名"②。由上，我们得到两个答案：一是"巫山"之名源远流长，其得名源于大巫师"巫咸"，二是"巫山"之名的得来更在巫郡之前。巫山成图见图 7-1。

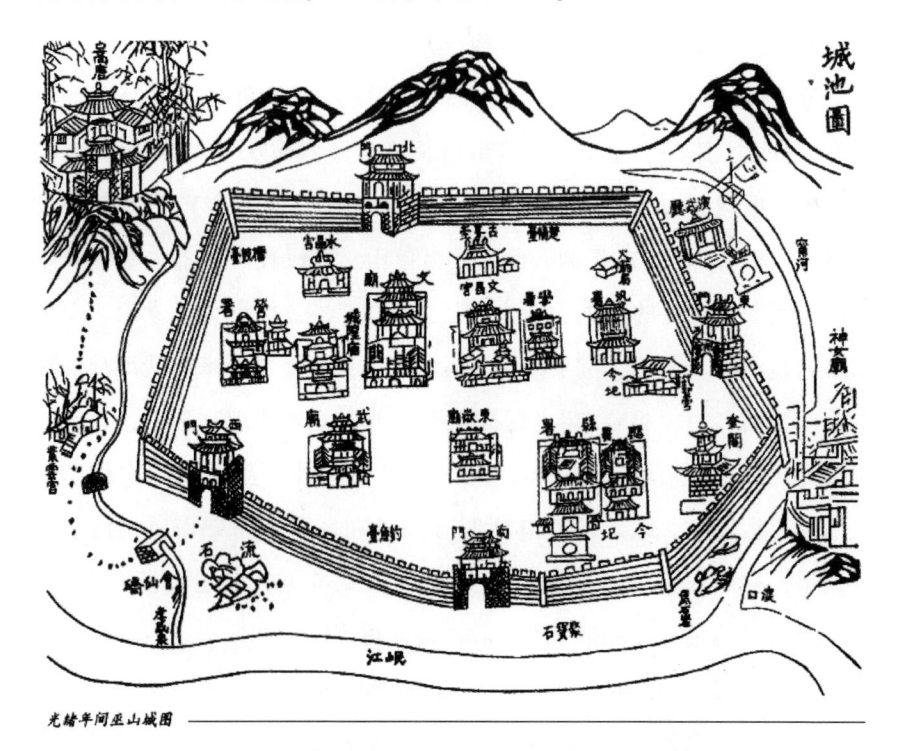

图 7-1 《中国地方志集成（52）·（光绪）巫山城图》

其次是巫峡。巫峡为巫山山脉中一段绵长峡谷，自重庆市巫山县城东大宁河起，至湖北省宜昌市巴东县官渡口止，全长 46 千米。巫峡内

---

① 《中国地方志集成（52）·（光绪）巫山县志》（上册），巴蜀书社、江苏古籍出版社、上海书店 2000 年版，第 304 页。
② （清）顾祖禹：《读史方舆纪要·卷六十六》，王云五编辑，载《万有文库》（第二集），商务印书馆 1937 年版，第 2835 页。

水流湍急、绮丽幽深、云遮雾罩，两岸群峰绵延起伏，气象万千，古歌云：巴东三峡巫峡长，猿鸣三声泪沾裳。"巫峡之名，盖因山以名峡也。"① 该释义引用了北魏郦道元《水经注》、宋范成大《吴船录》等诸书。至今在巫峡中还流传着不少与巫相关的故事。

再次是巫郡。如前所述，巫郡因巫山而得名。巫郡历史悠久，并在诸多史籍中被提及。例如，《史记》中即有"蜀守若伐楚，取巫郡及江南为黔中郡"②。该郡方位据《括地志辑校》："巫郡在夔州东百里。"③（今重庆市巫山县东）究其沿革，战国为楚国巫郡；秦昭襄王三十年（公元前277年）改置巫县；隋开皇三年（583年）改巫山县。《巫山县志》（清·光绪十九年）载："巫山历唐虞三代悉以巫称，迨入战国以来，为郡、为县，代有变更。然昔隶于楚，今统于蜀，巫之名终不易焉。"④ 1949年成立四川省巫山县人民政府；1997年划归重庆直辖市，仍称巫山县。巫郡人自古便有尚巫的传统。

最后是巫溪。今巫溪的含义有二：作为水名，在北魏郦道元《水经注》中早有"江水之东，巫溪水注之"⑤ 的记载，可见其得名甚早。巫溪绕巫山向东，其得名亦当与巫咸有关。又，据嘉庆《一统志》"巫溪自大宁县北界发源，东南流至巫山县，东入大江。今曰大宁河，一曰昌江"⑥。作为县名的巫溪，则源于民国三年（1914年），此前巫溪县称大宁县（明置），考其改名原因，实为避免与山西大宁县（后周置）同

---

① （清）顾祖禹：《读史方舆纪要·卷六十六》，王云五编辑，载《万有文库》（第二集），商务印书馆1937年版，第2836页。
② （汉）司马迁：《史纪》（一），吉林文史出版社2006年版，第36页。
③ （唐）李泰等：《括地志辑校》（卷4），贺次君辑校，中华书局1980年版，第189页。
④ 《中国地方志集成（52）·（光绪）巫山县志》（上册），巴蜀书社、江苏古籍出版社、上海书店2000年版，第293页。
⑤ （北魏）郦道元：《水经注全译》（下），陈桥驿等译注，贵州人民出版社2008年版，第851页。
⑥ 《中国地方志集成（52）·（光绪）大宁县志》（上册），巴蜀书社、江苏古籍出版社、上海书店2000年版，第35页。

名，又"查该县有巫溪水，拟定名巫溪县"①，但于境内建县之始则可上推至东汉建安十年（205年），时刘备始设"北井县"，而北井县名亦与巫溪相关，"水南有盐井，井在县北，故县名北井，建平一郡之所资也"②。

上述现象耐人寻味。县城"巫郡""北井"之谓，诚缘起巫山、巫溪之自然地名，而在自然地名的背后又隐藏着怎样的人文初衷呢？根据地名学原理，"地名一般由专名和通名两部分组成。通名用来确定类型，专名用来区别同类地方中的不同个体"③。例如，在秦岭与巫山、清江与巫溪、巴县与巫郡的称谓中，岭与山、江与溪、县与郡均为通名，它们分别代表相互类似的载体。它们的前缀分别突出其个性，从而为专名。地名学又以音、形、义、位为地名的四要素，其参照亦不外乎传承古称音韵、描写自然景观、记叙人文历史、确定地理方位等类型。所以，在以"巫"为专名的山、水命名中，其记叙人文历史的内涵是显而易见的。

以"巫"名地是环三峡地区巫文化的一个显著特色。该地区在我国以"巫"字命名的地望中占据绝大多数，当非偶然现象。它至少向我们传递了两个重要信息：一是其命名时间的久远，专家指出："从甲骨文记载的地名看，殷商时的地名表达形式已相当完整"，且在先秦时期"中国地名的专名完成了由单名向双名、多名的过渡"④。从巫山、巫溪均为单名看，其成形年代可能更早。二是其命名之时，当地的"巫"风应当是浓厚的，否则不会以"巫"作"专名"提出。

---

① 巫溪县志编纂委员会编：《巫溪县志》，四川辞书出版社1993年版，第40页。
② （北魏）郦道元：《水经注全译》（下），陈桥驿等译注，贵州人民出版社2008年版，第851页。
③ 曾世英、杜祥明：《试论地名学》，载中国地名委员会办公室编《地名学文集》，测绘出版社1985年版，第1—16页。
④ 华林甫：《中国地名学史考论》，社会科学文献出版社2002年版，第2页。

概言之，在我国以"巫"名山、名水、名地的，且溯源有据、沿袭至今者唯有环三峡地区，此为其特色之一。

第二节　环三峡地区以"巫"立国的特色

以"巫"立国是巫巴山地巫文化的鲜明特色，见载于《山海经》等我国最古老的书籍中。从这些传自远古的文献中，我们得以窥见传说中巫咸国的盛况。在《山海经》中讲道："有巫山者，西有黄鸟。帝药，八斋。黄鸟于巫山，司此玄蛇。"[①] 又说："有灵山，巫咸、巫即、巫朌、巫彭、巫姑、巫真、巫礼、巫抵、巫谢、巫罗十巫，从此升降，百药爰在。"[②]（见图7-2）

图7-2　《山海经·大荒西经》明刻本插图·灵山十巫

[①] 沈薇薇：《山海经译注·大荒南经》，黑龙江人民出版社2003年版，第173页。
[②] 沈薇薇：《山海经译注·大荒西经》，黑龙江人民出版社2003年版，第180页。

袁珂认为灵山、云雨山亦即巫山，对此杨绪泽在"巫溪及古巫咸、巫𢱀国名考"①一文中也引经据典做了考证，此不赘述。又言"开明东有巫彭、巫抵、巫阳、巫履、巫凡、巫相，夹窫窳之尸，皆操不死之药以距之。窫窳者，蛇身人面，贰负臣所杀也"②。虽然丁山认为："十巫之中，唯巫彭见于世本，巫阳见于《楚辞·招魂》，巫咸见于《尚书》与《离骚》。"③由此亦可见，十巫之说并非《山海经》独家所杜撰。

《山海经》的成书年代当在战国时期，书中多章涉及环三峡地区。在上述史料中，亦有两个值得关注的信息：第一，在巫巴山地居住着众多以"巫"立国的族群，"从此升降"表明他们活动频繁；第二，这些族群掌有医疗之道，"百药爰在"为其立国之本，这里的"百药"应包含了盐泉、丹砂。巫师们因为"操不死之药"而具有了"起死回生"的通神本领，于是他们声名显赫，在当地留下了不少故事，并被载入史籍。

"巫"在古籍中指从事祈祷、卜筮、星占，并兼用药物为人求福、祛灾、治病的人。据古籍记载，巫巴山地的巫师群体或许是我国巫师群体中产生时间最早的，所谓"祝也。女能事无形，以舞降神者也。象人两褒舞形。与工同意。古者巫咸初作巫"④。巫咸初作巫，指其为最早的巫师。此点亦为古人认同："其梁巫祠天、地、天社、天水、房中、堂上之属；晋巫祠五帝、东君、云中君、巫社、巫祠、族人炊之属；秦巫祠杜主、巫保、族累之属；荆巫祠而堂下、巫先、司命、施糜之属；九天巫祠九天。"唐初颜师古注曰："堂下，在堂之下，巫先，巫之最先者也。"⑤"初作巫"的巫咸在环三峡地区的荆楚有着崇高的地位，并

---

① 巫溪县志编纂委员会编：《巫溪县志》，四川辞书出版社1993年版，第721—723页。
② 沈薇薇：《山海经译注·海内西经》，黑龙江人民出版社2003年版，第152页。
③ 丁山：《中国古代宗教与神话考》，上海书店出版社2011年版，第195页。
④ （汉）许慎：《说文解字》，中华书局1963年版，第100页。
⑤ （汉）班固：《汉书·郊祀志》（志第五上，卷二十五上），（唐）颜师古注，中州古籍出版社1991年版，第207页。

由此造成楚人重巫之传统。由巫咸的"巫先"地位被各国认可的事实，证明了巫巴山地为巫文化的重要发源地并非无据可循。

由巫咸建立的国家是为"巫咸国"，其地理位置"在女丑北"①，作为巫山群巫之首的巫咸，左右手分别操赤蛇、青蛇，率群巫在当地出没。他既以"巫"立国，又有"群巫所从"，足见其威风。王玉德认为："巫师的双手持蛇，右青左赤，象征着灵性。"②（见图7-3）在先秦时期作品和六朝志怪小说中，作者尤其注重巫术与动物的关系。在古代的巫术活动中"利用动物来实施巫术或将动物作为灵物以辅助巫术，成为动物在巫术文化中具有的特殊意义"③。蛇是一种典型的巫术灵物，在《山海经》中有十几则关于巫师珥蛇、双手操蛇、足下践蛇的记载。与之相应的还包括诸多飞禽走兽，它们被当作巫术灵物的内在原因如同荻原秀三郎分析日本的鸟装习俗和鸟巫现象时所指出："鸟能在天空中

图7-3 巫咸像（左手操赤蛇、右手操青蛇）

---

① 沈薇薇：《山海经译注·海外西经》，黑龙江人民出版社2003年版，第132页。
② 王玉德：《长江流域的巫文化》，湖北教育出版社2005年版，第144页。
③ 张瑞芳：《中国古代小说中的动物形象变迁研究》，中国社会科学出版社2020年版，第77页。

自由飞翔，所以被认为更容易到达祖先灵魂和神灵居住的世界。同时也被看作是神的使者，能运送灵魂，因而倍受崇拜。"① 在中国古代神话中亦有金乌负日的形象。

具有灵性与声势使巫咸声名远播，于是也就有了黄帝求其相助的记载："《归藏》曰：昔黄帝与炎神争斗涿鹿之野，将战，筮于巫咸。"② 巫师成为一国之主，在远古应是普遍现象。作为知识和权力的精英，"其智能上下比义，其圣能光远宣朗，其明能光照之，其聪能听彻之"（《国语·楚语下》），如大禹，他是君王，又是大巫，因为他巫术能力的强大，其步态被称为"禹步"，成为后世巫师效仿的对象。

从《山海经》所述，远古巫巴山地的巫师是自立为王的一群祀神者，他们从属于巫咸且各有自己的领地，而非帝王麾下的神官。其领袖巫咸拥有高超的通神技巧，并以之扬名天下，以致黄帝有求于他（"筮于巫咸"），而非令巫咸筮。从"初作巫"到黄帝"筮于巫咸"，足见巫咸不仅是最早的也是威望颇高且在环三峡地区权倾一时的统治者，其职能当与三皇五帝类似，他们都是该时代的大巫师。继后，随着宗法制度的确立，高高在上的天子不再需要亲自扮演通灵的巫师，但不同等级的巫师依旧在宫廷存在，作为帝王巩固政治权威的辅助。在各历史时期古籍中所载的巫师，便具有十分明确的辅君执政职责："司巫掌群巫之政令：若国大旱，则帅巫而舞雩；国有大灾，则帅巫而造巫恒；祭祀，则共匰主，及道布，及蒩馆。"③ 当君王遇到难题时亦常"谋及乃心，谋及卿士，谋及庶人，谋及卜筮"④。显然，王权与

---

① ［日］荻原秀三郎：《稻、鸟和太阳之道——追寻日本文化的原点》，李炯里、刘尚玉译，贵州大学出版社2019年版，第6页。

② （宋）李昉等：《太平御览》第4册（四部丛刊三编子部），上海书店1939年版，第52页。

③ 吕友仁、李正辉注释：《周礼》，中州古籍出版社2010年版，第331页。

④ 柴华主编：《中华文化名著典籍精华——尚书》下册，黑龙江人民出版社2004年版，第275页。

巫师的关系十分紧密。

如上所述,类似巫咸以"巫"立国的现象,直接载于古文献的虽然仅见于《山海经》,但其权势与三皇五帝相同,均为远古酋邦首领,且远古世界神权合一、巫师至上的统治现象曾普遍存在。所谓的"巫咸国"是不可以与完整意义上的国家相提并论的,按照美国人类学家埃尔曼·塞维斯(E. R. Service)的著作《国家与文明的起源》中的社会进化论观点,它当处在游群、部落、酋邦和国家四阶段中的第三阶段——酋邦阶段,它比部落社会进步但不及国家社会复杂。集权趋势、有等级地位的世袭和没有武力压迫的法定机构,该三者被认为是"酋邦"的特点。他认为酋邦普遍是神权型的,其首领享有类似宗教信徒服从祭司酋长般的权威。《山海经》里的巫咸有群巫随从上下,能双手持蛇施法,便具备了酋邦首领的典型特征,显然"巫咸国"正处在由部落向国家的过渡阶段。现在我们还没有看到其他诸如文字、金属冶炼、城市等代表国家产生的标志出现。

对巫咸的立国之本,学界亦多有探讨,概言之,主要有三个方面:第一,为巩固其通天地、达鬼神的神巫地位,该方面的权重越往古越大;第二,他采"百药"济苍生的本领,与前者互为表里;第三,其有盐泉可据,乃至以贩盐聚百谷使国家得以壮大。据载,巫咸率群巫上下的宝源山"大宁诸山此独雄峻,上有牡丹、芍药、兰蕙。山半有石穴出泉如瀑,即咸泉也"[1]。由此,又有学者将"巫咸"与"巫盐"通解[2]。得天独厚的自然环境是巫咸独立存在的根基。该三方面之于地域文化的重要性,随时间的延续而前消后涨。

---

[1] 《中国地方志集成(52)·(光绪)大宁县志》(上册),巴蜀书社、江苏古籍出版社、上海书店2000年版,第32页。

[2] 参见管维良《巴楚巫文化》,载云南民族大学编《民族学报》(第四辑),民族出版社2006年版,第145—190页。

在我国古老的典籍中，以"巫"立国记载较详且势力颇大的巫文化非巫巴山地莫属。此为其特色之二。

第三节　环三峡地区"巫"源深厚的特色

巫文化在环三峡地区的早产绝非偶然，它是当地环境以及其中的先民生存之道的集合。通过考古发掘，我们得以窥见该地区厚重的巫文化积淀。

环三峡地区的巫巴山地属中山地带，相对高度在海拔1000—3000米，山地气候潮湿多雨。山地间长江、汉水、清江及大宁河、任河、堵河等穿行其中，既有高山急流，又有宽谷缓流和土质肥沃的冲积台地。这里自古便是人类文明的摇篮，复杂多变的地貌、丰盛的物产为该地区巫文化产生的自然前提。

分布在环三峡地区的远古人类文化遗址十分丰富，属于旧石器时代的就有建始人、巫山人、长阳人等。据此有专家指出，在三峡库区发现的十分丰富的更新世古文化遗址，极大地改变了这里过去旧石器时代考古的空白状态，进而拓展了中华大地上古人类的分布区域。[①] 它们的存在为新石器时代人类的出现，进而为巫文化的产生奠定了深厚的基础。在环三峡地区，属于新石器时代的遗址不胜枚举：三峡东段有"城背溪文化""大溪文化""屈家岭文化""石家河文化"；三峡西段有"玉溪遗址与玉溪坪遗址""哨棚嘴文化"等。我们在"重庆库区含新石器时代遗存遗址一览表"[②] 上看到，仅重庆峡江地区的新石

[①] 高星、裴树文等：《三峡地区在中国旧石器时代考古研究中的地位》，载重庆市文物局、重庆市移民局编《重庆·2001三峡文物保护学术研讨会论文集》，科学出版社2003年版，第3页。

[②] 邹后曦、袁东山：《重庆峡江地区的新石器文化》，载重庆市文物局、重庆市移民局编《重庆·2001三峡文物保护学术研讨会论文集》，科学出版社2003年版，第18—21页。

器文化遗址就多达36处。在这些新石器文化遗址中，巫术现象屡见不鲜。正是由于环三峡地区的人类遗址分布广且积淀厚重，为巫文化在当地的早产和早熟奠定了基础，也使《山海经》等古籍有了可资记载的故事。

远古巫文化凸显的无疑是原始时代人类思维的进步，当巫巴山地的历史进入新石器时代后，我们在此找到了不少巫文化存在的证据。距今6400—5300年的巫山县"大溪文化"，上承"城背溪文化"，下启"屈家岭文化"，是该地区新石器时代最具典型意义的人类遗址。这里近200座母系氏族时期的墓葬向我们呈现了若干远古巫文化的端倪：一是在先后四期墓葬中呈现出从"直肢葬"进而"跪屈葬"，然后到"蹲屈葬"，再到"直肢葬"的演变过程①。二是墓群中的骸骨大多数伴有随葬品，"鱼放置的位置比较特殊，有的放在死者身上，有的将两条大鱼置于死者两臂之下，还有的将鱼尾置于死者口中"②。日用陶器的底多被有意识穿洞。三是发现了数十座器物坑，其中出土一件或多件陶罐（釜）、石器，同时还有为数众多的动物坑，葬有牛、狗、乌龟等，其中尤以鱼骨坑为最，并往往伴有器物，如此等等，我们在前面已有讨论。

新石器时代丧葬及葬式演变的本身就意味着当时人们灵魂观念的产生及演变，大溪人正是以葬式的演变诠释他们对生与死以及对死后世界的认知。随葬器物乃至以鱼陪葬，则表明了在他们心中的现实和未来世界里人与物的神秘关系。同理，为数众多埋藏器物、动物的坑穴出现在那个维持生活尚且不易的年代，若不是为了献祭又是为了什么呢？虽然我们不便随意断言上述现象的答案，但施葬者及其亲人们肯定是心知肚

---

① 邹后曦、袁东山：《重庆峡江地区的新石器文化》，载重庆市文物局、重庆市移民局编《重庆·2001三峡文物保护学术研讨会论文集》，科学出版社2003年版，第36页。
② 朱世学：《三峡考古与巴文化研究》，科学出版社2009年版，第11页。

明的,其巫术行为也是明白无疑的。

巫术是由巫师实施的。如前所述,我们在巫巴山地还找到了远古时代巫师的疑似原型:一是秭归柳林溪遗址东一区T1216⑥出土的"祈祷人物坐像",它比大溪文化更早,属于城背溪文化(距今8500—7000年)。二是在大溪文化遗址64号墓出土的一件褐色、高6厘米、呈椭圆形的"双面人物玉佩"。三是20世纪末在秭归县东门头遗址出土的一块长105厘米、宽20厘米、厚12厘米,刻于褐灰砂岩石上,被学者命名为"太阳人"石刻,"太阳人图像腰部两旁分别刻画了星辰,头上方刻画了23条光芒的太阳"①。其中,"祈祷人物坐像"头戴双冠帽,双手面上,瞠目张口,似祈祷状,其面部表情又与"双面人物玉佩"十分相似;②而"太阳人"石刻力图揭示人与宇宙的关系。他们直观地为我们展示了当时巫师的形象及行为方式,学界对它们的解读虽然不多,但均认定与崇拜祭仪密切相关。

千变万化的大自然在笃信"万物有灵"的巫巴山地原始先民眼中是神奇且需要崇拜的,而他们对种类繁多的自然资源的认知与摄取,亦是在对自然神力的祈求与感恩中同步进行的,这在今人眼里则貌似为一种追求人的发展与自然生态平衡的环保意识。事实上,原始人对待猎物的思维甚至比今人还复杂,除了填饱肚腹的基本动机外,他们往往还会考虑不要因此而得罪神灵(各种图腾);同样,原始人对来世所做的一切,也是以真心相信为前提的。而引导人们相信神灵并认可这些做法的正是他们中的智者——巫师。作为精神领袖,领导人民在想象中认识自然、征服自然是他们的职责。巫巴山地的巫文化就这样经由巫师的努力而弘扬起来。

---

① 司开国:《曙光初照·三峡秭归的太阳神石刻》,《中国教育报》2010年7月24日第4版。
② 陈文武、周德聪编著:《三峡美术概观》,重庆出版社2009年版,第21—27页。

因此，在我国新石器时代的考古发现中，若论巫根深厚与巫风浓郁，巫巴山地令人瞩目。此为其特色之三。

第四节　环三峡地区"巫"风广传的特色

环三峡地区是长江中下游平原与上游山地、四川盆地的节点，是古代巴、蜀、楚文化融合、交流的枢轴。民族的迁徙与融合乃至他们之间战争的进行，使远古巫文化由该地区散发开去，对周边的文明产生了深远的影响。

在环三峡地区东部的楚地，巫鬼文化异常发达，巫师在国家政权中举足轻重。史载，楚人"信巫鬼，重淫祀"①，不但国王、贵族如此，百姓亦如此。在楚国大自王位继承、出兵征战，小至出行、决疑，莫不求神问卜。历史上，楚怀王"隆祭祀，事鬼神，欲以获福助，却秦师，而兵挫地削，身辱国危"②。此即对公元前312年楚秦交战中楚怀王因为笃信巫术导致失败的真实写照。以奇异瑰丽著称的文学奇葩《楚辞》亦与巫文化结缘甚深，其中不乏"信鬼而好祀"的占卜描述，"索琼茅以筳篿兮，命灵氛为余占之"③。除《离骚》外，类似句子我们在大诗人屈原的《九歌》与《卜居》等作品中均可见到。宋玉的《高塘》《神女》赋又将时人崇巫遇神的梦想借用巫山神女美丽的传说艺术地表达了出来。

楚国大巫师观射父曾这样诠释自己的职业："民之精爽不携贰者，而又能齐肃衷正，其智能上下比义，其圣能光远宣朗，其明能光照之，

---

① （汉）班固：《汉书·地理志》（志第八下，卷二十八下），（唐）颜师古注，中州古籍出版社1991年版，第276页。

② （汉）班固：《汉书·郊祀志》（志第五下，卷二十五下），（唐）颜师古注，中州古籍出版社1991年版，第215页。

③ 汤漳平译注：《楚辞》，中州古籍出版社2005年版，第20页。

其聪能听彻之。如是则神明降之，在男曰觋，在女曰巫。"① 可见聪慧、精明及较高的修养被当作为巫之本，而事实上楚国的王公贵族子弟多任占尹、卜尹之官。在资讯甚少、民智未开的远古时期，巫师的职能尤其被看重。巫师一职代代相袭的结果便是巫风浸淫于楚文化的方方面面，在民风民俗、楚辞楚乐、丝织和雕刻等工艺美术中处处可见它的影子。

神女文化与白虎信仰是为巴人巫文化的特色，其历史悠久且传统深厚。史载古代巴人有数支，其中以白虎巴人最著名。论及巴人白虎部，据"《世本》曰：廪君名务相，姓巴，与樊氏、晖氏、相氏、郑氏，凡五姓俱出，皆争神，以土为船，雕文画之而浮水中，其船浮，因立为君，他船不能浮。独廪君船浮，因立为君"②。此处他们所争之"神"，便是代言天地、统领诸姓的大巫地位，结果廪君务相成功。继后，廪君开拓疆域又遭遇了"盐水女神"部落，"盐神夜从廪君宿，旦辄去为飞虫，诸神皆从其飞，蔽日昼昏"，③ 显然她欲以其巫术羁留廪君于盐阳。在湖北省宜昌市长阳土家族自治县的香炉石巴人遗址中，人们还发现了距今4000—3000年的卜骨，它们用牛骨或鱼骨做成，其中牛肩胛骨长达42厘米（现藏长阳土家族自治县博物馆），考古发掘印证了史书所载巴人尚巫的不谬。我们注意到传说中无论廪君务相还是盐水神女，他们均兼巫师与首领二任于一身。白九江认为，巫鬼文化是巴文化人群的重要精神底色。古时巴人崇巫鬼好占卜，考古工作者曾在14处遗址、墓葬中发现有巴文化卜骨。长阳香炉石遗址还出土有商周时期的"巫"字符号。战国末期，巴賨人著《鹖冠子》一书，首开巴渝道家理论先

---

① （春秋）左丘明：《国语·楚语》（卷十八，楚语下），齐鲁书社2005年版，第274页。
② （宋）李昉等：《太平御览》第3册（四部丛刊三编子部），上海书店1936年版，第28页。
③ （唐）房玄龄等：《晋书·李特李流（载记卷二〇）》，古林人民出版社1995年版，第1833页。

河（白九江《巴的人文特点与精神传承》，《重庆考古》网）。

世居巫巴山地的土家族，被专家认定是巴人的后裔，① 在其习俗中至今还保留着古代巴人的巫文化因素。史载："廪君死，魂魄世为白虎。巴氏以饮人血，遂以人祠焉。"② 而"土家族土语呼虎为'利'，呼公虎为'利巴'。按照土家语巴为父亲之意，'利巴'就是虎父之意"③（见图7-4）。他们自称是廪君后裔，因廪君名务相，"后世以'相'讹

图7-4 管维良著《巴蜀符号》虎图腾

---

① 潘光旦：《湘西北的"土家"与古代巴人》，载中央民族学院研究部编《中国民族问题研究集刊》（第四辑），（内部刊物）无内准号1955年印刷，第1—134页。
② （南朝宋）范晔：《后汉书·南蛮西南夷列传》，延边人民出版社1995年版，第371页。
③ 杨昌鑫编著：《土家族风俗志》，中央民族学院出版社1989年版，第13页。

'向',尊廪君为'向王天子',立向王庙'尸而祝之'"①。古代巴人以勇武著称,史载武王伐纣时"巴师勇锐,歌舞以凌殷人"②,该战舞旨在借助神力以震慑对手,如今土家人的"大摆手"便传承了巴人武舞的雄风。在土家人的传统舞蹈中更有被称为"活化石"的茅古斯,舞者将人类的生存所需(粮食——披在身上的谷草)与生殖繁衍(谷草编成的男根)相结合,以舞蹈的方式再现了原始人类巫术追求的三大主题(物质生产、自身繁衍与精神生产)。从巴人的崇虎、好武舞,到土家人祀廪君、重祭祀舞风的传统中,我们感受到巫巴山地从古至今一脉相承的浓浓的巫文化气息。

  古蜀文明亦与三峡地区渊源深厚,神秘的蜀国传说也巫味十足。《水经注》曾述及古蜀开明王朝与巫巴山地的关系:"来敏《本蜀论》曰:荆人鳖令死,其尸随水上,荆人求之不得。鳖令至汶山下,复生起,见望帝……望帝立以为相。时巫山峡而蜀水不流,帝使鳖令凿巫峡通水,蜀得陆处。望帝自以德不若,遂以国禅,号曰开明。"③ 在述及鳖令(亦称鳖灵)身世时,"荆人鳖灵死,尸化西上,后为蜀帝",④ 有着"死而复生"的浓重的巫术意味。同时,"开明"之称谓亦耐人寻味,有学者曾以《山海经·海内西经》所述之开明兽"其神状虎而九尾,人面而虎爪"⑤ 引证鳖灵与巴人图腾"白虎"相关。开明王朝与崇虎的巴人似乎有着某种内在联系。

---

  ① 湖北省长阳土家族自治县地方志编纂委员会编纂:《长阳县志》,中国城市出版社1992年版,第670页。
  ② (晋)常璩:《华阳国志·序志》,载《二十五别史》(10),齐鲁书社2000年版,第2页。
  ③ (北魏)郦道元:《水经注全译》(下),陈桥驿译,贵州人民出版社2008年版,第832页。
  ④ (晋)常璩:《华阳国志·序志》,载《二十五别史》(10),齐鲁书社2000年版,第200页。
  ⑤ 管维良:《巴族史》,天地出版社1996年版,第29页。

鳖灵即"丛帝",他治水、安邦的功绩连同他奇迹般的身世早为蜀人认可。该传说不仅给古蜀王国增添了神秘的色彩,鳖灵还被蜀人视为历史人物。在如今成都市郫都区(昔日的四川省郫县)境内至今尚存古庙"望丛祠",祠内有望、丛二帝两座毗邻的墓冢。据祠内现存之陈皋撰"杜宇鳖灵二坟记"石刻载,宋仁宗皇佑四年(1052年),县官郭逸公应乡贤一致要求,有感于二帝伟业"议其贤则杜宇居多,载其烈则鳖灵为大"主持重修二坟,并派高僧管理。在"郫南一里二冢对峙若丘山"①。二坟既为宋人重修,说明早已有之;既然重修为众人所求,足见二帝在当地的影响之大。自此至今,祠内香火不断、游人如织。由此可见,巫巴山地的巫文化与古蜀的宗教祭祀亦不无关联。此外,管维良亦认为古代巴人有一支名叫"鱼凫巴人",他们曾经溯岷江向川西平原发展,上达广汉市的"鸭子河",可能与三星堆崇尚祭祀的古蜀王国有着某种关联,而闻名于世的三星堆遗址无疑具有十分浓厚的巫文化内涵。

由于受地理因素影响,在我国巫文化传承中,影响最大且持续久长的莫过于环三峡地区。此为其特色之四。

小　结

综上所述,环三峡地区是我国巫文化的重要发祥地。出自这里的巫文化以其发源早、记载详、流传广、影响大而独具特色。巫巴山地特有的自然环境使该古老文化具有了明显的、有别于中原地区的"探玄理,出世界,齐物我,平阶级,轻私爱,厌繁文,明自然,顺本性"②的南

---

① 望丛祠藏宋石碑文陈皋撰:《杜宇鳖灵二坟记》。
② 梁启超:《中国学术思想变迁之大势》,载《饮冰室合集》(文集第一册,《饮冰室文集》之七),中华书局1989年版,第18页。

学精神。它是古人智慧的结晶，蕴含了当地先民朴素的世界观与探索精神，并因而有了属于那个时代的积极价值。对我国环三峡地区远古巫文化的认识因其时间久远、内涵复杂，可能需要一个较长的过程。针对一些西方学者根据其所谓的"原理原则"（从西方文明史发展规律中归纳所得）随意广下结论的现象，张光直明确指出："任何有一般适应性的社会科学的原理，是一定要在广大的非西方世界的历史中考验过的，或是在这个历史的基础上制定出来的。"[①] 对产生、发展于环三峡地区的远古巫文化，我们可以通过对它的深入研究，确立其在我国巫文化发展史中的重要地位，同时也有利于完善学界对世界巫文化历史整体、客观的认识。

---

① 张光直：《考古人类学随笔》，生活·读书·新知三联书店1999年版，第55页。

第八章

环三峡地区远古巫文化存在的重要基础

提　要：环三峡地区巫文化的兴盛，在相当程度上是以当地古代盐业的发达为基础的。盐与人类的生活息息相关，远古地貌的巨大变迁使环三峡地区的核心——巫巴山地藏盐甚丰，人们在新石器时代考古发掘中亦发现了大量的制盐遗迹。秉持"天人合一""物人一体"的宇宙观，我们的先民对盐自古就有自己的特殊认识。盐在古代被视为由神所赐，有神药之功效，这里的部族围绕着对盐资源的控制、争夺与利用，伴随着对盐的采集、制作与销售，逐步地走向强大、富足。重庆市巫溪县大宁盐泉是三峡地区最早被发现和利用的盐源，是奠定当地巫文化核心地位的重要物质基础。本章分别从三峡盐的形成、三峡盐的开采、三峡盐的神化和三峡的盐神信仰四个方面展开讨论。

第一节　远古三峡地区盐业资源的形成

曾经沧海的三峡地区。三峡地区自古盐源丰富，这与其远古地貌的形成密切相关。在中生代三叠纪，今天的西南地区曾属于"上扬子黔桂海"的大片海域，到"三叠纪"中期，随着气候和地壳结构的变化，海水不断退却，仅留下一片不小的内海。这时浓缩的盐卤在海底慢慢地结晶为盐岩和白云质石灰岩。到"三叠纪"晚期（距今一亿九千万年）开始，由于秦岭地槽的上升，形成南北两大盆地，其中的"巴蜀湖"即为四川内陆湖盆。① 湖底蕴藏着十分丰厚的盐层。

三峡地区古盐泉的形成。到距今8000万——7000万年"中生代"末期的"燕山运动"，使今天的巫巴山地抬升为崇山峡岭。该过程使过去处于水平状态的盐卤与盐岩发生了巨大的位移，导致它们中的绝大多数出现了倾斜、挤压、弯曲甚至断裂，其结果便是两种主要盐源露出了地表。一是以盐卤的方式溢出地表，成为自然盐泉，如重庆市巫溪县的宝源山、郁山、湖北省宜昌市长阳土家族自治县盐阳等多数地区属于此类，它们是盐岩被雨水、地下水稀释后带出。据文献记载："宝山，在（大宁）监北十七里，半山有穴如瀑泉，即咸泉也。"② 二是部分岩盐被直接暴露出地表，被当地人称作"咸石"，这在重庆市云阳县一带较为典型。

三峡地区的盐蕴藏量巨大且分布广泛。地质勘探的结果表明，在三峡地区的云阳县至万州区就分布着一个大型盐矿床。该地"盐层厚度及层位较为稳定，盐体规模巨大，面积达2500多平方千米，总储量为1500亿吨"③。在古代文献中便有关于临江（今重庆市忠县）、朐忍（今重庆市云阳县）、汉发（今重庆市酉阳土家族苗族自治县、彭水苗族土家族自治县）、大昌（今重庆市巫山县大昌古镇）等产盐的记载，而《世本·氏姓篇》也提到了盐阳（今湖北长阳境内）的鱼盐之利。三峡地区的盐源主要分布于沿长江沿线干流及支流中，在今天的重庆东部尤为丰富，其具有数量多、分布广的特色，据不完全统计，在渝东各

---

① 黄中模、管维良：《中国三峡文化史》，西南师范大学出版社2003年版，第23—24页。
② （宋）祝穆：《方舆胜览》（卷五十八·归州、大宁监），祝洙增订，中华书局2003年版，第1033页。
③ 朱世学：《三峡考古与早期巴文化源头研究》，《重庆三峡学院学报》2010年第1期。

盐场共有古盐井 400 余口，它们的类型、口径、深度、大小和形状各不相同，"其中云阳县 195 口，忠县 96 口，开县 20 口，奉节县 5 口，彭水县 13 口，万县明时有井 72 口（现能叫出井名的有 16 口，另有井址 7 处），巫溪 1 口，城口 16 口"①。

三峡地区天然盐泉具有以下共同点：它们的位置多在临近河畔的山麓，仅海拔高低不同；其卤水的浓度也很接近，所含化学成分亦大致相同；它们的含盐量都随季节的变化而呈周期性波动，究其原因，当雨水浸入盐层后，被溶蚀的岩盐会由高向低流，最后便从山脚的缝隙或小河附近涌出，在该过程中，盐卤还会与浸入地表的淡水混合。因此，山里的盐泉会在雨季下降浓度，在旱季升高浓度。

三峡地区的地质构造运动致使远古三叠纪的含盐层位上升。正是这些从山麓流出地表的天然盐泉为三峡先民提供了丰富的盐资源，此亦即当地盐神文化兴起的根源。

第二节　远古三峡地区盐业资源的开采

在三峡地区最早被人类利用的盐源是泉盐。在石器时代，流出地表的盐泉就被当地原住民利用，在新石器时代晚期，这里的先民已经学会了用陶器熬盐。商周时期，当地盐业生产已在不少地方出现，汉代以来形成规模，到唐宋至明清时期，三峡地区的盐业税收便成了历代地方政府的重要经济来源，也留下了大量的古代盐业遗存。直到 20 世纪 80 年代，在三峡地区的不少地方还沿袭着盐业生产。

三峡地区盐业资源的富有为该地区远古部落民众的生存和发展提供了强大的经济支撑。而当地居民针对原始"泉盐"和"咸石"的加工

---

① 刘卫国：《试论渝东古盐泉向人工井的演进》，《盐业史研究》2002 年第 1 期。

过程，便是最早的制盐过程。

"泉盐"在未制作之前曰"卤"，卤即天然的水状盐。"卤也。天生曰卤，人生曰盐。"① 亦如《广韵》所谓："盐泽也。天生曰卤，人造曰盐。"人们取卤制盐的方法或用火熬或靠日晒，待卤干后盐的结晶析出便大功告成。在远古时期，从天然盐泉取卤制盐的方法因为最方便也最容易而被人们普遍采用。三峡人最初以火熬盐的时间大约是在新石器时代晚期，专家推测"最古老的制盐工艺就是用大陶罐盛卤，置于炉灶煎煮。随着水分的蒸发，迭次向陶罐中添加卤水，待快要蒸发完水分时，将盐卤注入小花边圆底罐（或尖底杯见图 8-1）、利用灶台余热，最终使固体的盐结满小陶罐"②。由于结晶的盐与陶罐紧紧结合在了一起，不易分开，因此小陶罐（或尖底杯）既是盛具，又是买卖的量具，只能一次性消费。对盐罐的大量需要也在客观上促进了当地制陶业的发展。

图 8-1　尖底杯（笔者摄于重庆市忠县文管所）

---

① （清）段玉裁：《说文解字注》（卷十二编上·盐部），中华书局 2013 年版，第 590 页。
② 重庆市政协主编：《寻秘巫溪》，重庆出版社 2013 年版，第 54 页。

对于岩盐（咸石），当地人主要采取加水煮化熬盐的方式制作，在古昫忍（今重庆市云阳县等地），"入汤口四十三里，有石煮以为盐。石大如升，小者如拳，煮之水竭盐成"①。但是，相关记载并不多见，原因大概是其矿源开采和熬制相对不容易。

三峡地区的盐业资源十分丰富，但最便于开采的定是从山体内自然流出地表的盐泉，这也是原始先民最容易利用和可能最先利用的。下面以此类盐泉中的代表宝源山盐泉（今重庆市巫溪县宁厂镇）、伏牛山盐泉（今重庆市彭水县郁山镇）、盐水（今湖北省长阳县西）三处为例，依据相关文献阐述如下。

宝源山盐泉（白鹿盐泉）是见载最早的天然盐源，位于重庆市巫溪县的后溪河畔（大宁河支流）。西晋人左思在其《蜀都赋》中谈到了当地人"滨以盐池"，该"盐池出巴东北井县，水出地如涌泉，可煮以为盐"（刘逵注）。这里的北井县就是今天的巫溪县，即《山海经》中所述宝源山盐泉的所在地。又据南宋文献载："宝山咸泉，其地初属袁氏，一日出猎，见白鹿往来于上下，猎者逐之，鹿入洞不复见，因酌泉知味，意白鹿者，山灵发祥以示人也。"② 此讲该盐泉被后人重新发现的过程；在宋代文献中又有"宝山，在盐北北里半山有穴，出泉如瀑，即咸泉也"③ 之说，从"出泉如瀑"即可见其规模。图8-2为宁厂盐泉。

伏牛山盐泉。"伏牛山，在县东一百二十里，为郁山镇后井。山横亘三十余里，盐井皆在其麓。"④ 该地有后灶、中井河两条河流经过，盐泉多从沿河岩壁缝隙中溢出。据载，"春秋时期，郁山即已产盐，但

---

① （北魏）郦道元：《水经注·卷三十三·江水》，陈桥驿注释，浙江古籍出版社2013年版，第444页。
② （清）魏远猷等纂，高维岳修：《光绪大宁县志》，载《中国地方志集成·四川府县志辑（52上）》，巴蜀出版社1992年版，第91页。
③ （宋）祝穆撰，祝洙增订：《方舆胜览》（下），中华书局2003年版，第1033页。
④ （清）庄定域：《（光绪）彭水县志》，载《中国地方志集成·四川府县志辑（49）》，巴蜀书社1992年版，第192页。

图 8-2　宁厂盐泉（笔者摄于重庆市巫溪县宁厂古镇）

未设盐官"①。郁山曾为汉发县治所在地，常璩曰"汉发县有盐井"②。汉代之前，郁盐主要利用天然溢出的卤水（飞井）煮盐，所谓"飞井，在郁北四五里，伏牛山之右。水从石壁飞出，下以船盛之，故得名"③。显然该盐泉是从较高处崖缝中流出来的。

清江盐源。清江源自湖北省恩施州利川市齐岳山，东出宜都入长江，"古称夷水或盐水"。在今长阳土家族自治县西，有"盐池温泉。位于渔峡口区盐井寺附近清江边，温泉呈东西向，分别出露于清江南北

---

① 彭水县志编纂委员会编纂：《彭水县志》，四川人民出版社1998年版，第256页。
② （晋）常璩：《华阳国志》（卷一·巴志），刘琳校注，巴蜀书社1984年版，第89页。
③ （清）冯世瀛、冉崇文编：《酉阳直隶州总志》，酉阳土家族苗族自治县档案局整理，巴蜀书社2009年版，第504页。

两岸及河中江底。其中，以北岸为显，日流量达603.9吨"①。该水水温常年40摄氏度，含盐比重较高。清江亦盛产淡水鱼类，这里自古便是"鱼盐所出"富饶之地。古籍中的"盐水女神"便是以此为自己的领地。

近十年来，专家们在重庆市忠县中坝遗址发现大量的新石器时代晚期的敞口深腹花边口的尖底缸，被认为是三峡地区与盐业有密切关系的早期遗存。此外，在忠县的中坝、邓家沱、瓦渣地、李园等遗址也出土了数量庞大、素面陶尖底杯和器表饰粗绳纹的陶花边口圜底釜，它们的流行年代分别是商代后期至西汉初期、西周至西汉早期。这些陶器的用途也被认为是商周时期三峡地区先民用于晒卤制盐或熬卤制盐的陶容器。显而易见，三峡先民已经开始有一定规模的制盐活动。

调查研究的结果表明，三峡地区的盐源主要是盐泉的形式。其基本生产形态有四种：原始井、雏形井、过渡井、人工井，其种类区别主要根据取卤的方法而定。其中，"原始井"就是自然盐泉，不需要经过任何开发手段自己溢出地表；"人工井"则需要通过采取特殊工具向地下深凿以便取卤；其他两种则介于两者之间。盐井开发程度的高低与盐源所处地的海拔高低密切相关，刘卫国分析道：在洪水位之上的盐泉，多保留其原始井状态；在洪水位之下且又接近洪水位的盐泉，是为上大下小的雏形井；过渡井指的是盐泉在洪水位以下，枯水位以上者；而"盐泉在枯水位附近，且洪水涨幅较大，危害严重者，呈人工井状态"②。显然，洪水水位的高低会直接影响盐卤的浓度及其摄取的难易程度，这也就在客观上促使先民盐井技术逐步走向成熟。但是，在生产力相对低下的远古时期，人们使用最多的应该是原始井。

随着三峡盐业的发展，盐的产量也在不断增加。据载，属于原始井

---

① 湖北省长阳土家族自治县地方志编纂委员会编纂：《长阳县志》，中国城市出版社1992年版，第86页。

② 刘卫国：《试论渝东古盐泉向人工井的演进》，《盐业史研究》2002年第1期。

的大宁盐厂，"每年自溢含盐总量为一万六千吨，多年无变化"。① 最高年产量达到10798吨；属于人工井的云安镇即云阳盐厂，历史最高年产量达24700吨。三峡地区以此为基础的庞大食盐产量，当地人除了自己少量消费外，大多数要外运。因此，三峡人贩盐的历史悠久，三峡盐主要通过水路与陆路两种方式外运。

以大宁盐场（见图8-3）为例：水路主要以舟载盐，顺大宁河而下入长江。研究表明，从清雍正年间开始，四川实施了"计岸"授盐。这时由大宁盐厂将盐航运至长江。大宁盐分专销与合销两类："湖北秭归、兴山、巴东和长阳只销大宁盐，是为专销岸；又如巫山既销大宁盐，又销云阳盐，是为合销岸。"② 也有溯大宁河及支流东溪河、西溪河上行，将盐船运至上游的宁桥、下堡、中梁或檀木、白鹿、徐家、龙泉等地后，再走旱路运销陕南鄂西等地的。

图8-3 《大宁盐场图》（见《中国地方志集成（52）·（光绪）大宁县志》）

---

① 巫溪县盐厂编：《巫溪县盐厂志》，《巫溪县旅游文化丛书·巫盐史志》（卷四），四川出版集团、四川美术出版社2010年版，第1页。

② 巫溪县盐厂编：《巫溪县盐厂志》，《巫溪县旅游文化丛书·巫盐史志》（卷四），四川出版集团、四川美术出版社2010年版，第254页。

走陆路，有经栈道、架竹笕（中空长竹管）输盐卤于山外的，宋人欧阳忞载"汉永平七年（64年），尝引此泉于巫山，以铁牢盆盛之（煮盐）"①。宁河岸上古栈道遗迹以龙门峡西岸的最有名，它们架在悬崖峭壁之上距河面高约15米，至今我们仍然能够看到许多排列有序、孔眼交错成倒"品"字的方正石孔。古人在上排两孔插木桩，铺木板，在下孔插木柱斜撑上层的木桩，从而构成由三角支撑的"栈道"供人畜行走和架笕输卤。除此之外，还有陆上长达数千余里的"盐道大路"，它们纵横交错、翻山越岭，崎岖不平，主要靠人力背运。"房、竹、兴、归，山内重岗迭巘，官盐运行不至，山民之肩挑背负，赴厂买盐者，冬春之间日常数千人。"② 从水陆盐路的兴盛可见盐业的兴盛，也足见运盐人的艰辛。

制盐业在三峡地区经过长期的发展不断成熟。打井、提卤、砍柴、熬盐、运输的分工也越来越细化。从事不同工作的人们为了各自的利益需求，还选择了自己的神灵。三峡地区庞大的盐业规模，盐场里人口的大量聚集和他们对物质、精神的需求，是盐神文化产生并发达的基础。

第三节 远古三峡地区盐源的神化过程

理解盐的神化，首先要从盐的功能说起。古人对盐的重要作用有一个逐渐认识的过程，时至明代便有人对其食用与药用价值作了专门的总结。

对"盐"的食用价值，宋应星说："口之于味也，辛酸甘苦，经年绝一无恙。独食盐禁戒旬日，则缚鸡之力胜匹，倦怠恹然"。③ 他认为

---

① 巫溪县志编纂委员会编：《巫溪县志》，四川辞书出版社1993年版，第728页。
② 冉瑞栓：《巫溪与古老的巫文化》，《重庆三峡学院学报》1999年第1期。
③ （明）宋应星著，胡志泉注：《天工开物》，北京联合出版公司2019年版，第31页。

在人的各种口味需求中，唯有盐不可少，缺了盐就浑身无力。对食盐的药用价值，李时珍则总结如下："下部蚀疮、胸中痰饮、病后两胁胀痛、下痢肛痛、风热牙痛、虫牙、齿痛出血、小舌下垂、耳鸣、眼常流泪、翳字蔽眼、身上如有虫行、蜈蚣咬人、溃痈作痒……"① 似乎盐的药效能够医治从头到脚、从内到外的多种疾病。从古至今，食盐因其诸多功效而成了人类日常生活不可或缺的宝贝，并纳入专卖物资种类。

也许正是基于盐的这些重要功用，古人便将盐的使用提到了意识形态的高度。例如，"《周礼·天官·盐人》掌盐之政令，以共百事之盐，祭祀共其苦盐散盐，宾客共其形盐散盐，王之膳羞共饴盐"②，普通的食盐在这里被赋予了更多人文的精神内涵，形成了一套与九鼎八簋森严礼制相对应的用盐制度，其物质文化内涵显而易见。由此可见，盐对于古代人类的高度使用价值就是其被"神化"的前提条件。

在古代三峡地区，盐因与掌握神权的巫师相结合而摇身变化成"巫盐"（神盐）。在日常生活中，先民们将盐的发现和使用与神的恩赐常常联想到一块，而当地的部落首领（王）——那些被称为"巫师"的神的代言人，便是最早掌握盐源、神化盐性的人。远古三峡最著名的巫师叫"巫咸"，中国最早的书籍《山海经》中曾多次提到了他与他的国家（酋邦），在这里有首领兼大巫师的巫咸，以及以其命名的国家，有由巫咸率领、所从上下的群巫，他们控制当地的药、盐等资源，并运用巫术左右民众。他们经常活动的地方"葆山"就是今重庆市巫溪县宁厂古镇的"宝源山"，"宝山之地即'巫咸国'所在之地"。③ 有学者指出，巫咸的"咸"字当与盐的味道相关。

---

① （明）李时珍：《本草纲目·金石部·食盐》，北方文艺出版社2007年版，第231页。
② （清）张玉书等：《康熙字典·亥集下·卤字部·盐》，中华书局2015年版，第1页。
③ 汤绪泽：《巫溪及古巫咸、巫载国名考》，载《巫溪县志》，四川辞书出版社1993年版，第722页。

盐在古代三峡被神化为"巫盐"的理由大抵有两个。

第一，盐是不可或缺的食物，是上天赐给人类的宝贝。以"巫咸"为首的群巫部落聚居于"登葆山"，他们将盐源视为神给他们的圣物。持该认知的不只有他们，后来南宋人王象之在讲宝山咸泉的发现经过时，特别提及一头白鹿有意识地在袁姓猎户面前往来，并引其追逐入洞，进而发现盐泉。(《舆地纪胜》)作者特别强调了两个地方，一是白鹿为神鹿，它入洞便不见了，二是白鹿为"山灵发祥"的体现，意即盐泉的发现由神灵引导所致。又据《云阳县志》载：汉高祖元年（公元前206年），因部下狩猎跟踪一白兔，发现涌出地表的自然盐泉，遂令当地人开井取卤煮盐。因此云阳的第一口井被称作"白兔井"，而白鹿、白兔、白虎等动物在中国古代均为吉祥的神物，亦即神灵让这些灵物带领人们找到盐泉的。

第二，盐具有广泛的药用价值，是上天赐给人类的神药。巫师们常用它来为百姓治病。研究表明，三峡大巫师"巫咸"的名字得来就与盐相关，"巫"是他的职业，而"咸"就是盐的味道。"巫咸"不但掌握了盐源而且善于用它替人治病。巫咸令人信服的手段，一是占卜，"昔黄帝与炎帝争涿鹿之野，将战，筮于巫咸"①。二是善于用盐替人治病，这些使他备受世人的尊崇。

在远古三峡地区，巫咸国就是利用当地的盐业资源与周边部落交易所需物品，其经济实力亦因此不断增强。他们的首领"巫咸"也因此成了联盟内诸部落公认的大巫师，他率领着诸巫各部在大巫山一带频繁活动。他死后其活动的地方便因其名称"巫咸山"（今巫山）。

继巫咸国之后在三峡一带称雄的是巫载国。《山海经》曰："巫载

---

① （宋）李昉等：《太平御览》第4册（四部丛刊三编子部），上海书店1939年版，第52页。

之民盼姓，食谷。不绩不经，服也；不稼不穑，食也……百谷所聚。"①任乃强指出，巫载国所在的位置应该是瞿塘峡东端的大溪口和巫峡西端的巫溪口之间，这里有百余里开阔地带可供生存，即在今巫山县与巫溪县所在区域，②这里正好是考古发掘中新石器时代大溪文化的中心。材料表明巫载国存在于原始社会末期，时值大溪文化晚期。

大溪人有食谷的传统，但他们生活在绝壁险峭的山谷之中，耕地十分匮乏，不具备大面积种植谷物的条件。同时据考古发现，在当地有大量鱼骨和兽骨冢的存在，这表明渔猎经济所占的比重很大。在1959—1994年、2000—2001年，人们相继对大溪遗址进行了多次发掘，面积达10000平方米。其主要遗存"堆积厚，有大量鱼骨坑、器物坑、墓葬等遗迹，可分五期"③。

然而从记载和发掘看，基本不从事农耕的巫载国却能使"百谷所聚"，他们"不绩不经"却有穿的，"不稼不穑"却有吃的。究其原因，可能是他们利用宝源山盐泉，土法制盐、腌鱼，与周边部落进行交换的结果。由此，任乃强先生认为："其为拥有食盐，与邻部交换谷帛，享用不尽，为可知矣。"④他的观点是有道理的。考古发掘表明，大溪文化在瞿塘峡以东的大溪遗址延续了接近千年，该文化的早期应是处于母系氏族公社的繁荣阶段，到其晚期则进入了父系氏族公社的萌芽时期，正是在这近千年的历史中，生活在大溪的巫盼部落由巫咸的随从进占了"宝源山盐泉"，终于成了富强的巫载国。

继巫载国之后，兴起于清江流域的白虎巴人在占有了由"盐水神

---

① 王斐译注：《山海经译注·海内西经》，上海三联书店2014年版，第355页。
② 任乃强：《巫溪盐泉与巫载文化》，载《巫溪县志》，四川辞书出版社1993年版，第720页。
③ 邹厚曦、袁东山：《重庆峡江地区的新石器文化·重庆库区含新石器时代遗存一览表》，载《重庆·2001三峡文物保护学术研讨会论文集》，科学出版社2003年版，第18页。
④ 任乃强：《说盐》，载《川大史学·任乃强卷》，四川大学出版社2006年版，第306页。

女"守护的"鱼盐所出"的盐阳之后进入三峡,他们建立起"巴国",并依靠战争占据了这里的盐源,还与周边国家进行着鱼、盐与谷物等的贸易。之后,中下游贫盐区的楚人又逆江西进,与巴国在三峡地区进行了长期的争夺盐源的战争。

自秦、汉统一后,三峡地区的盐逐渐被中央政权统一开采和管理。从史料得知,东汉中叶在今彭水郁山,盐业就开始规模性生产。"唐肃宗宝应元年(762年),于郁山设盐官'监'……北宋,于郁山设盐井巡检史。"[①] 在巫溪宁厂,"宋代开宝六年(973年),在此设监征收课利。[②] 三峡盐业自古便成了地方政权的重要财富,而当中央政权将盐源据为己有成为国家税收的重要渠道,官方也就加入了崇拜盐神的行列。

在《巫溪县盐厂志》中,我们看出了宁厂盐泉的神化过程,它有两条明显的物质文化形成线索。

第一条是低端的,当地人为了纪念盐泉的发现,在盐泉右侧建了一座猎神庙,并在泉左塑了一只白鹿,另在泉左的半坡上建了"宝源寺"。三者之间的因果关系是狩猎—白鹿—盐泉。它们的存在体现了当地人对盐泉天赐的最初认识。时至今日,虽然该庙已经不复存在,但据清人谭谦吉撰的《宝源寺碑记》所载,此寺"栋宇宏郭,佛像森严,规模壮丽,固是为川东古刹之冠"[③]。这些遗迹表现出较多的自然崇拜且与巫相关,在祭祀方式上相对廉价,每当"猎神会"时,人们不办酒席,只是请道士前来。

第二条相对高端,当地人又在泉右建了龙君庙。据清人毛寿登《盐

[①] 彭水县志编纂委员会编纂:《彭水盐志》,四川人民出版社1997年版,第25页。
[②] 巫溪县盐厂编:《巫溪县盐厂志》,《巫溪县旅游文化丛书·巫盐史志》(卷四),四川出版集团、四川美术出版社2010年版,第3页。
[③] 巫溪县盐厂编:《巫溪县盐厂志》,《巫溪县旅游文化丛书·巫盐史志》(卷四),四川出版集团、四川美术出版社2010年版,第25页。

场龙君庙碑》载，该庙建于汉代。该庙坐北朝南，历经数代，屡毁屡建，现已无存。山门正对"龙君殿"，供有龙君塑像。龙君殿右侧是"火神殿"，左侧是"财神殿"。和前者相比，它们明显处于自然神化的更高阶段，人们信仰龙，是因为它在中国古代象征着神圣和权威，连帝王也称"真龙天子"。龙管理天下之水（包括盐泉以及盐泉下方的后溪河水），当地人希望盐泉永不枯竭，河水永不泛滥。人们崇拜火神（炎帝或祝融），是因为熬盐离不了火。信奉财神（赵公明）则是源于人们对财富的共同追求。

为此，每年农历六月十三日，盐场的人都要举办"龙君会"，由会首（头人）筹集资金；每年农历二月十五日，人们举办"火神会"，火神是盐工（力帮）供奉的神，由力帮的头人负责按人收费；每年农历三月十五日，人们举办"财神会"，"财神会"的主办者是各灶的先生（负责管账、催煤、扫地的人），他们用筹来的钱大办宴席，热闹非凡。[①] 在由龙君庙体现的盐神化过程中，我们看到了盐与盐业人利益的完美结合。

三峡人视盐源为上天的恩赐，他们在生产与生活中为了切身的利益，自觉或不自觉地不断神化着盐的功能，并使神化的盐与国家的利益紧密结合，这些便是盐神文化的重要动因。

第四节　远古三峡地区先民的盐神信仰

在古代中国，盐神的信仰十分复杂。导致该信仰复杂的原因主要有四个方面：一是盐的产地分布广，二是盐的品种类型多（海盐、池盐、井盐、岩盐），三是人们发现盐源的途径不同，四是盐业内部的分工细。

[①] 巫溪县盐厂编：《巫溪县盐厂志》，《巫溪县旅游文化丛书·巫盐史志》（卷四），四川出版集团、四川美术出版社2010年版，第26页。

受上述地域、种类、途径、行业以及传统文化的影响，中国的盐神信仰显得十分庞杂。

从盐神的种类看，既包括与盐有关的各种动物，也有历史记载或神话传说中的神灵和人物，其中不少还是从其他行业神中借来的（因为劳动方式相同），或者从文学作品中移植过来的。动物包括黑牛、白羊、斑鸠等，人物包括炎帝、夙沙、蚩尤、胶鬲、管仲、土地、张飞以及其他。在三峡地区也有自己的盐神，其中既有传说中"山灵发祥"的白鹿、白兔与龙君，也有巫咸、廪君、盐水神女。他们或因为各种神话传说或由于自己的功能被杂糅在一块，形成了当地特有的盐神信仰（见图8-4）。例如，龙是因为管水、土地菩萨因为盐泉是从地里出来的，都受到人们的崇拜。

图8-4　盐神供奉（笔者摄于四川省自贡市燊海井）

需要特别指出的是，将信仰对象从普通动物的神灵上升为人造灵兽的"龙"，是一个本质上的变化。例如，在重庆市巫溪县宁厂古镇，人们将白鹿盐泉的蓄卤石池更名为"龙池"，并在"龙池"右侧建庙立碑的行为，就使原始的信仰变成崇拜。清初毛寿登在《龙君庙碑》中也说出了人们供奉龙君庙的目的："大概国家财赋之所出，民生食用之所利，自有为之主宰者……诸如虑民之病涉也，则造梁以济之；惧神之匮祀也，则捐资以享之。"① 将龙君奉为盐神，足见当时政权对盐的重视和人们对盐神的敬畏。在这里龙是全能的：既能够施善，供应盐水；也可以作恶引发洪水……无论从哪个方面看，人们都不得不对它表示敬畏。

三峡地区最早以人形出现的盐神应是巫咸，他因为掌握了盐泉和灵验的巫术而受到人们的崇拜。晋人郭璞甚至认为巫山的得名就是因为巫咸"尧时巫咸没，葬于是。山因以巫名"②。

巴人的先祖们或者曾被奉为盐神。《山海经·海内经》在溯及巴人的起源时说道："西南有巴国，太皞生咸鸟，咸鸟生乘厘，乘厘生后照，后照是始为巴人。"有学者在解读这段史料时将巴人的祖先"咸鸟""乘厘""后照"等与制盐、贩盐相系，称咸鸟为负盐之鸟，即巴人首领驾着载盐之舟，像鸟一样在江河之上疾行，乘厘亦指在盐舟上指挥的首领，而后照的"照"与"灶"通，当与熬盐相关。③ 此说有一定道理。

在三峡地区，最为动人的盐神故事是盐水神女的传说。对此，在如《世本》《风俗通》《后汉书》《荆州记》《晋中兴书》《水经注》《十六

---

① 巫溪县地方志办公室校：《乾隆大宁县志·卷二·寺观》，西南师范大学出版社2018年版，第49页。
② 《中国地方志集成（52）·（光绪）巫山县志》（上册），巴蜀书社、江苏古籍出版社、上海书店2000年版，第304页。
③ 黄中模、管维良：《中国三峡文化史》，西南师范大学出版社2003年版，第46—47页。

国春秋》《魏书》乃至《晋书》《太平广记》《通典》《蛮书》等古书中均有记载。兹概述如下。

在远古清江（长江支流）流域的武落钟离山，当白虎巴人的首领廪君务相通过比试（争神）投剑、造土船获胜，成了五个部落的统领（神巫）后，他首先想到的就是逆清江而上，占据盛产鱼盐的盐阳。

于是廪君务相乃乘土船，从夷水至盐阳。盐水有神女，谓廪君曰："此地广大，鱼盐所出，愿留共居。"廪君不许。盐神暮辄来取宿，旦即化为虫，与诸虫群飞，掩蔽日光，天地晦冥。积十余日，廪君思其便，因射杀之，天乃开明。廪君于是君乎夷城，四姓皆臣之。廪君死，魂魄世为白虎。"故巴氏以虎饮人血，遂以人祀。"[①]

上述传说给我们传递了有关盐水神女的如下信息。

第一，盐水神女部落是盐阳的原住民，他们拥有广阔的"鱼盐所出"领地，盐水神女是当地母系氏族的首领，因掌握了这里的盐源和水产而受到崇拜。

第二，盐水女神愿以当地的物产与前来征伐的廪君务相同享，还向他奉献出自己的身体。这有两种可能：一是她力量不敌廪君，只好委曲求全；二是她爱上了廪君务相。

第三，神女为了强留廪君务相，施行了巫术，她和部下化为"飞虫"遮天蔽日，一连十天，使务相等寸步难行。

第四，廪君务相用计除掉了盐水神女，其方法是"使人操青缕以遗盐神曰：'婴此即相宜，与汝俱生。弗宜，宜将去。'盐神受而缨之，廪君即立阳石之上，应青缕而射之，中盐神，盐神死，天乃大开"[②]。

笔者认为该传说曲折地反映了历史的真实，其理由如下。

首先，所述实有其地。夷水是清江在武落钟离山一带的水域。郦道

[①] （北魏）郦道元原注：《水经注》，陈桥驿注释，浙江古籍出版社2013年版，第485页。
[②] （汉）宋衷注，（清）王谟辑，周谓卿点校：《世本》，齐鲁书社1999年版，第54页。

元曰："夷水，即佷山清江也，水色清照十丈，分沙石。蜀人见其澄清，因名清江也。"①"夷城"亦因水而得名。

其次，当地富产鱼盐。盐阳在盐水之北岸（水之北为阳）。在今湖北省长阳土家族自治县西鱼峡口处，"父老传此处先出盐，于今水有盐气，夷水有盐水之名，此亦其一也"②。又"'盐水'东下接清江半峡，长十多里，盛产淡水鱼类"③。可见此言不虚。

再次，清江谷地雾大林密。所谓飞虫"掩蔽日光，天地晦冥"，当与环境相关："县内地表形态各异，致部分地区形成小范围特殊气候。一是有些地区重峦叠嶂，形成了许多闭塞、温暖、多雾、多光的山间小盆地，如清江河谷地带……"④ 而《水经注》中也说当地"……有温泉对注，夏暖冬热，上常有雾气"，天气闷热、气压低时，林中各种昆虫外出群飞是有可能的，且有雾的江面定是难以行船的。

最后，廪君夺权建国。传说廪君务相杀死了神女，自己成了新的盐神，并建都夷城。在盐阳，我们发现了该时代香炉石遗址（距今4000多年前夏、商时期），还留下了廪君化虎后的"白虎陇"，人们还在山上建了他的墓。

看来，盐水神女的死不仅是她自己的悲剧（爱上了最不该爱的人），也是廪君的悲剧（或许他爱她，杀她是身不由己）和母系氏族的悲剧（神女是母系氏族的最后代言人）。但是，在盐阳当地，盐神部落的后代对这出因盐而起的悲剧给出了一个个美丽的结局。

在盐阳，佷山顶上有一块被称为"盐女岩"的岩石，人们说它

---

① （北魏）郦道元原注：《水经注·卷三十七·夷水》，陈桥驿注释，浙江古籍出版社2013年版，第484页。
② （清）陈诗：《湖北旧闻录》，武汉出版社1989年版，第511页。
③ 湖北省长阳土家族自治县地方志编纂委员会编纂：《长阳县志》，中国城市出版社1992年版，第86页。
④ 湖北省长阳土家族自治县地方志编纂委员会编纂：《长阳县志》，中国城市出版社1992年版，第94页。

"是盐水女神化身"。① 他们又将盐池对面的山叫作"凤凰山",说当年廪君务相射箭时:"只见飞虫中一只最大的摇身一变,成为一只凤凰飞走了,落在对面的山头上。"② 后来,人们就在山顶修了一座寺庙,供奉这位盐神。在盐池河畔的"盐井寺"里供奉着盐水女神的像,该庙历经数百年,并多次毁后重建,2011 年是最近一次重建。

盐阳人还称新盐神廪君务相为老祖公,说:"老祖公来到盐池,见山里裂开一条缝,流出盐水,水上还有一位美貌女子。后来这个女子与老祖公结了婚,从此人丁兴旺,子孙繁衍。"③ 又"传说廪君治水得'盐水女神'相助,后世追思德泽,尊神女为'德济娘娘',与向王(务相)一起配享人间烟火"④。传说向王天子旁塑女像,俗称德济娘娘,始于盐水女神,这可以解释为当地人按照母系氏族的传统,对廪君务相与盐水神女事实婚姻的认可。

上述传说表明当地人既没有忘记盐水女神,又接受了新盐神廪君务相,并按照当地习俗认他们两人为夫妻。至今在清江的伴峡、盐池一带还留存女方在家招婿的传统,这里的家庭中由女子当家,男子长大当上门女婿。他们把当年的廪君务相看成是盐水女神招来的女婿,从某种意义上讲是盐促成了他们的事实婚姻。

在三峡地区很早就形成了特有的盐神信仰,该信仰的对象随历史时期的不同、人们需要的不同而不断地变换着,从动物、神祇直到实实在在的人本身。

---

① 湖北省宜昌地区地方志编纂委员会编:《宜昌地区简志》(内部发行),湖北省枝江县新华印刷厂印刷 1986 年版,第 318 页。
② 长阳土家族自治县民族文化研究会、长阳土家族自治县民族事务委员会合编:《廪君的传说》,枝城市新华印刷厂印刷 1995 年版,第 21 页。
③ 胡继民:《盐·巴人·神》,《湖北民族学院学报》(社会科学版)1997 年第 2 期。
④ 湖北省长阳土家族自治县地方志编纂委员会编纂:《长阳县志》,中国城市出版社 1992 年版第 670 页。

小　结

综上所述，文章分别从三峡盐的形成、三峡盐的开采、三峡盐的神化和三峡盐神信仰四个方面进行了探讨。笔者认为：三峡地区的地质构造运动致使远古三叠纪的含盐层位上升，从山地流出地表的盐泉为三峡先民提供了丰富的盐资源，也是盐神文化的根源。三峡地区的盐业生产不但历史悠久，而且形成了相当大的规模，盐场里人口的聚集和他们对物质、精神的需求是盐神文化的厚重基础。三峡人视盐源为上天的恩赐，他们在生产与生活中自觉或不自觉地神化着盐的功能，并使盐与神权、政治利益紧密结合，这些是盐神文化的主要动因。在三峡地区形成了特有的盐神信仰，该信仰的对象随历史时期的不同、人们需要的不同而不断变换。

下 篇

下篇共包括五章，主要探讨对环三峡地区远古巫文化遗产的保护与利用，以观其现状、述其保护、明其致用。下篇旨在通过对该地区巫文化遗产的现状调查、对该地区巫文化与民风民俗的有机结合、巫文化在该地区得以较好传承的原因的分析，以文化遗产保护理论为指导，探索出一套科学的、可供参考的保护措施。进而将环三峡地区现有之巫文化特色与当地的社会经济状况相结合，提出合理利用巫文化遗产推动地方社会经济发展的可行性建议。

第九章"环三峡地区远古巫文化的表象传存形式"，旨在对环三峡地区远古巫文化传承的梳理，内容包括：环三峡地区巫教的表象及传承，巫俗的表象及传承，巫艺的表象及传承。第十章"环三峡地区远古巫文化与水文化的联系"，旨在探讨该地区远古巫文化的水文化特色，内容包括：三峡水文化之廪君与盐水神女，航运与神女文化，船家巫航文化。第十一章"对巫巴山地巫文化遗产合理保护的探讨"，旨在探讨巫文化在环三峡地区的核心——巫巴山地的形成及其保护意义，内容包括：巫文化在环三峡地区产生的环境，环三峡地区巫文化遗产形成过程，对环三峡地区巫文化遗产的保护。第十二章"环三峡地区巫文化的非物质文化遗产保护语境"，旨在构架环三峡地区巫文化非遗保护与传承的理论，内容包括：环三峡地区巫文化缘起与影响，环三峡地区巫文化的遗产认知。第十三章"对环三峡地区巫文化的调查研究与科普实践"，主要为课题组成员参与巫文化研究的田野实践与社会应用，内容包括：环三峡地区民间"搭红"现象的巫文化解读（调研报告），记一份大学生巫溪巫文化遗产调查报告的产生（大学生挑战杯指导记录）。

第九章

环三峡地区远古巫文化的表象传存形式

提　要：远古巫文化与宗教人类学、艺术人类学或文学人类学关系密切。当我们从其中某一文化表象着眼观察，一种宗教仪式、一部文献典籍或一出艺术表演都能够发现和述及社会史问题、文化史问题。环三峡地区是巫文化的摇篮，巫文化在这里从远古到近现代的发展与传承过程中，拥有着一脉相承的内涵和丰富的表象。虽然该文化的内涵会随着社会的进步、人们认识的提高而逐渐淡化；但在这里其表象消亡的速度会慢得多，因为数千年来相对闭塞的自然环境较大程度地阻碍了生活其间的人们的认知更新。于是来自远古时期的巫文化基因便有可能在这里较多地得到传承，其更接近原生态的表象，无疑有利于我们对环三峡地区远古巫文化的探究。

宋兆麟认为，巫师是最早的杰出歌手和舞师，最早记录历史的人，最早观察天象变化的天文家，最早的医师和最早的美术家。[①] 他们互为表里有着十分紧密的联系，在环三峡地区较好地传承至今，成

[①] 宋兆麟：《巫与巫术》，四川民族出版社1989年版，第5—6页。

为颇具特色的巫文化遗产。王文章将独特性、活态性、传承性、流变性、综合性、民族性和地域性概括为非物质文化遗产的基本特点,①而这些特点在环三峡地区的远古巫文化遗产中几乎都能够找到。为了讨论方便,在本章中将环三峡地区的巫文化遗产分为三个方面,首先是巫教(各种巫术以及祭祀、避邪、崇拜等);其次是巫俗(民俗、丧俗、禁忌、巫医等);最后是巫艺(巫歌、巫舞、巫戏、巫画、神话等)。

第一节 环三峡地区巫教的表象及传承

巫教是人类早期宗教活动的具体体现。它包括了各种原始宗教、巫术以及祭祀、避邪、崇拜等,是巫文化的内核。环三峡地区人类最早的巫教活动可以追溯到旧石器时代晚期,在对重庆市奉节县旧石器时代晚期"鱼复浦遗址"的考古中,专家发现了有规律排列的12个烧土堆,"发现的石器、骨器多呈条带状分布在烧土周围"②。此即有可能是一处原始宗教的活动遗迹。进入新石器时代以后,在巫山县大溪遗址发掘的人类埋葬方式则体现出宗教活动的典型特征,其埋葬的形式多样化和随葬品的丰富内容均足以说明。③ 巫教仅为宗教的低级阶段,它缺乏严谨的说教理论和成熟的程式化教仪。也正是由于它还远未上升到高级阶段,所以直到奴隶社会时期的楚国,人们在处理信仰与形式的关系上还如《国语·楚语下》所说,"民神杂糅,不可方物""夫人作享,家为巫史"。巫教在这里最主要的体

---

① 王文章主编:《非物质文化遗产概论》,文化艺术出版社2006年版,第60—70页。
② 张之恒:《重庆地区史前文化之特征》,载重庆文物局编《重庆·2001三峡文物保护学术研讨会论文集》,科学出版社2003年版,第12页。
③ 邹厚曦、袁东山:《重庆峡江地区的新石器文化》,载重庆文物局编《重庆·2001三峡文物保护学术研讨会论文集》,科学出版社2003年版,第36页。

现是对鬼神的崇拜和使用法术驱使，先民认为鬼神是现实中与民众的生产生活最接近的。巫教中保留或传承到近现代的就有川东南的鬼教，沅、湘之间流传的娘娘教（美女教），湘西苗族地区的苗教等。略述于下。

巫教之一"鬼教"。研究表明，在巴族进入峡区以前，川东南地区是"鬼国"的中心地区。鬼国由"鬼族"所建，其都城（今重庆市丰都县，古称"平都"）为其政治、经济和宗教、文化中心。盛行于鬼国的巫教称"鬼教"，其大小统治者有鬼王、鬼帝、鬼帅、鬼官等；由于鬼国在商代是西南的一个大方国，因而"鬼教"的传播范围也相对较宽。"鬼教"属于具有巫教性质的粗浅的原始宗教，既无组织也无经典。鬼国人崇拜鬼及与人们日常生活和生产最紧密的天、地、水三大自然物，该教教义由巫师实施巫术的方式表达，因此又称为"巫教"。自巴族建国于此地后，"鬼教"便为其吸收，遂成为巴族诸部的重要信仰，遂有"白虎事道，蛮与巴人事鬼"①的记载。文献载，东汉时张陵（张道陵）曾在巴郡任江州令，他曾结合黄老学说将流行于巴蜀的鬼教进行改造，而创立了"正一道"；张陵还被奉为五斗米道（"天师道"）的创始人，晋人常璩称，汉末沛国人张陵曾在蜀中鹤鸣山修道，在此他"造作道书，自称'太清玄元'"，②张陵死后，其子张衡传其业，张衡死后又由儿子张鲁传其业。张鲁则"以鬼道见信于益州牧刘焉"。因五斗米道继承袭了鬼教的内容，当时人称为"鬼道"。亦有学者认为五斗米道的真正创始人应为张修，其"初为巴賨巫师"。无论如何，他们在各自的创教过程中均曾受到巴渝巫鬼文化的影响。直到隋唐时，居于巫巴山地的巴族仍然对"鬼道"笃信不疑，文献中有"夷事道，蛮事鬼，初丧，鼙鼓以为道哀，其歌必号，其众必跳，此乃槃

---

① （唐）樊绰：《蛮书校注》（卷十），向达校注，中华书局1962年版，第231页。
② （晋）常璩：《华阳国志校注》（汉中志），刘琳注，巴蜀书社1984年版，第114页。

瓠白虎之勇也"（《蛮书》卷十引《夔城图经》）之谓。巫教之二是"娘娘教"，"娘娘教"也称"美女教"，中华人民共和国成立前主要留存于沅、湘之间，以女性神灵为主要崇拜对象。在湘鄂黔桂边界的民间，人们还信奉女娲神、春巴嫲妈、嫲神婆、花婆女神、萨神（或称"萨嫲"）等，并视为始祖，由此可见该教具有母权制社会的原始宗教特征。娘娘教的巫师立坛，称为"震古雷坛"，这表明娘娘教在远古可能是以自然神为崇拜对象的。巫教之"苗教"系湘西苗族地区的本民族的原始宗教，他们的巫师称"苗老师"，当其举行重大祀典时需要戴冠穿袍，所用法器为黄蜡碗、铃铛、筒、短剑等；在做小法事时，则多穿便衣。在苗教中，"向汉向娘"（祖先）和"大索大戎"（雷公与龙）的地位十分显赫，苗家谚语中有"天上雷公（大索）最大，人间舅公最大""雷管苗，官管汉"之说。湘西苗乡素有"三十六堂神，七十二堂鬼"之说，故苗家风俗自古便"淫祀"颇多，且其表象直到20世纪仍然有较好的保存。"苗教"的祭典目的主要在于避祸求福、祈求平安。为了达到该目的，他们要举办各种各样的祭祀活动，石启贵在《湘西苗族实地调查报告·宗教信仰》①中就重点介绍了"椎牛""祭雷神""接龙"等26种祀典；在凌纯声、芮逸夫的《湘西苗族调查报告·苗教》里，详细列举了"祭祖""打家先""吃猪"（椎猪）等16堂祭祀。②

巫术起源于原始社会。宋兆麟将巫术解释为史前人类或巫师信仰及行为的技术与方法。"是施巫者认为凭自己的力量，利用直接的或间接的方式和方法，可影响、控制客观事物和其他人行为的巫教形式。"③显然，它是巫师控制客观事物和其他人行为的方法，巫术也是

---

① 石启贵：《湘西苗族实地调查报告·宗教信仰》，湖南省人民出版社2002年版。
② 凌纯声、芮逸夫：《湘西苗族调查报告·苗教》，民族出版社2003年版。
③ 宋兆麟：《巫与巫术》，四川民族出版社1989年版，第214—215页。

巫教的表现形式。环三峡地区自古就有崇尚巫术占卜的传统，其表象在相对闭塞的地区延续至今。例如，在重庆市巫溪县境，流传至今的民间巫术活动就有跳端公、告阴状、请七仙姑、化九龙水、请桌子神等，只是活动的方式更为隐蔽。在湘北土家族"赶白虎"的巫术也得到了传承，当地人将白虎分为"坐堂白虎"与"过堂白虎"两种，认为前者是家神，后者是野神。当地有民谣"白虎当堂过，无灾必有祸"，意思是如果"过堂白虎"进了门，家里的小孩就会遭殃，于是就得请巫师赶白虎、钉白虎。招魂的巫术曾流行于古代楚国，有屈原《招魂》为证："魂兮归来，入修门些，工祝招君，背行先些。秦篝齐缕，郑绵络些，招具该备，永啸呼些。魂兮归来，反故居些。天地四方，多贼奸些。像设君室，静闲安些。"屈原在被放逐后，当其闻听楚怀王客死于秦时，还特地著文《大招》为怀王招魂。在后世民间，招魂术仍长久保留，用旌幡也靠人的呼号；在环三峡地区，招魂并不局限于死者，如活人病了或受惊，也被归咎为魂不守舍、四处游荡，也需要为其招魂。被认定为古代巴族直系后裔的土家族聚居于渝、鄂、湘、黔四省市交界之地，不少古代巴人崇鬼尚巫的传统被他们承继，因此在过去当地巫术活动盛行。在不同的土家族聚居区，巫师亦有"梯玛""端公""土老师""老司子"等不同称谓。土家巫师的社会地位是很高的，"在土家人中，梯玛通神灵，精巫术，会作古唱经，神通广大，有求则应，其权威远胜于当地的封建官员"[1]。在举行法事活动时，梯玛身穿法衣手持法器，其法事活动主要有"服司妥"（还愿）、"杰洛番案"（解邪——赶鬼驱邪）、占卜（预测吉凶祸福）等。彭英明在《土家族文化通志新编》[2]一书中对此做了较为全面的介绍。图9-1为端公戏。

---

[1] 重庆市民族宗教事务委员会编：《重庆宗教》，重庆出版社2000年版，第434页。
[2] 彭英明：《土家族文化通志新编》，民族出版社2011年版。

图 9-1 端公戏

祭祀、避邪与崇拜。首先，巫教在环三峡地区体现为种类繁多的祭祀，如远古巴人的"人祀血祭"和"獭祭彼崖"、楚人的祭川与祀神，近代土家族与苗族继承了其传统。在重庆市酉阳土家族苗族自治县过去便有诸如"每岁孟夏，或设坛玉皇阁斋醮数日，文武官亦诣坛上香，为民祈福""同俗信事鬼神，乡里有争角，辄凭神以输服，有疾病则酬神愿，大击钲鼓，请巫神以咒舞……"① 等习俗的记载，类似资料在《川东南少数民族史料辑》② 一书中也收集了不少。其次，基于趋利避害的认知，采取某种方法避邪也是环三峡地区原住民的常用手段。白虎巴人以白虎为图腾，在其剑、戈等兵器上大量铸上虎纹，而虎嘴的方向正是向前向外的，其目的当是用图腾符号保护自己，战胜敌人；亦有学者将兵器上常见所谓"手心纹"解读为龙蛇巴人图腾"蛇头"，在巫巴山地建筑的门楣上方常常挂有用桃木制作的"吞口"，以防止毒蛇猛兽入室

---

① （清）王鳞飞等：《酉阳直隶州总志·风俗志》，同治三年（1864年）刻本，卷第四十七页。
② 四川黔江地区民族事务委员会编：《川东南少数民族史料辑》，四川人民出版社1996年版。

害人。该"吞口"似虎，鼻大、眼大、嘴大且多毛，"吞口"作用应该与刻有图腾的兵器类似以求福避邪。最后，原始先民祈求自然神灵与祖先保护的愿望促成了各种崇拜的产生，在环三峡地区古代巴人有白虎崇拜，楚人则有对凤鸟、太阳和火神的崇拜。后世的土家人不仅继承了巴人的白虎信仰，还流行着对舍巴神（带领人民拓荒的祖先）、谷神（五谷娘娘）等的多种形式崇拜。

巫教源自万物有灵观念，是人类的前宗教形态，它虽然仅有粗糙的内核和简单的表象，但具备了后世宗教最重要的基因。对其与宗教的关系，有学者指出，两者乞求的存在及其调动的力量性质几乎相同，但从组织上看，宗教信仰基于某个特定集体的共同信仰，巫术虽有追随者和普遍性，但"这并没有使所有巫术的追随者结合起来，也没有使他们联合成群，过一种共同生活，不存在巫术教会"①。这种组织上的不完整便自然会导致其在教义与教仪上远不及宗教完备。环三峡地区的巫教在漫长的岁月中不断发展变化，有的上升成了宗教（天师道），有的仍然保持着较为原始的状态。

第二节　环三峡地区巫俗的表象及传承

《说文解字注》释"俗"曰"习也"。"习者，数飞也。"② 段玉裁注俗"谓土地所生习也。俗谓常所行与所恶也。汉地理志曰。凡民函五常之性。其刚柔缓急。音声不同。系水土之风气。故谓之风。好恶取舍。动静无常。随君上之情欲。谓之俗"（《说文解字注·卷八，人部·俗》）。由此可见，"俗"的含义：一是学习——效仿，由此便有了习俗

---

① ［法］爱米尔·涂尔干：《宗教生活的基本形式》，渠敬东、汲喆译，商务印书馆2020年版，第57页。
② （汉）许慎撰：《说文解字》，中华书局1981年版，第165，74页。

之说；二是特定地方所生的民间风气。环三峡地区山高、水广、林密、洞深、流急，气候多变、猛兽出没，神秘莫测的自然环境给原始居民造成强大的心理压力和期待，于是这里自古便巫风浓厚，久而久之便积而成俗。后又因其山区地理环境相对闭塞，经济文化发展相对滞后，到近、现代巫风、巫俗依旧残存。这也为我们保留了较多可供研究的东西——其巫风甚浓的民俗，独具特色的葬俗、禁忌和巫医传统等。

　　巫俗是基于民间信仰的，民间信仰"是相对于正式的宗教或得到官方认定的某些信仰，是一定时期广泛流传于民间或者说为多数社会下层民众崇信的某些观念"①。它具有多样性、神秘性、语言多变性的特征，其形式多与巫术相似。越是在交通闭塞的地方，传至远古的民间信仰保存越多。贺璋瑢在分析广东省客家地区巫鬼信仰盛行的原因时指出，在岭南百越民族原始宗教遗风文化中，请神、招魂、问仙、扶乩、喊惊、认契娘、卜卦、测字、看相、算命、求签、画符等巫觋信仰长期流传，"越是受中原文化影响小的地方，巫觋传统的特色越是浓郁"②。巫俗之所以能顽强地生存于此，亦与古时山高水险的恶劣环境、当地人追求生存发展的强烈愿望、原住民崇尚巫鬼的习俗相关，于是环三峡地区巫俗源远流长。

　　在环三峡地区直到梁代，楚地的岁时风俗据宗懔记载还多与巫术相关，在不同的时间人们要从事不同的巫术活动，如正月一日人们需要"鸡鸣而起，先于庭前爆竹，以避山臊恶鬼"。到了正月十五日这一天，人们则要"作豆糜加油膏其上，以祠门户"。当晚还要"迎紫姑"神，占卜蚕桑及其他事项。而在五月五日浴兰节（端午）来临时人们要"采艾以为人，悬门户上，以禳毒气"，还要开展竞渡活动。到十二月

---

① 贾二强：《唐宋民间信仰》，科学出版社 2020 年版，第 1 页。
② 贺璋瑢：《广东民间信仰文化探析》，社会科学文献出版社 2020 年版，第 161 页。

八日是为"以豚酒祭灶神岁暮"①,这时家家要备好佳肴,祭神灵、迎新年。时至唐代,巫风仍然盛行于楚地,从上到下各族民众不仅要祭本地山川之神,还要祭祀位列仙班的历史名人。人们"祭水神""祭盘瓠""祭巫山女神"及"二妃",也祭古往今来的英雄,恰如刘禹锡所言"行到南朝征战地,古来名将尽为神"(《自江陵沿海流道中》)。巫风深入民俗的例证,我们在时至今日的三峡土家人聚居区仍然能够看到,如建房,被土家族称为"立百代基业,安千载龙阁"。其建房过程中少不了巫术仪式,首先,动土、伐木、奠基要择"吉日",上梁之前还要"退煞"。其次,对选择栋梁之材十分讲究:一方面树木的倒向要向山巅,意即步步高升;另一方面为了"旺子孙""春常在",在选择木料时以梓木、椿树为佳;此外为了子孙发达,选料还要选树蔸发有小树、枝上有鸟鹊砌窝的。最后,在动斧砍树之前,人们还要燃香、烧纸祭树神;在梁木运回后还要贴上红彩,小心照看,不能让人跨过、踩着(见图9-2)。

图9-2 湘西农村建房上梁(选自网页)

---

① (南朝梁)宗懔撰,姜彦稚辑校:《荆楚岁时记》,岳麓书社1986年版,第2—62页。

葬俗历来为巫巴山地的人们看重，当地俗语中便有"在生一栋屋，死后一副木"之谓。三峡地区巴人的远古丧俗多悬棺葬，在三峡内有不少悬棺高高地架在悬崖峭壁上，至今在大宁河上游重庆市巫溪县还有保存数量较多、质量较好的悬棺。在三峡地区有不少高置的悬棺，它们是在什么时代、由什么人、用什么样的方法搁置上去的？他们为何要采取悬棺葬的方式？被葬于悬棺的人又是谁呢？诸如此类的问题，长期以来引人注目。学者们认为悬棺葬主要是巴人所为，因为除发现棺里的巴人随葬品外，这些悬棺的制作还多采用船的形式或者直接使用旧船葬人，而巴人在相当程度上就是水上民族，所以以船为棺的葬式应是具有巫术意义的。① 当然，其中一些也可能是由于巴人生活于同一时代、同一地区、有着类似生产方式与习俗的獽人、蜑人留下的。后世生活在环三峡地区的居民，其葬俗依旧保留着代代相袭的浓浓巫风：老人在世时，他们要请巫师为之"看风水"精心选择墓地；当家里有人去世时，要履行一整套丧葬仪式，包括为死者招魂、敲"断气锣"、烧"断气钱"、放"饭啥"；死者的家人要为其举孝，他们需要穿孝衣，扎孝帕、以麻系腰、手持哭丧棒为死者招灵；要为死者设灵堂，要在灵桌上放置灵牌并且点油灯、插香烛；做道场，请巫师念经、敲锣打鼓、摇旗呐喊求神保佑死者；唱"丧鼓歌"，入夜时丧鼓班子要"闹夜"，亲朋好友要来"赶丧"以悼念死者，在巴楚地区，丧鼓有坐丧（坐着唱）、跳丧（边唱边跳）和转丧（绕灵柩转圈）等程序；出丧，需于拂晓前念祭文，孝子告别，这时要移灵柩到屋外，在出丧之后，家人还要在停灵的地方用扫帚往门外使劲扫，敦促亡灵往远处投胎，不再骚扰活人，此谓"克鬼"。以上程序一样都不能少，它折射了生者对逝者几乎所有的巫术心理活动。对巫术在丧葬领域长期存在的原因，李虹认为自春秋战国之

---

① 邓晓：《论巴人与土船》，《重庆师范大学学报》（社会科学版）2006年第5期。

后，王权的强大使巫师的祭祀垄断权消失，逐渐远离神权与政治核心的他们转向民间发展，成为下层社会中专门从事鬼神祭仪的人。又由于在"古代巫医不分，巫也是医，他们在无法医治好病者后，只好再承担包办死者入葬的任务"①。在鄂西长阳土家族自治县一带土家族的葬俗中，还长期保存着如烧落气纸、人死关猫、跳丧（撒尔荷）、游丧（打绕棺）、剪衣角等习俗。②

禁忌也是巫俗的一种。在生产与生活领域中，当人们的种种神灵信仰渗入其间时便会形成诸多禁忌，自古如此。从古文献中我们得知，在楚国的占卜习俗中就已经注重时忌，王充曰："式上十二神，登明、从魁之辈，工伎家谓之皆天神也，常立子丑之位，俱有冲抵之气，神虽不若太岁，宜有微败，移徙者虽避太岁之凶，犹触十二神之害。"③ 这也就是要人们避讳"十二神之害"。"月忌"就是在每个月里人们要规避的禁忌，它要求避免与十二天神、时辰、月宿对应的五行、四时、四方相冲犯；所谓"日忌"即为日禁，它根据对多种元素的相配与占测吉凶得出，包括每日的干、支名与太岁、岁星所处辰位、方位，以及黄道、月舍、五行、四时等诸因素，以之确定每日宜做之事与不宜做之事。在环三峡地区，后世人们现实生活中的禁忌更俯拾皆是：以土家族为例，清明、立夏及农历四月初八不用耕牛，否则牛会生病；正月初一不准扫地，扫地会将财气扫走；在正月初一至十五间，无论大人小孩均不能剃头，以免影响秧苗的长势；吃年饭时人们不能泡汤，以免来年涨水冲垮田坎；正月不准动祖坟，以免挖断祖宗灵气。其他禁忌还包括恭敬灶神，不得用脚踏灶与火坑中的角架，灶上不得摆放衣裤、鞋袜等脏物，更不得在灶上炖食狗肉；由于"桑"（谐音"丧"）、"柳"（谐音

---

① 李虹：《死与重生：汉代的墓葬及其信仰》，四川人民出版社2020年版，第14页。
② 龚发达编著：《土家风情》，湖北人民出版社2003年版，第205—211页。
③ （汉）王充：《论衡·卷二十四·难岁篇》，上海人民出版社1974年版，第376—380页。

"扭")不吉利,因此家门前不得种桑树,房屋后不得栽柳树,以免家运不顺。诸如此类的禁忌在环三峡地区俯拾皆是。

在战国以前巫和医是不分的,两者同出一源,因此在中国"医"的繁体字也写作"毉"。有学者指出,"商、周、秦时期,人们普遍认为疾病是由超自然,尤其是诅咒造成的。自然,世界里日常的相互作用、远祖或近祖的不满,都有可能使人得病,因此古代的治疗者对地方传说、病人的家世和医学技术不得不了如指掌。治疗者主要的治疗工具是占卜,主要的治疗方法是驱邪逐祟"①。古书《山海经》提到巫师时,总是将其与药并论,如《大荒西经》的"百药爰在",《海内西经》的"操不死之药"②;而群巫之一巫彭在《吕氏春秋·勿躬》《世本》等书中皆被称为"初作医"者,该现象至少表明在巫巴山地医术很早就产生了,且最初巫医是不分家的。由此,郭璞在提到巫彭、巫抵、巫阳、巫履、巫凡、巫相六巫时,亦注曰:"皆神医也。"之所以有这样的认识,原因在于上古之时在普通人心中"君主和统治者至高无上的地位给他们带来了与众不同的、卓越的能力。因此,君主和统治者被认为拥有治愈能力,而一般百姓认为,这种治愈效果可以通过触摸传递到自己身上"③。

远古"医"即"巫"的现象从客观上反映了当时人们对自然与自我关系认识的宏观性,同时从这些材料上亦可看出中国上古医药经验的积累最初明显得益于巫师驱邪治鬼的活动。例如,古代巫医使用之药主要是丹砂,"丹砂味甘微寒。主身体五脏百病,益精神,安魂魄,益气

---

① [美]艾媞捷、[美]琳达·巴恩斯编:《中国医药与治疗史》,朱慧颖译,浙江大学出版社2020年版,第9页。
② 王斐译注:《山海经译注·海内西经》,上海三联书店2014年版,第321页。
③ [英]莫尼卡-玛丽亚·斯塔佩尔贝里:《魔法、节日、动植物:一些奇异文化传统的历史渊源》,高明杨、周正东译,上海社会科学院出版社2020年版,第9页。

明目。杀精魅邪恶鬼。久服通神明不老"①。到战国时期，巫和医开始分离，《史记·扁鹊列传》有了"信巫不信医，不治"的记载。尽管分道扬镳，但在后世医生治病、巫师祛邪时仍常常用到相同的药物，除了丹砂，在《楚辞》中还提到了如白芷、瑶华、桂枝等药物，它们常被巫医们采用。即使汉晋以后，楚地民间患病仍多请巫师，如"湘北有一类与医疗有关的巫术，它表现在用符咒、法水治病，可称为灵符巫术或'符水巫术'"。其所治之病有："化九龙水"（以符水化掉误食的石头、鱼刺、鸡骨）、"治恶犬、狗咬伤"、"摘翳子"（摘除白内障）、"杀羊子"（使肿大的腹股沟淋巴结消炎）等②巫医的代代相袭，使巫术疗法至今在巫巴山地尚存，探究巫医疗效尚存的原因与其采取用药和心理暗示（驱邪）双管齐下的方法不无关系。

甚至到了晚清民国时期，巫术仍在民间尤其是边远地区的治疗活动中扮演重要的角色。在影响治疗效力的诸多因素中，文化与信仰的因素是十分重要的，特别是在对待某些心理疾病之时。虽然巫师与医生在治疗理念和技术上大不相同，"但都是针对身体出现异常状况所可能采取的治疗选择之一"③。因此，巫师结合药物的心理疗法往往也会产生一定的效果。巫者在治疗中地位的边缘化则是随着医学的进步，人们对病因的解释逐渐从超自然力量转向自然因素等多方面原因。

出于对平安吉祥的追求，环三峡地区的先民想尽了种种办法、采取了许多手段，以求沟通天地、鬼神、阴阳。这些在如今被称为巫术的民间活动又因为长期传承而约定俗成，成为人们日常生活的一部分。

---

① （清）孙星衍：《神农本草经·卷一·上经》，人民卫生出版社1984年版，第3页。
② 唐明哲：《楚湘巫术类说》，载方培元主编《楚俗研究》（第三集），湖北美术出版社1999年版，第65—66页。
③ 杨念群：《再造"病人"——中西医冲突下的空间政治（1832—1985）》（第2版），中国人民大学出版社2019年版，第208页。

第三节 环三峡地区巫艺的表象及传承

原始艺术产生于旧石器时代晚期，图腾崇拜是覆盖全人类的精神文化活动。宗教的信仰往往伴随非理性的激情，而艺术正是生产激情的摇篮，于是巫艺应运而生。从往古以至今日，图腾艺术的直接演化不只是"避邪民俗艺术"，[1] 更多的还应包括祈福。这里讨论的所谓"巫艺"，主要包括巫歌、巫舞、巫戏、巫画以及神话传说等与远古巫文化相关的艺术种类，它们在环三峡地区都有十分突出的表现。

巫歌即涉巫的诗歌。它曾盛行于三峡地区，楚地的巫歌是三峡地区巫歌的代表，它对催发《楚辞》的产生起了相当重要的作用，且对其特征产生了影响。楚人善于借鉴外来的乐歌，《楚辞》就是楚人全面融汇南北诗歌艺术陶冶而成的伟大创造，其中就有不少涉巫的诗歌。闻一多先生曾运用巫术观念研究《楚辞》，认为《九歌》中的九神"实际是神所'凭依'的巫们"（闻一多著，朱自清、郭沫若、吴晗、叶圣陶编：《闻一多全集》，上海书店出版社2020年版）。虽然《九歌》中的"巫术"与"巫音"所含"巫性"的大小不同，但其内容仍不乏写巫者、记巫事，其得名源自夏代，是屈原因祭神所需而改作；又如《离骚》，屈原在其中幻想超越黑暗的现实，将自己想象成可以驾龙升天、随凤见神的神巫，诗中采用了独立的巫事巫语。在性质上与之类似的还包括《九章》《招魂》《大招》，它们亦不乏宗族祭祀、悼念仪式、巫觋作法等内容。学者蔡靖泉指出，以"三二"节奏的五字句与"三三"节奏的六字名为主要句式，同时亦在句中或句尾灵活运用"兮"字助词是《楚辞》语言形式的鲜明特征。该特征在楚民歌和楚巫歌中都有

---

[1] 雷乐中：《巴人避邪民俗文化寻绎》，载《三峡文化研究》（第一集），重庆大学出版社1997年版，第182—191页。

一定程度的体现，"楚辞"是"更直接地脱胎于巫歌，并在巫歌的基础上将这一特征突出和强化了"①。《梯玛歌》是巫师（梯玛）在作法时唱的土家语巫歌，土家族有语言无文字，其本民族文化主要靠口头传承，而梯玛便是世袭的文化传承者，随着与汉族的交往增多，汉字版的《梯玛歌》才得以产生。该《梯玛歌》长达五十章 148 节，在其第六章"开天辟地"②中，是这样叙述其民族由来的："啊！人没有啊，不见烟升，只有姊弟俩啊，世上只有两个人。那里，我们两人坐，二人来成亲，世上才发人，才有炊烟腾。"在鄂西清江流域同样流行着如"混沌初开""天开地劈""盘古出世""洪水泡天歌"等传自远古的民谣。③在湘西的苗族民间亦流传着类似的传说如"盘哥与瓠妹的故事""九个太阳"等神话。④以上故事若溯其源，可能都要找到远古的智者巫师那里。在弄不清人与大自然的关系、弄不清人类自身来源的古代，巫师的解释是睿智的，尽管这样的解释缺乏科学的依据，但给了大家一个必要的说法，而该说法对于框定先民的心、确立其精神支柱以从容应对强大的自然压力，化解因无知产生的情绪焦虑十分必要。

巫舞是古老的祭祀性舞蹈。它以舞的方式实施巫术，在环三峡地区自古便有盛行巫舞的记载。古时巴族勇武善战，常常在阵前穿戎装、舞干戚，据载"武王伐纣，实得巴蜀之师，著乎《尚书》。巴师勇锐，歌舞以凌殷人，前徒倒戈……"⑤笔者认为，巴人的战阵舞就是一种巫舞，其目的是借助神力战胜敌人，它以其雄壮的气势、统一的面具或化妆、高声地呐喊首先在精神上摧毁了敌方的士气。在相当程度上是

---

① 蔡靖泉：《荆楚巫风与楚辞文》，载方培元主编《楚俗研究》（第一集），湖北美术出版社 1993 年版，第 64—65 页。
② 湖南少数民族古籍办公室主编：《梯玛歌》，岳麓书社 1989 年版。
③ 陶立荣等编：《土家民歌》，湖北人民出版社 2003 年版，第 85—90 页。
④ 凤凰县民间文学集成办公室编：《凤凰县资料本》（内部发行），湖南省保靖印刷厂 1978 年版，第 3—15 页。
⑤ （晋）常璩：《华阳国志校注》（卷一·巴志），刘琳注，巴蜀书社 1984 年版，第 21 页。

巴族战士特有的化妆，豪放、诡异的舞姿，鏖于与呐喊声以及兵器上的虎图腾化为强大的精神力量，激励着他们勇往直前。巴人的战舞在后世土家族舞蹈"大摆手"中还存其余威；巴人"明发跃歌""男女相携，蹁跃进退"的生产舞蹈，演变成了土家族的"小摆手"，其目的在于通过舞蹈感谢神灵的护佑、祈求来年好收成。史载："土家各寨有摆手堂，每岁正月初三至十七日，夜间鸣锣击鼓，男女聚集，跳舞长歌，曰摆手。"① 如今的摆手舞主要有两种类型："'大摆手'是一种表演军功之战舞；'小摆手'是一种祈祷年丰之农事舞。'大摆手'三年举行一次，'小摆手'每年都举行。"② 中华人民共和国成立前在环三峡地区的民间巫舞中，由男巫跳的"端公舞"和女巫跳的"仙娘""七姊妹""马脚"舞广泛流传。端公是民间的巫师，粗通文墨、会施"法术"，因其能沟通人、神之间的意念，被人们视为成神的公差，所以被称为"端公"。"跳端公"又称为"跳神"，驱鬼赶邪，除病消灾，祈祷国泰民安、风调雨顺便是跳神的目的；"仙娘""马脚""七姊妹"的舞者为女巫，其巫舞内容与"端公舞"类似。长期以来，在环三峡地区"端公""仙娘""七姊妹""马脚"等巫舞活动流行，它们主要依附于民间传说和民俗活动而传播和发展。③ 在土家族至今还传承着"打绕棺"的祭祀歌舞，即打击乐器并围绕棺材跳丧，一般于丧事中殡葬前表演"舞时除有土老师带领、民间艺人参加外，死者亲友亦可参加，人数不限，但必须为男性、双数"④，如今"打绕棺"舞已经作为非物质文化遗产受到了保护。戴祖贵在《乡音乡情》一书中记录了重庆市市级民间音乐类

---

① （清）张天如纂修，（清）魏式曾增修：《永顺府志·卷三十·风俗》，（清）十二年刻本，第四页。
② 恩施州民族宗教事务委员会编：《恩施土家族苗族自治州民族志》，民族出版社2003年版，第178页。
③ 湛明明：《三峡地区巫舞浅析》，载《三峡文化研究》（第二集），重庆大学出版社1999年版，第339页。
④ 重庆市文化局编：《重庆民族民间舞蹈集成》，西南师范大学出版社2003年版，第769页。

（民间歌曲部分）非物质文化遗产名录的项目 23 种，其中包括"巫音"，巫音又叫"神歌"，传说为三峡神医巫咸创史，是一种以民间音乐舞蹈形式悼念亡人的祭祀活动，为原始古朴音乐，流行于环三峡地区。"它将道士、端公、马脚的祭祀活动融为一体，有生旦末丑、巫步神歌、踊踏歌唱，形成一种巫师组班群体祭祀活动，非常独特。"[①]

巫戏是一种戏曲式的巫术活动，环三峡地区的巫戏主要有三种：还傩愿、还坛神和茅古斯。"还傩愿"最早是一种仪式，在古代，人们会将鬼神作祟视为所遇各种灾难的起因，为此他们常常向傩愿菩萨乞求庇佑，并以还愿感恩作为逢凶化吉后的许诺，这就是"还傩愿"。史料中便有"方相氏（周代专设之驱疫官），掌蒙熊皮、黄金四目、玄衣朱裳，执戈扬盾，率百隶而难（傩），以索室驱疫"（《周礼·夏官·方相氏》）的记载，可见其用途在于逐疫、祈福禳灾。该仪式后来衍生出傩舞、傩戏，并由原始宗教形式向世俗娱乐形式转化，成为一种戏曲式的巫术活动。如今，在我国绝大部分地区傩戏已经消失，但在环三峡地区依旧存在，该巫戏的最显著特征就是演员均戴面具出场。还傩愿的表演程序复杂，前后共包括八出法事（称"傩八朝"），含发功曹、请神、安位、出土地、点雄发猖、姜女团圆、钩愿送神等。表演者所戴面具被认为具有巫术功能，不同的面具代表着不同本领的神灵，戴上它们，不同的神灵便随之附体。班主在表演之时要登上高台进行祷告，求诸上苍、地府、傩神，为主人赦罪免灾，并领取其所发傩愿。[②] 在湖南省怀化市沅陵县至今还保留着非物质文化遗产"辰州傩戏"，调查表明辰州傩戏包括"外科""内科"和"傩技"等

[①] 戴祖贵编著：《乡音乡情》，西南师范大学出版社 2017 年版，第 151 页。
[②] 唐明哲：《还傩愿与楚巫学撷谈》，载《楚俗研究》（第二集），湖北美术出版社 1995 年版，第 48—52 页。

内容，行傩通常是祖传，传男不传女。其中"外科"即唱傩戏，有《姜女下池》《三妈土地》等，为还傩愿所为，包括"愿傩"（求子等，其间要唱《求子歌》）、"喜傩"（感谢神灵庇佑，如求子如愿以偿）和"寿傩"（为老人祈寿等）三类。"内科"即做法事，包括"追魂"（替精神萎靡的人找回其失落的"魂魄"），"整颠"（治疗精神不正常的病人）等，其主要手段是心理调节加上药物治疗。"傩技"即上刀山、过火槽、踩犁头等技艺，这些往往需要经过长期的训练，甚至是幼儿学。[①] "还坛神"的巫戏，主要在鄂西土家族地区流行，所谓"坛神"指身在阴间受封的家族先祖。他们被视为家族的保护神，如果一年下来其后人无病无灾、人财兴旺，就会被认为是受到自家"坛神"的保佑，秋后时节家人就要请巫师设坛酬奠该祖先，其间敲锣打鼓、奉献祭品的场景十分热闹。傩文化与还坛神最大的区别在于前者以驱鬼逐疫为主，后者以祈祷福佑为主。茅古斯堪称巫戏的活化石，于舍巴日（摆手）祭祀中演出，目的是祈年求育。原始社会人类生产的三个最重要的方面——物质生产、自身繁衍、精神创造均在茅古斯表演中得到突出的体现：表演茅古斯需要若干人，出演者将打扮成"毛人"，他们身扎稻草、头系五根草辫，在主角"papuka"（老公公）的带领下表演故事情节。在长期的传承中茅古斯融进了不同时代的内容，其中如"过年""做阳春"等突出了民间求丰收的主题，而"接新娘"和"舞神棒"等再现了百姓祈祷繁衍的愿望。在"舞神棒"中，茅古斯扮演者将一裹有茅草的木棒夹在胯下进行表演，在表演过程中，甚至有不孕妇女用手去摸那根"生殖棒"，她们似乎真的相信可因此而怀孕。"'茅古斯'具

[①] 刘冰清、姜奕彤：《傩戏人生——辰州傩戏土老师口述史之敬乾娥篇》，《三峡论坛》（三峡文学·理论版）2020年第6期。

有戏剧舞蹈双重性质,是一种原始的戏剧舞蹈。"①

巫画是具有宗教目的的绘画。早在上古时期,人类就开始赋予不同颜色以不同的意义,且其内涵往往与巫术相关。其中,朱砂因颜色与血液接近,常"被当作血液的代用品,具有血液的神力,在墓葬中呼唤生命,在盟誓中对神灵作出保证、在祭祀中向鬼神献血"②。相应地,赭石与赤铁矿粉也被有意识地撒在了亚洲、欧洲、非洲的原始人墓地上。在我国新石器时代的大量彩陶上,具有巫画性质的内容也屡见不鲜,如1978年出土于河南省平顶山市临汝县阎村仰韶文化遗址的彩陶缸"鹳鱼石斧图",画面中鹳与鱼的内涵、石斧的寓意、所用色彩及构图,以及该器物拥有者的身份等均值得探究。③殷商之前巫术中常用的其他色彩颜料就有如赤铁矿粉(赭石)、石绿、石膏、炭黑(百草霜)等。

出于对强大自然力的崇拜与讨好,环三峡地区的原住民多持有"事鬼敬神而近之"的人生观,该人生观的具体体现便是他们努力地在其绘画中生动形象地进行表现,其对象包括人神、动植物、禽鸟和各种想象中的异类事物。他们致力于营造呼之欲出、色彩斑斓、意境诡谲的氛围,这在楚漆画和帛画中表现得尤为突出,无论湖北省随州市擂鼓墩大墓漆棺的丰富画面,还是湖南省长沙市出土的《人物龙凤》《人物御龙》和马王堆一号汉墓的帛画,均在具象地展现其震撼人心的形式美,同时热切地向我们倾诉了它们的巫术目的。《人物龙凤》图出土于长沙陈家大山楚墓,《人物御龙》图出土于长沙子弹库楚墓,均为战国时期作品;长沙马王堆一号墓帛画绘于西汉。它们均为表现墓主人死后升天

---

① 宜昌市文化局、三峡大学三峡文化研究中心:《三峡民间艺术集粹》,长江文艺出版社2003年版,第624页。
② 肖世孟:《中国色彩史十讲》,中华书局2020年版,第25页。
③ 郭廉夫、郭渊:《中国色彩简史》,重庆大学出版社2021年版,第3—5页。

的题材，其内容或祈龙凤引导或驾龙舟入海或附龙体升天，为我们还原了当事人对生命彼岸的认识。① 重庆市梁平区的年画（见图9-3）自古以来便已远近闻名，它的巫画性质也是非常突出的，无论门神、灶神还是五子登科、招财进宝的题材，都充满了当地人避邪求福的美好愿望，人物脸上那两块充满喜庆的桃红色便是其独一无二的标志。

图9-3 梁平区年画

神话的巫术性质是显而易见的。马克思认为，史前时期世界上的各民族，都曾经历过漫长的充满幻想与神话的童年，而"任何神话都是用想象和借助想象以征服自然力、支配自然力，把自然力加以形象化"②。

---

① 张光福编著：《中国美术史》，知识出版社1982年版，第49—50、73页。
② ［德］卡尔·马克思：《〈政治经济学批判〉导言》，载《马克思恩格斯选集》（第2卷），人民出版社1972年版，第113页。

由此可见，神话的进步意义就在于它是先民认识和征服自然力的重要手段。环三峡地区是中国神话的摇篮之一，《山海经》中的《海经》就曾叙录了这里丰富的远古神话；屈原的《楚辞》大多是集录神话以筑其基、熔铸神话以成其文；宋玉的《高唐赋》《神女赋》亦以其讲述巫山神女令人神魂颠倒的故事而流传古今；淮南王刘安曾在楚国故地组织门下宾客编撰了保存有大量上古神话的巨著《淮南子》。如今，流传在环三峡地区的不仅有大禹治水、巫山神女、开天辟地、女娲补天以及烛龙等著名神话，还有许多民间传说，它们讲述着充满巫术色彩的人间传奇，如巫山诸巫的传说、廪君化白虎、盐水女神、呼归石的传说、巴族悬棺葬等。在这些神话与传说中，神与自然、人与神、人与自然以巫术为纽带交织在一起，结出了精彩纷呈、美轮美奂的文学奇葩。

小　结

综上所述，环三峡地区巫文化在其从远古到今天的传承过程中拥有大致相同的内涵和丰富的表象。一方面，社会的进步、科学的发展与人们认识的提高不断地淡化着该文化古老的内涵；另一方面，巫文化的表象因为这里相对闭塞的自然环境，在人们的社会生活中顽强地保留着，并且较多地演化成当地的习俗。传统与时间相互博弈的结果使该文化本身在变异之中得到传承，这也就在相当程度上为我们动态地考察巫巴山地的远古巫文化提供了活的范本。

第十章

环三峡地区远古巫文化与水文化的联系

提　要：环三峡地区有着以长江为干流的众多河流构成的水网，丰富的水系养育着该流域的人民，也给当地传统文化打下了深深的烙印。于是环三峡地区的远古巫文化无疑便与水、与大江两岸的民生、与航运息息相关。在讨论该地区的远古巫文化时，我们便不得不涉及清江上盐水神女与廪君的恩恩怨怨、峡江中大禹的治水传说、巫山神女的故事以及大江上下传承至今的船工习俗。

第一节　三峡水文化之廪君与盐水神女

位于湖北省境内的清江上，流传已久的盐水神女的故事与巫文化不无关系。白虎巴人的祖先廪君务相与盐水神女的传说更是在不少古籍中都有述及。古籍所述毕竟不是说说而已的故事，它往往折射曾经有过的历史。本节力图通过对古籍传说中信息的剖析、对传说背后真实的探讨、对古籍传说的反思，探寻白虎巴人在清江流域的最初活动痕迹。其中，笔者拟就夷城的位置、务相与盐水神女矛盾的实质、盐水神女的悲剧、廪君务相的最后归宿等问题提出自己的看法。

一 古籍中的信息

关于白虎巴人的祖先廪君务相的传说,在成书于隋代以前的古籍《世本》《风俗通》《后汉书》《荆州记》《晋中兴书》《水经注》《十六国春秋》《魏书》等史籍中均有记载。① 隋代以后的转载就更多了,如(唐)房玄龄等所辑的《晋书》以及后来的《太平广记》《通典》《蛮书》等。其中《世本》是先秦的典籍,最先记载廪君的事迹。在廪君与盐水神女的传说中充满着环三峡地区远古巫文化浓厚的气息。

文献中颇具巫术特色的段落,在不同的版本中反复出现。

"盐水有女神,谓廪君曰:此地广大,鱼盐所出,愿留共居。廪君不许,盐神暮辄来宿,旦化为虫,群飞蔽日,天地晦暝。积十余日,廪君因伺便射杀之,天乃开明。廪君乘土舟,下及夷城。夷城石岸险曲,其水亦曲,廪君望之而叹,山崖为崩。廪君登之。上有平石,方丈五尺,因立城其旁而居之,四姓臣之。死,精魂化为白虎,故巴氏以虎饮人血,遂以人祀。"② 与此类似的还有"盐水神女谓廪君曰:'此地广大,鱼盐所出,愿留共居。'廪君不许。盐神暮辄来取宿,旦即化为飞虫,与诸虫群飞。掩蔽日光,天地晦冥,积十余日。廪君不知东西所向,七日七夜。使人操青缕以遗盐神,曰:'缨此即相宜,与女俱生。弗宜,将去。'盐神受而缨之。廪君即立阳石上,应青缕而射之,中盐神。盐神死,天乃大开"。③ 又"乃乘土船,从夷水至盐阳。盐水有神女,谓廪君曰:'此地广大,鱼盐所出,愿留共居。'廪君不许。盐神暮辄来取宿,旦即化为虫,与诸虫群飞,掩蔽日光,天地晦冥。积十余日,

---

① 雷翔:《廪君传说考》,《鄂西大学学报》(社会科学版) 1989 年第 1 期。
② (北魏)郦道元:《水经注疏》(下),(清)杨守敬、熊会贞疏,江苏古籍出版社 1989 年版,第 3056 页。
③ (汉)宋衷注,(清)王谟辑,周谓卿点校:《世本》,齐鲁书社 1999 年版,第 54 页。

廪君思其便，因射杀之，天乃开明。廪君于是君乎夷城，四姓皆臣之。廪君死，魂魄世为白虎。巴氏以虎饮人血，遂以人祠焉"（范晔：《后汉书·南蛮西南夷列传》）。再"盐阳水神女子止廪君曰：'此鱼盐所有，地又广大，与君俱生，可止无行。'廪君曰：'我当为君求廪地，不能止也。'盐神夜从廪君宿，旦辄去为飞虫，诸神皆从其飞，蔽日昼昏。廪君欲杀之不可，别又不知天地东西。如此者十日，廪君乃以青缕遗盐神曰：'婴此，即宜之，与汝俱生。弗宜，将去汝。'盐神受而婴之。廪君立磶石之上，望膺有青缕者，跪而射之，中盐神。盐神死，群神与俱飞者皆去，天乃开朗。廪君复乘土船，下及夷城"①。

以上记载至少给我们传递了如下信息。

第一，人物。廪君务相、盐水女神（亦称盐水神女）及各自的部下。其中，廪君及其部下由武落钟离山乘"土船"来到盐水女神领地。盐水女神及其部下为盐阳当地原住民。他们两人均为各自部落的神权掌握者（巫师），廪君曾与五姓首领"争神"获得了统治权，后者则直接称为"神女"。

第二，地理。盐水神女辖区较广阔、富饶，为"鱼盐所出"之地，鱼产地应在清江，亦有盐源于此；两者均价值重大，是女神与廪君谈判的砝码。

第三，事件。廪君务相为拓疆域，溯清江至盐阳，在此不顾盐水神女和平相处的请求而与其部落交锋，他们战胜了女神的部落、夺得其地盘。然后顺江而下到夷城，并建立政权于此。

第四，幻化。巫术的行为在两位巫师（首领）之间都曾实施，盐水女神为羁留廪君一行化为"飞虫"遮天蔽日；廪君以青缕赠盐神然后射杀，并在夷城死后魂魄化为白虎。这些均为巫术现象的展示，说明

---

① （唐）房玄龄等：《晋书》卷120，载记第二十·李特李流。

在当时存在利用巫术达到目的的动机和行为。前者是为了控制和影响对手，后者是对部落首领死后的神化。

对以上文献所述神话故事背景的真实性，笔者试做如下探讨。

第一，武落钟离山。应是真实存在的，"武落钟离山"又称佷山，海拔300多米。位于湖北省长阳土家族自治县西北的都镇湾东侧，西北临清江，东南临南汉溪，该山五峰并立，高384.8米，主峰名灰头岩。《太平寰宇记》云："武落山一名难留山，在县西北七十八里，本廪君所出也。"该山是巴人廪君部兴起的前提，曾有学者专章考证[1]。

第二，清江。在历史记载和现实中亦真实存在，"今夷陵郡巴山县清江水，一名夷水，一名盐水"（《通典》卷一百八十七）；又"夷水，即佷山清江也，水色清照十丈，分沙石。蜀人见其澄清，因名清江也"（郦道元：《水经注·夷水》）。清江上游段从河源利川齐岳山龙洞沟至恩施城，长约153千米，总落差1070米。中游段从恩施城至长阳土家族自治县资丘镇，长约160千米，总落差约280米。下游段从资丘镇至宜都市入长江口，长约110千米，总落差约80米。[2] 该水是盐水女神部存在的依托。

第三，盐阳。至今犹存，地址在今湖北省长阳土家族自治县西鱼峡口处，属温池盐泉。这里至今仍有"盐地温泉""盐池河"等称呼。"父老传此处先出盐，于今水有盐气，夷水有盐水之名，此亦其一也。"[3] 据载"该水水温常年四十二度，含盐比重高，古代一直产盐。'盐水'东下接清江半峡，长十多里，盛产淡水鱼类"。该"温泉呈东

---

[1] 宫哲兵：《廪君巴人〈武落钟离山新考〉》，《湖北民族学院学报》2007年第2期。
[2] 湖北省长阳土家族自治县地方志编纂委员会编纂：《长阳县志》，中国城市出版社1992年版，第84页。
[3] （清）陈诗：《湖北旧闻录》，武汉出版社1989年版，第511页。

西向，分别露于清江南北两岸及河中江底。其中以北岸为显，日流量达603.9吨"①。古称水之北为阳，盐阳之谓当不虚。鱼盐资源的大量存在是廪君与盐神争夺的重点。

二 传说背后的真实

第一，务相与神女之争。

盐阳神女的身份应该是人而非神。所谓的"神女"即巫女，指对部落神灵拥有祭祀权的人，拥有此权者当被视为神的宠儿和族权之拥有者，此身份与文献中述及巴人廪君与其他四姓"俱出争神"的"神"相合。不同的是与廪君部落相较，盐神部落的力量恐有不及，这也正是她愿以鱼盐"相赠"的重要原因。但是，这里女权的特征也是明显的，因为盐水神女不但拥有部落的财产鱼、盐及土地，而且拥有对它们的赠予权。在此，神女"暮辄来取宿"不落夫家的主动地位，"与诸虫群飞"的统帅能力等均可视为在当地女权的体现。

廪君在武落钟离山与四姓"争神"斗争中的得势，确立了他的领导地位和巫师身份。在现实生活中，男性以其体魄与力量的天然优势，全面取得原始社会后期的最高权力，在世界各地是普遍现象。当务相率部众"乃乘土船从夷水至盐阳"时，面对来势汹汹的入侵者，文献中盐水神女的态度是暧昧的。文中说她欲以鱼盐留下廪君，并施巫术想方设法不让其离去，而廪君执意要离开。

"走与留"之争其实并非两人矛盾所在，谁能够真正成为盐阳的主人才是问题的实质。问题出在一个"共"字上，面对廪君相对强大的实力，盐水神女做了让步，她愿意付出一部分财富与权力与廪君分享。她开出"此地广大，鱼盐所出，愿留共居"的条件，或为不得已之举，

---

① 湖北省长阳土家族自治县地方志编纂委员会编纂：《长阳县志》，中国城市出版社1992年版，第86页。

她或寄希望于采用共治、和亲的方式化解矛盾，保全其族群。廪君的回答却是斩钉截铁的："我当为君，求廪地，不能止也。"非常直白，我要做君王、拓疆土、停不下脚步（意即没人能够阻止）。笔者认为，廪君与盐神矛盾的焦点应在共治或独占的权力之争上。于是神女部落孤注一掷，对廪君一行采取了困扰的策略，欲使其就范。遂有了双方"积十余日"的僵持不下。廪君实际上也应该没有空手离开向清江上游继续前进的想法，因为他在杀掉神女夺其族群、占其地盘后"复乘土船，下及夷城"回到不远处的夷城安营扎寨起来。

　　文献中盐水神女与廪君的斗争被明显巫化。"廪君不许，盐神暮辄来宿，旦化为虫，群飞蔽日，天地晦暝。积十余日，廪君因伺便射杀之，天乃开明。"在该句中传递了神女可能钟情于廪君，将廪君一行羁绊多日与廪君除掉了对手三个信息。或许为迫廪君务相就范，神女软硬兼施，曾借男女之情、地利之便软禁过对手，尽管最终未能达到目的；史料中神女一行化飞虫蔽日等描述显然与实施巫术有关，这可能是利用自然环境迷惑敌人的方法。对此我们或可从当地环境求证："县内地表形态各异，致部分地区形成小范围特殊气候。一是有些地区重峦叠嶂，形成了许多闭塞、温暖、多雾、多光的山间小盆地，如清江河谷地带……"①《水经注》中也有"温泉对注，夏暖冬热，上常有雾气"的记载。环境潮湿，自然诸虫滋生。于是"诸虫群飞""掩蔽日光，天地晦冥"的现象便可发生，且有雾的江面定是无法行船的。而"盐神死，天乃大开"则可释为度过了长达十日的阴霾期，终于雾散云开，务相突破了包围，并实现了强占女神部族地盘的愿望。经过一场以巫术对决的斗法，神女的生命连同她的族人及其赖以生存的"鱼盐所出"的广大地域被巴人的男巫兼首领廪君剥夺了，他用的是弓箭而非脉脉温情。

---

　　① 湖北省长阳土家族自治县地方志编纂委员会编纂：《长阳县志》，中国城市出版社1992年版，第94页。

第二，廪君化为白虎。

"廪君于是君乎夷城，四姓皆臣之。廪君死，魂魄世为白虎。巴氏以虎饮人血，遂以人祠焉。"（范晔：《后汉书·南蛮西南夷列传》）。夷城今何在？对古籍中所述夷城位置，学界长期争论不休。有谓在今恩施，有谓即今之长阳，也有人认为在今天长阳的曲溪。笔者认同应在"香炉石"附近的观点，据考古发掘测定这里是夏、商、周时期早期巴人的典型遗址，而廪君的白虎巴人部最迟从夏代晚期开始在清江中游地区生活，已成为学术界不争的共识。

笔者以香炉石遗址为夷城的理由有三：第一，香炉石遗址积淀厚重、时间漫长，在清江流域最有可能为夷城。该遗址"位于渔峡口镇东0.5千米香炉石，1983年发现，遗址距清江垂直高度约150米，面积1000平方米。发现文物有大量陶片及陶网坠等。陶片以砂褐陶、黑灰陶为主，间以少量细泥灰陶"[1]。其出土文物自夏、商起至春秋战国时期，前后1000余年未间断。第二，白虎陇下的香炉石伸入清江，水流至渔峡口，先转南流，再转北流，复回东去，实可谓岸曲水亦曲，其地理特征与北魏郦道元《水经注》"廪君乘土舟下及夷城，夷城石岸险曲，其水亦曲……"所述相似。[2] 香炉石独高30米、顶部平整，石旁有长约100米、宽10米、高10米状如阶陛的平台，亦与文献"阶陛相乘"等地貌描述相符。第三，文献说廪君一行"下至夷城"建国，香炉石刚好在盐阳下游，水面相对平缓，具有掌控清江及通航之便利。盐阳至恩施则总落差约280米，清江该段显然是无法通航的，很难想象巴人会弃舟登岸扛着沉重的"土船"翻山越岭、长途跋涉。

---

[1] 湖北省长阳土家族自治县地方志编纂委员会编纂：《长阳县志》，中国城市出版社1992年版，第614页。

[2] （北魏）郦道元原注：《水经注》，陈桥驿注释，浙江古籍出版社2013年版，第485页。

史载"廪君死,魂魄世(化)为白虎"。香炉石遗址恰好就在白虎陇下,在当地白虎陇的传说及名称由来已久:"白虎陇,在县西二百二十里,昔廪君死,精魂化为白虎,故巴人以虎饮人血,遂以人祀……廪君之生也,生于赤穴,其死也,化为白虎,有陇宜也。"① 该地名被当地群众世代传袭至今,今亦有廪君坟于此(见图10-1)。这一带还有诸如"蛮家湾""巴王沱""板木盾坳"等古地名,它们均与远古巴人的活动、廪君的逝世相关。

图10-1 廪君墓(笔者摄于湖北省长阳土家族自治县)

探寻廪君务相的生命足迹。《世本》曰:"廪君之先,出自巫诞",这使白虎巴人一支与远古时期的巴族集团续上了血缘。廪君务

---

① (清)朱庭荣修,彭世德等纂:《(道光)长阳县志》(卷一·地理志·古遗),道光二年(1822年)版。

相的事迹主要体现为"争神"（投剑、造土船）、掠地（夺得盐水女神地盘）、建国（建都于夷城）三部曲。造、驾"土船"是廪君成功的内部统一手段，由此他成了部落的首领；继后"务相乘土船而王夷水；射杀盐神，巴人以为神"（《水经注》引《世本》），此为其向外扩张与掠夺的重要步骤；再后廪君"君乎夷城，四姓皆臣之"，其通过称王建国之举在民间被尊称"向王天子"。"向王"之谓，当为廪君"务相"之讹，"相"因"世俗相沿"演化为"向"①。在土家族民谣中也传达出当地人对向王天子的敬仰和对其开发清江的肯定："向王天子一支角，吹出一条清江河，声音高，洪水涨，声音低，洪水落，牛角弯，弯牛角，吹成一条弯弯拐拐的清江河。"② 务相是在夷城附近白虎陇羽化登仙的，笔者认为人们正是出于对山中大王老虎的敬畏，将曾任廪君的务相巫化为神——白虎（虎中罕见者），一是感谢其对巴族的贡献，二是希望借其余威的护佑。"白虎陇"即该远古传说的背景依托。

在上述廪君与盐水神女的传说中，无论盐水神女施法留"客"，还是廪君务相化虎升仙，均包含着巫文化的内涵。在遥远的过去，由于文字尚未产生，先民的历史往往会通过神话传说保留下来，尽管显得有些光怪陆离，但仍然可以从中窥见当时的蛛丝马迹。

三 被巫化了的神女与廪君

1. 盐水神女的浪漫

盐水神女的浪漫与巫山神女有不少相似之处，世谓：赤帝女瑶姬，未行而卒，葬于巫山之阳为神女。关于她的传说甚多，其中最重要的有

---

① 陈金祥、周立荣等著：《巴土长阳》，湖北人民出版社2003年版，第76页。
② 龚发达编著：《土家风情》，湖北人民出版社2003年版，第129页。

两个：一是她曾授《黄绫宝卷》助大禹劈山开峡，排积水、除恶龙，化作神女峰保行船平安；① 二是她曾与两代楚王梦中幽会并自荐枕席。有趣的是在表现浪漫情感方面，盐水神女与她颇为相似。

2. 盐水神女悲剧的化解

对传说中廪君谋杀盐神的描述，是廪君"使人操青缕以遗盐神曰：'缨此即相宜，与汝俱生。弗宜，将去。'盐神受而缨之，廪君即立阳石上，应青缕而射之，中盐神。盐神死，天乃大开"②。其中充满巫文化的诡异。除巫术之外，笔者也倾向于从文学性上去理解，它加深了这出原始悲剧的力度。盐神死了，爱和温情乃至抗争都无法遏制务相对权力的欲望，这就是盐神的悲剧。这也许是务相情感上的损失，但他毕竟又从强夺母系部族的神权得到补偿，因此他仍然是赢家。

在今天的长阳地区，我们却看到如下双方后人化解两人恩怨的传说，用的也是巫化的情节。一则是正当廪君率巴人乘土船溯江开拓，"忽然，前面的大山中流出一股白花花的水来，顺水浮来一个妹子。她让向王尝那白水，向王第一次吃到了咸味，觉得很好。原来这妹子是盐水女神，她和向王成亲了"③。另一则是："老祖公来到盐池，见山里裂开一条缝，流出盐水，水上还有一位美貌女子。后来这个女子与老祖公结了婚，从此人丁兴旺，子孙繁衍。"④

作为盐神的后人不愿意相信盐水神女真是被务相杀害的。他们将佷山顶上的一块岩石称为"盐女岩"，"传说是盐水女神化身"。⑤ 他们管

---

① 四川省巫山县志编纂委员会编纂：《巫山县志》，四川人民出版社1991年版，第643页。
② （汉）宋衷注，（清）王谟辑，周谓卿点校：《世本》，齐鲁书社1999年版，第54页。
③ 萧国松编著：《土家民间故事》，湖北人民出版社2003年版，第6页。
④ 胡继民：《"盐"巴人"神"》，《湖北民族学院学报》（社会科学版）1997年第2期。
⑤ 湖北省宜昌地区地方志编纂委员会编：《宜昌地区简志》（内部发行），湖北省枝江县新华印刷厂印刷1986年版，第318页。

盐池对面的山叫"凤凰山",说当向王数箭并发时"只见飞虫中一只最大的摇身一变,成为一只凤凰飞走了,落在对面的山头上……还在山顶修起了寺庙一座,供有女神像名曰'女神'"①。此乃盐神部落后人对美好未来的希冀,使盐水神女凤凰涅槃。

当地人在向王天子旁塑女像,俗称德济娘娘,始于盐水女神。从古至今,他们视廪君务相为老祖公,称盐神为"德济娘娘",并将两人供奉在同一座向王庙里。并且"传说廪君(向王)治水得'盐水女神'相助,后世追思德泽,尊神女为'德济娘娘',与向王一起配享人间烟火"②。这种双重敬仰的现象至少表明盐神后代对这段事实婚姻的认可。图10-2为长阳土家族自治县盐井寺。

图10-2　长阳土家族自治县盐井寺(选自网页)

---

① 长阳土家族自治县民族文化研究会、长阳土家族自治县民族事务委员会合编:《廪君的传说》(内部发行),长阳土家族自治县新华印刷厂1995年版,第21页。
② 湖北省长阳土家族自治县地方志编纂委员会编纂:《长阳县志》,中国城市出版社1992年版,第670页。

3. 廪君务相与白虎崇拜

廪君务相的活动在古籍中到夷城为止，在香炉石一带至今流传着务相死而化虎大同小异的故事，其情节同样充满着巫文化的诡异。

较多的说法是廪君是淹死的，他住在夷城依山傍河的一个岩洞内，经常以土船渡人过江。一天突发的山洪冲翻了渡船，当他救起众人后船却被冲到约一里远的回水沱（巴王沱）内，向王游去救船却被大浪卷进了漩涡，最后人们在资丘滩头（向王滩）找到他的尸体。"人们在夷城后面山包上选好了地方，正准备将向王安埋，忽而向王化为一只白虎，随着一团白雾升向天空。后人称向王化为白虎的地方为白虎陇，这个地名一直沿袭至今。"① 另一种说法向王是老死后化虎的："一些年过去了，廪君成了一个白头发、白胡子的老人，不久便去世了。附近姓覃的人把他装在船棺里，抬到登星岭的岩上悬葬，这个老人突然变成了一只大白虎，从棺材里出来。一阵旋风卷来，白虎飘飘荡荡升到天上去了。"②

无论廪君鞠躬尽瘁还是寿终正寝，化虎成仙是公认的结局。虎为兽中之王，也是方位神，廪君死而化虎反映了巴人对他的尊崇，他们甚至还认定了向王升天的地点所在之处在"白虎陇"，"在县西二百三十里。其廪君死，精魂化为白虎，故巴人以白虎饮人血，遂以人祀"③。当地人相信这个传说，仅"明清间，县境先后建有向王庙44座"④。直到民国时期对一些向王庙的地址也记载明确："一在县西百二十里资丘，一

---

① 长阳土家族自治县民族文化研究会、长阳土家族自治县民族事务委员会合编：《廪君的传说》（内部发行），长阳土家族自治县新华印刷厂1995年版，第23页。
② 萧国松编著：《土家民间故事》，湖北人民出版社2003年版，第8页。
③ 《民国长阳县志》（稿）整理编辑委员会整理：《（民国）长阳县志》（民国二十五年纂修），陈金祥校勘，方志出版社2005年版，第89页。
④ 湖北省长阳土家族自治县地方志编纂委员会编纂：《长阳县志》，中国城市出版社1992年版，第670页。

在县西关外，一在县西六十里都镇（湾）。"①

人们纪念向王的方式也巫味十足。"每年六月初六这天（向王夫子遇难日），驾船的、放排的，都要到向王庙前，放鞭炮，一面祭祀，一面祈求向王天子保佑航行平安。"② "凡经过伴峡、渔峡口、巴王沱、向王滩、向王庙等处都要放鞭炮致祭，既表示不忘向王开发清江功德，又借以求向王保佑航行中的安全。"③ 而对白虎的崇拜也代有传人，从战国到秦汉，以虎钮錞于为特征的巴人青铜文化亦可谓盛极一时，考古出土的虎钮錞于广布于湘、鄂、渝、黔毗邻区域，④ 而巴人的兵器上亦多有虎的形象出现，其意或与白虎崇拜相关。唐人樊绰记曰："巴人踏蹄……伐鼓以祭祀，叫啸以兴哀，故人号'巴歌'曰'踏蹄'。"（向达：《蛮书校注》）其所述如闻虎啸在耳。今天的土家族已经被认定为巴人的后代，在他们的传统文化"跳丧"动作中"就有'虎抱头''猛虎下山'等动作"⑤。"最为壮观的是'猛虎下山'，舞者跳着跳着，忽然鼓点一变，对舞中的一人猛然跳跃腾空，一掀舞伴，两人躬身逼视，忽见击掌撞肘，前纵后跃，一跃一扑，模仿猛虎扑食的动作，口里还发出一阵阵啸声。"⑥ 其舞蹈或许就传自唐时的"踏蹄"。

环三峡地区历史悠久的廪君与盐水神女的传说，自始至终充满着巫文化的氛围。它不但与长江流域的水文化相关，而且与沿江古老民族对

---

① 《民国长阳县志》（稿）整理编辑委员会整理：《（民国）长阳县志》（民国二十五年纂修），陈金祥校勘，方志出版社2005年版，第118页。
② 龚发达编著：《土家风情》，湖北人民出版社2003年版，第129页。
③ 长阳土家族自治县民族文化研究会、长阳土家族自治县民族事务委员会合编：《廪君的传说》（内部发行），长阳土家族自治县新华印刷厂1995年版，第117页。
④ 邓辉：《虎钮錞于用途初探》，《四川文物》1994年第2期。
⑤ 屈定富主编：《三峡民间艺术集粹》，长江文艺出版社2003年版，第349页。
⑥ 湖北省文史资料委员会：《土家人的祭祀歌舞——跳丧舞》，《湖北文史资料》1990年第1辑，第139—147页。

水文化的认知相系。巴民族在巫化自己历史的同时，也神化那些自己曾经伟大的先祖。当我们述及白虎巴人发展壮大的历史时，故事还得从巴人的巫师廪君务相驾"土船"出武落钟离山，以及其与盐水神女那一段巫雾弥漫、饱含爱恨情仇的交往讲起。

第二节　三峡水文化之航运与神女文化

宋玉关于巫山神女的故事已讲了两千多年，《高塘赋》中自荐枕席的瑶姬曾引起千百年来许多文人骚客的遐想，也引出了不少充满浪漫激情的诗篇。自郭沫若的《释祖妣》、闻一多《高唐神女传说之分析》起，开始了对巫山神女象征意义的研究，半个多世纪以来，已然收获颇丰。"学者们根据高唐（巫山）神女在文学、宗教、心理等方面的传承、变异、置换，运用文化人类学、宗教学、民俗学、心理学等多种理论方法进行综合研究，从而使高唐神女的多样原型呈现在世人面前。"[1] 学者认为巫山神女在中国文学和文化中影响深远，她"沉淀在民族文化和心理的深层，成为集体无意识中的原型——从某种意义上来说，对巫山神女的研究，也就是对中国古代文化的深层结构的研究"。[2] 一则杜撰的神话能产生如此深远的影响，仅这件事本身就值得思量，但本节主要讨论的不是宋玉笔下的神女，而是与环三峡地区远古巫文化息息相关的神女传说及其与川江航运的关系，它们同样与远古巫文化内涵相系。

---

[1] 彭安湘：《高唐神女原型研究综述》，《湖南科技学院学报》2007年第2期。
[2] 四川三峡学院中文系、四川三峡学院三峡文化研究所编：《阳台下神女，朝云为谁起——半个多世纪以来巫山神女研究扫描》，载《三峡文化研究》（第一集），重庆大学出版社1997年版，第81页。

一　不同于云雨神话的传说

巫山神女瑶姬的身世，据传与两则故事相关：一为赤帝之第三女，二为西王母的第二十三女。

就前者而言，在史籍中神女曾自我介绍曰："我帝之季女也，名曰瑶姬，未行而亡，封于巫山之台。"① 清代的《巫山县志》亦持此说。文中的"帝"即赤帝，亦传说中的炎帝，他生于烈山石室，长于姜水，以火德王，故号炎帝。故事说他一生为百姓办了许多好事：教百姓耕作，使之得以丰衣足食；他还尝遍百草寻药，让百姓不再受病疾之苦；他又作乐器，让百姓懂得了礼仪……其伟绩丰功为后世所称道，且与黄帝并列被奉为华夏民族之祖，他们在事实上都应是远古部族的大巫师。传说中瑶姬是炎帝第三个女儿，刚到谈婚论嫁的年龄便令人痛惜地夭折了。她的精魂到了姑瑶之山，变成了一棵瑶草（或谓灵芝），"其叶胥成，其华黄，其实如菟丘，服之媚于人"②。天帝哀其早亡，封其至巫山做了云雨之神。在这里，早晨她化作五彩朝云，悠游于山岭、峡谷间；黄昏她又变成潇潇暮雨。她曾向楚怀王自荐枕席，并诉说自己的哀怨……据说，怜香惜玉的怀王还在高唐为她建了一座名为"朝云"的庙宇。这便是诗人宋玉《神女》《高唐》两赋的由来。其悲剧与浪漫源自先民对自然现象的丰富联想，巫味十足，但与川江航运无关。图10－3为巫山神女峰。

而后者则有宋人范成大之语"庙乃在诸峰对岸小冈之上，所谓阳云台，高唐观……今庙中石刻引《镛城记》：瑶姬，西王母之女，称云华夫人，助禹驱鬼神，斩石疏波，有功见纪。今封妙用真人"

---

① （宋）祝穆撰，祝洙增订，施和金点校：《方舆胜览》，中华书局2003年版，第1013页。

② 王斐译注：《山海经译注》，上海三联书店2014年版，第209页。

第十章　环三峡地区远古巫文化与水文化的联系 / 251

图10-3　巫峡神女峰（选自网页）

的记载①。在这里，号曰"云华夫人"的瑶姬是西王母的第二十三个女儿。在三峡地区的传说中，西王母是天帝之女，但她仙居何处，在《山海经》《竹书纪年》《穆天子传》《尔雅·释地篇》中均说法不一。综合诸说，她的故居大抵应在昆仑山的瑶池，或者产玉的玉山、落日之处的崦嵫山，即今新疆、甘肃两省境内。西王母女儿瑶姬的故事据杜光庭载："其尝游东海还，过江之上，有巫山焉，峰岩挺拔，林壑幽丽，巨石如坛，平博可玩，留连久之。时大禹理水驻其山下，大风卒至，振崖

---

①　（宋）范成大等：《吴船录》（外三种），《艺文丛刊》，浙江人民美术出版社2016年版。

谷陨，力不可制，因与夫人相值，拜而求助，即敕侍女授禹策召百神之书，因命其神狂章虞余黄魔大翳庚辰童律等助禹斩石疏波，决塞导厄，以循其流，禹拜而谢焉。"①看来，正是在她外出旅游流连于绮丽三峡之时，巧遇治水的大禹，她因大禹的"拜而求助"而授之以"天书"（《黄绫宝卷》），该书在助大禹疏凿三峡的过程中起了十分重要的作用。又传，瑶姬敬佩大禹摩顶放踵以利天下的精神，还传授其以召神策鬼之术，又令手下诸神前往相助，终于使大风平息，巫峡凿通，治水工程顺利进行。

又传，水患消除后，瑶姬恐江水再度泛滥，遂与十一位姊妹（或谓陪伴她的侍女们）站在巫峡两岸关照往来的船只，久而久之她们便幻化成了十二座美丽的山峰，这就是后来巫山十二峰来历的传说。据说，因瑶姬所在的山峰位置最高，每天第一个迎来朝霞，便赢得了"望霞峰"的美名。她整日在高崖上眺望，关注着七百里三峡中的行船，她还派了几百只神鸦，飞翔在峡谷的上空，引航、护船，使行船平安地经过。由于她长久地伫立远眺，不知不觉中，自己也化为矗立的岩石。②在这里，我们看到天上的神女与"下里巴人"艰难生活的结缘，杜撰这则故事的动因，恐怕更多的是先民对险恶水患的畏惧和依靠神力战胜它的美好愿望，这正是力量弱小的远古先民们凭借巫文化的力量"在想象中征服自然"的例证。由此，我们对巫山神女的讨论便与历史悠久的川江航运文化紧密联系起来了。

在《辞赋作品中"神女"喻象的分化演进》一文里，郭建勋对"神女"形象做了如下分析。他认为源自春秋战国的高唐神女，到汉魏六朝以来已经分化成两个象征体系："一个象征恶的情欲，一个象征至

---

① 袁珂编著：《中国神话传说词典》（修订本），北京联合出版公司2013年版，第342页。
② 四川省巫山县志编纂委员会编纂：《巫山县志》，四川人民出版社1991年版，第1643页。

善至美的理想和道。"① 虽然两者都非作者生活的客观记载，但是分别体现出文明社会的伦理化、世俗化，以及人们对摆脱现实苦难的渴望。笔者认为，就巫山神女的传说而言，无疑曲折地反映了三峡先民的习俗和愿望，宋玉"愿荐枕席"之说如果采自民间，那也应是对母系时期人们的自由婚姻观念的传习，应与"恶的情欲"无关，在前面我们有盐水神女的例子，只是随着时代的变迁，神女原始质朴的形象被后世文人墨客曲解而已；至于巫山神女治水、助航的佳话，应是峡中先民克服艰险、追求美好生活强烈愿望的体现。对此宋玉会如何看，宋玉之后的文人会怎么想，应与这神话本身没有本质上的必然关联。

长江三峡滩险流急，是"破坏舟船，自古灾患"之所在。因此，治水通航、保旅途平安一直是往来船工及其亲属的由衷心愿，为此他们曾付出了巨大的努力。传说中"昔在唐尧，洪水滔天，鲧功无成，圣禹嗣兴，导江疏河，百川益修"②的叙述，便是最早见于史书的人类战胜洪涝的记录了。远古时期，当人们在强大的自然力面前感到束手无策之时，往往会把现实中的迷惘、焦虑和绝望的情绪转化为祈望神灵永保平安的宏愿，于是也就有了关于神女屠龙助禹等传说，而祈使神灵为我所用也正是当地先民巫术思维之所在。

把战胜自然灾害的功劳记在神灵的名下，或者以神灵相助来表明人类行动的天经地义，这不仅可以使人的行为变得"神圣"（这一点在古代十分重要），也是合乎普通民众愿望的。本着这一愿望，人们便得以在巫化三峡中一些颇具特色的景点编出一连串有着内在逻辑的神话：除望霞峰上的神女石外，还有对岸飞凤峰下的授书台，这里是瑶姬授书予夏禹的地方；而斩龙台、错开峡的传说也被记载下来：斩龙台，治（县

---

① 郭建勋：《辞赋作品中"神女"喻象的分化演进》，《光明日报》2006年1月13日第7版。

② （晋）常璩：《华阳国志》（卷一·巴志），刘琳校注，巴蜀书社1984年版，第15页。

治）西南八十里；错开峡，一石特立。相传禹王导水至此，一龙错行水道，遂斩之。故峡名错开，台名斩龙。① 先民们甚至把巫山十二峰都编在故事中。

因此，巫山神女航运守护神地位的形成，既是三峡地区自然环境使然，又是三峡民间巫文化在积淀过程中不断完善的结果。在本质上，它是峡区艰苦的航运环境和人们追求美好生活愿望交融的结果。或许在一些文人墨客心目中，巫山神女与川江航运的神话远不及"云雨"故事那样来得浪漫，但它所展示的内涵是十分深刻与美丽的。

二 谁在坚持着对川江航运的守望

望霞峰上的神女不知站立了多少年，她一直在守望。巫山神女的模样，则因她所拥有的神力而千变万化，杜光庭说大禹于山巅之上见到她时："顾盼之际，化而为石，或倏然飞腾，散为轻云，油然而止，聚为夕雨，或化游龙，或为翔鹤，千态万状，不可视也，不知其常也。"② 这是在暗示我们，所谓巫山神女已然是巫山气象万千自然风貌的化身。然而，对川江上的船夫而言，那望霞峰上的立石定是女神在山巅为其引路导航，在守护着来往船只的安全；对船工的女眷而言，那成年累月驻足山顶苦苦守望的神女则象征着她们自己，在她们看来，神女的身上系着她们常年的担惊受怕以及她们全家老小的期盼，而这一切常人是难以理解的。

这一切问题的根源，则是因三峡的险山恶水。长江自古便是中国通行能力最强、规模最大的水道。然而，其水路之艰险也闻名于天下。峡中层峦叠峭而幽深、险滩密布且水流湍急，致使上下舟楫十分困难。南朝宋初时，何承天的一首《巫山高》便让我们领略了古人心目中的三

---

① 四川省巫山县志编纂委员会编纂：《巫山县志》，四川人民出版社1991年版，第644页。
② 袁珂编著：《中国神话传说词典》（修订本），北京联合出版公司2013年版，第342页。

峡:"巫山高,三峡峻。青壁千寻,深谷万仞。崇岩冠灵,林冥冥。山禽夜响,晨猿相和鸣。洪波迅溯,载逝载停;凄凄商旅之客,怀苦情……"①《水经注》《华阳国志》《太平寰宇记》《舆地碑目》《入蜀记》《蜀中名胜记》《四川通志》《巫山县志》等不胜枚举的史志材料,均从不同角度向我们展示了并非想象的、航行环境十分恶劣的真实三峡。三峡曾给历代的文人们以不尽的灵感,文人的诗篇也在让我们体会三峡美景的同时,深深地感受到了三峡先民的不易。

峡区恶劣的环境,生存的艰辛,从远古延续到近现代。虽然古代船工的艰辛因为岁月的久远我们再难窥见,但近现代川江船工号子的哭诉却犹在耳畔。他们便是千百年来川江人生活的真实写照:"日食河中水,夜宿沙坝中。妻守有夫寡,夫伏无罪法。吃的鬼魂食,穿的疤重疤。病了由天命,死了喂鱼虾。"(《死了喂鱼虾》)"川江水,滚滚来,船工拉滩又跑岩。拖儿匠埋了没有死,船拉二死了没有埋。"(《船拉二死了没有埋》)②。这号子中的"拖儿匠"指的是长年在坑道里拉拖运煤的矿井工人,"埋"在地下却活着,而在洪水中淹死的纤夫随波逐流地飘荡在江上。对这些在惊涛骇浪中讨生活的船工而言,他们及其家人的心中望霞峰上的神女与镇江神庙里的大禹有着同样重要的地位。

对于船工来说,巫山神女是他们的守护神,或者是倚门苦待那再熟悉不过的身影。在川江船工的妻子眼中,望霞峰上的神女就是她们自己。在凄风苦雨中望眼欲穿,默默地祈祷,她们守望着丈夫的归来,守望着一个家庭团圆的梦。就这样年复一年,在川江两岸便留下了一个个似曾相识化人为石守望的传说,而传说就是从大禹时代开始的。

最早的要数涂山氏女娇望夫化石的故事。在重庆长江边上有一座名

---

① 侯长栩主编:《三峡诗词大观》,重庆出版社2006年版,第8页。
② 中国歌谣集成重庆市卷编纂委员会编:《中国歌谣集成·重庆市卷》,科学技术出版社重庆分社1989年版,第26、25页。

为涂山的大山，传说中大禹曾娶妻于此，在大禹去治水后，涂山氏便站在嘉陵江与长江交汇处的石矶上，年复一年地呼唤丈夫归来，最后这位痴心的女子化作永世守候的礁石，当地人把这石矶称作"呼归石"（亦作夫归石），这露出江面的石矶直到 2008 年 2 月才因为"有碍航道"被相关部门炸掉，炸石的那天不少老人来到江边与其作别。民间传说，涂山氏年轻漂亮但孤苦伶仃，当她刚刚懂事时便遭遇不幸，一场洪水淹没了双亲，是一位老妇人收养了她。于是她义无反顾地爱上了因治水途经此地，前来借宿的大禹。① 她与大禹的爱情竟然是江水做媒，这一现象不得不令人深思。

在巫山县城北四里的女观山上，有一如人形之石矗立，相传昔有女子，其夫入蜀做官，该女每日登山望夫归还，久而久之化为了岩石，故名望夫石。亦说是一位船工的妻子，因丈夫外出遇难，妻子日夜在江边守望，天长日久，化作石像。

又说在巫山县附近有一座被称作望夫山的山岗，岗上屹立着许多形态各异的石柱，那是一个名叫幺妹的女子和全村妇女们变的，她们眼巴巴地在此守候着被官府抓差、杳无音讯的丈夫。②

治水也罢、为官也罢、划船也罢、拉差也罢，对于在家守候的妻子而言，实质都是一样的。"候人兮猗"③，涂山氏这首仅有一句歌词的歌，唱尽了守望者的深情、期盼、担心、忧虑甚至无奈。唐代李白在他的《巴女词》中也写道："巴水急如箭，巴船去若飞。十月三千里，郎行几岁归？"④ 这种穿越时空的悲呼，我们在川江号子里同样也能听到：

---

① 中国民间故事集成重庆市卷编纂委员会编：《中国民间故事集成·重庆市卷》，科学技术出版社重庆分社 1990 年版，第 285—292 页。
② 黄中模、管维良主编：《中国三峡文化史》，西南师范大学出版社 2003 年版，第 151 页。
③ （战国）吕不韦等编著，夏华等译编，汪银峰修订：《吕氏春秋》，万卷出版公司 2023 年版，第 58—59 页。
④ 候长栩主编：《三峡诗词大观》，重庆出版社 2006 年版，第 50 页。

"太阳落坡四山黄，情妹出来晾衣裳；衣裳搭在手腕上，手把竹竿哭一场。问你情妹哭啥子，别人有郎我无郎；只因去年发大水，卷走挠片淹死郎。"（《卷走挠片淹死郎》）① 屹立在川江上的那一块块被巫化的岩石，正是船工亲人的执着守望。她们留下的千古绝唱亦是川江上最动人心魄的歌。三峡女性的守望是无奈的，但有令人赞叹的执着，这守望因经过了巫化而变得神圣。

川江航运文化是带着巫化色彩的，由在险滩恶水上讨生活的船家人共同写就了感人肺腑的川江航运文化，是这文化给望霞峰上的顽石注入了强大而永恒的生命力，在船工们的眼中，那顽石就是保佑行船安全的守护神，而在这些船工家眷的心中，这守护神就是她们自己。那块屹立于朝云暮雨中的被巫化的顽石，深化了三峡航运的意义。

三　归去来兮的巫山女神

古往今来，巫山神女的故事在中华大地代代相传。每一代人都站在自己的时代立场对它进行着新的诠释，于是巫山神女的故事也在不断更新。在环三峡地区人们对巫山神女的崇拜是由衷的，远没有文人墨客那样浪漫。在他们的神女故事中，对美好生活的期盼、人与大自然抗争的主旋律始终未变。

古往今来，峡江人对巫山神女表达最多的是感恩、祈福与期盼。年复一年的"农历七月初七日，为神女节。是日远近妇女携香烛、小布鞋至神女庙，祭祀巫山神女瑶姬……民国后期渐废"②。明烛三牲、袅袅香烟，带着人们的重托上升，最后化为神女脚下的祥云。巫文化浓浓的风俗与当地人对美好生活的祝福浑然一体，围绕着神女美丽传说的"三

---

① 中国歌谣集成重庆市卷编纂委员会编：《中国歌谣集成·重庆市卷》，科学技术出版社重庆分社1989年版，第32页。
② 四川省巫山县志编纂委员会编纂：《巫山县志》，四川人民出版社1991年版，第595页。

台八景十二峰"① 业已深入人心。

2009年5月第十届中国戏剧节开幕，曾于1997年获得文化部"文华新剧目奖"、中宣部"五个一工程"奖等奖项的重庆市歌剧院大型歌剧《巫山神女》，在江苏省苏州市苏州会议中心隆重上演。这是重庆市歌剧院、重庆交响乐团原创的中国第一部浪漫主义歌剧，它经过了10年21次改编。该歌剧将巫山神女演绎成了一段船工与神女的爱情故事，故事中的楚怀王消失了。该歌剧包括"毁船""祭江""献血""毁礁"四幕。剧情为：很久以前，十二块女娲补天的五彩石遗落在巫峡变成危害峡江的险礁——"朝我来"。从此，这里一次又一次的船毁人亡使巫峡失去了往日的安宁。船夫水旺遇到禁锢于礁石中的神女九妹，两人一见钟情。水旺看到触礁而亡的船夫兄弟万分悲痛，他要用自己的生命撞碎礁石。船工们的亡灵则放弃了投身转世的机会，将"还阳血"交给了水旺一饮而尽，他跳入江里终于毁掉了巨礁。阻挡峡江的险礁"朝我来"在毁灭中化作美丽的峰峦，而船夫水旺变成了朝朝暮暮萦绕神女峰的七色彩云……歌剧受到了观众与戏剧节评委的高度评价。"上千苏州观众更是鼓掌多达30余次，几番为神女的'舍身'泪洒。演出结束后，许多观众堵在舞台周围，许久都不愿离去，掌声、呼喊声此起彼伏。"② 歌剧女主角张礼慧获得了第二届中国戏剧奖"梅花奖"。

类似的还有1980年上海电影制片厂拍摄的影片《等到满山红叶时》，它讲述了一个发生在三峡的故事：在三峡岸边，住着两口之家，身为航运信号员的父亲带着九岁的儿子。一天，父子二人救起了一个

---

① 三台八景十二峰分别为：三台，楚阳台（古阳台）、授书台、斩龙台。八景，宁河晚渡、青溪渔钓、阳台暮雨、南陵春晓、夕霞晚照、澄潭秋月、秀峰禅刹、女观贞石。十二峰，登龙、圣泉、朝云、神女、松峦、集仙、净坛、起云、上升、飞凤、翠屏、聚鹤。
② 《歌剧〈巫山神女〉情动苏州评价高》，《重庆青年报》2007年12月12日。

只有两岁的小女孩,她的父母已不幸遇难,从此他们三人相依为命。20世纪60年代,当哥哥高中毕业考上大学时,恰逢父亲去世,为了抚养妹妹,他把入学通知书抛进江里,顶了父亲的班。20世纪70年代末,他又替妹妹报名高考并供其读书,两人之间产生了深深的爱情。当学习船舶驾驶的妹妹毕业回家时,等待她的却是哥哥因公殉职的消息。怀着对哥哥深切的爱,妹妹决定一辈子驾船航行在川江……在这则故事中,三峡与川江人融为一体,亲情与爱情融为一体,年复一年的满山红叶把主角的人生岁月融为一体。在这个故事中虽然没有了传统中神女的身影,川江人一如既往的勇敢与爱却一览无遗。船工朴素的恋情显然比《高唐赋》中的帝王艳遇"真实"得多,因而也更易被广大群众接受。船工的恋情从本质上讲实乃船工与峡江的苦恋,它诠释了船工与三峡航运的密切关系,同时又折射出船工夫妻间的似海深情。

随着三峡大坝的建成,高峡平湖的出现大大地改善了川江航运的困境,同时也拉近了人们与神女峰的距离。虽然航道增宽、港汊增多、水流趋缓,使人们得以在江面悠游,赏尽红叶碧水、领略"神女"风韵,深入小溪探幽、闻两岸猿啼,但这一切的改变仍然让人无法对远古三峡说告别,积淀了千百年的神女文化一如既往地带着它固有的神秘巫风,迷惑着痴于优秀传统文化的人们。于是,他们又开始谈论"复建高唐观、神女庙,成为恋情基地和蜜月基地",提出打造"中国恋城"的设想,以及"将把巫山高唐观、文峰观等多处文物古迹所遗存的历代碑刻加以复制,把历代文人吟咏巫山的佳句制成碑刻,安放在神女峰梯道两旁"[①],大力发展旅游业等。

李敏昌在谈到三峡文化时指出,它"是对雄伟壮丽、气势恢宏的三

---

① 李琦:《巫山·中国恋城》,《重庆晚报》2009年6月21日。

峡地域自然景观、人文景观、风土人情和审美经验的总结，是三峡地区人民审美心理、审美意识、文化艺术的历史积淀，是各种艺术汇集的汪洋大观"。①的确如此，三峡文化中仅一个巫山神女的故事就让人品味不已。时至今日，肇自远古且蕴含巫味的"巫山神女"已经幻化为峡江人精神层面的重要组成部分，成为他们对历史和未来的守望。川江航运的条件已明显改善，昔日在湍急河流中挣扎的木船已经被5000吨级巨轮取代，客得其往、物畅其流，历史前进的脚步越跨越大。只要滚滚川江仍然流淌，巍巍三峡依然屹立，大江两岸先民的子孙还在繁衍，大江上下的物资还在借着舟楫传递，巫山神女的故事必定还会讲下去。无论在今天还是遥远的未来，也无论巫山神女的故事将会改编多少回，但三峡与川江人的血肉联系和讴歌人类美好情感的主题永远都不会消失。

第三节　三峡水文化中的船家巫航文化

三峡巫航文化是学界甚少接触的问题，它产生于大自然与峡江人之间。由于人们在讨论三峡的航运文化时，往往会注意到物流与经济发展的作用，注意到行船与码头的关联，注意到船工的号子与船工们拉纤，注意到船工的日常生活与他们的喜怒哀乐，因而极少关注巫航文化。然而被打入另册的巫航文化却真真切切地存在过，并且曾为先民日常生活与生产所必需，越往过去延伸，它的作用甚至越大。

一　山高水险的梦魇

巫航文化缘起于峡江人对大山大水的敬畏。历经亿万年的沧海桑

---

① 李敏昌：《三峡文化资源与区域精神文明建设》，《理论月刊》2003年第1期。

田，大自然鬼斧神工造就了三峡航道雄险的奇观。这里峡窄、滩多、水急、浪高，航行十分艰辛，正是这险恶的环境孕育出峡江号子最为雄壮的旋律，同时也埋下了峡江人心中挥之不去的梦魇。

三峡的峡长。从重庆市境内的奉节县起、到湖北省宜昌市的南津关止，在这段长约192千米的长江两岸起伏着绵延不断、气势雄伟的如屏群山，闻名遐迩的三大峡谷便坐落于此。其中，瞿塘峡雄伟且险峻，崖壁高耸百丈、湍流8千米的江面宽却仅百米，行船似地窟、观天若"匹练"，无尽的悬崖峭壁如同压在过往行旅的头顶。长达42千米的巫峡幽深而曲折，船行峡中，蜿蜒相错的两岸群峰又常使人产生"石出疑无路"的幻觉，令前途莫测的行旅陡生伤感之情，正所谓"巴东三峡巫峡长，猿鸣三声泪沾裳"（北魏·郦道元《水经注》）。西陵峡滩多而流急，其间不但大峡套小峡层出不穷，急流伴随着险滩，更使76千米的水程让人步步胆战心惊。倘若是上水行船"三朝又三暮，不觉鬓成丝"（李白《上三峡》）的愁滋味定让人终生难忘。

三峡的滩险。峡江上的险滩令人触目惊心，尤以"滟滪堆""青滩""泄滩"和"崆岭滩"最为著名；小滩更是难以计数，仅凭西陵峡便有45处。瞿塘峡口、白帝城下的"滟滪堆"是一块长、宽、高分别约为30米、20米、40米的巨石，它横卧江面、紧锁夔门，拦截了半个航道，由它激起的漩涡和巨浪使过往客商莫不胆战心惊，当地民间有"欲识愁多少，高过滟滪堆"的俗语。西陵峡中距离宜昌72千米处的"青滩"是川江中最著名的枯水险滩，自汉代起这里便有屡屡滑坡、层层更新的记载，由此该滩又得名"新滩"；乱石密布的"新滩"由西向东依次列有头滩、二滩与三滩，仅30米宽的航道在此呈"S"形迂回延伸，船行至此稍有不慎便有船毁人亡的危险。长约1000米的"泄滩"距秭归县城西10千米，由泄溪冲出的泥沙淤积成的扇形沙洲"令箭碛"远远伸入江心，并与江南岸突出之"蓑衣石"对峙，而江心又有俗称"三劈剑"的乱石横卧。西陵峡中段的"崆岭滩"，有一长约220米的石梁"大珠"纵卧江心，割江水为南、北两漕，但仅可通航的北漕有效航道只有20米宽，在"大珠"之后更有"头珠""二珠""三珠"等暗礁呈品字形排列江心，峡江歌曰："清滩、泄滩不算滩，崆岭才是鬼门关！"

川江（长江从湖北省宜昌市到四川省宜宾市）上的地名中常常有如滩、坝、背、碛、盘、梁、角、沱、珠、浅、石、堆、湾、浩、嘴等称谓，它们是根据不同的地形、地貌取的，其中的大多数容易弄懂，而如碛、盘、珠、浅、浩等理解起来就相对不易。通常讲，"碛"指的是江中的砾石沙坝，于汛期没于江中，枯水时会裸露在外；"盘"指的是江边或江中大幅而横阔的巨石；"珠"指江中独立的大石头，在西陵峡一带水域多此称谓；"浅"是水中比较浅的暗礁，在枯水季节来临时容易擦碰船底；"浩"是江中石梁或碛坝叉分江流，靠岸形成的内水湾，上下有出入水口，里面风平浪静，适合泊船。正是由于上述林林总总的地貌遍布于川江，这便给在川江里行船的船夫带来很大的困难。

三峡因峡窄、滩多、水急，沉没在此的船只特别多。远的已难追述，即使在航行技术相对成熟的近代，海损事故也层出不穷。峡江中1897年上水船遇难48艘、1906年在滩遇难船53艘、1907年失事船49艘，而这仅是对挂旗船只的统计。即使颇具近代化装备的德籍"瑞生"轮也未能幸免，1900年12月27日这艘长约60米、载客数百的轮船触礁沉没于崆岭滩。

走出三峡是当地人千百年来的梦想，而峡江航道山高水险蕴藏的强大自然威压，反衬出峡中先民势单力薄、举步维艰的巨大反差，仿佛悲剧性结局的命运昭示成了千百年来峡江船工挥之不去的梦魇！

二 峡区里的另类征服

正是对长江三峡艰难险阻挥之不去的梦魇,催生了当地民间的巫航文化。该文化源自先民对自然力量的敬惧心理,进而在行动上有与其沟通、和好的愿望。其内容包括关于龙的巫术活动,对大禹及巫山神女的崇拜和相关的行业禁忌。

龙王因统辖天下之水而与峡江人关系密切。峡江的船帮多供奉龙王,有自己的组织"王爷会",并在水码头建有各自的王爷庙(龙王庙,称龙王为镇江王爷)。王爷庙是处理本帮事务、洽谈生意、解决纠纷和船民聚会的场所,内设茶馆、旅栈等。每年农历的六月初六是王爷庙的会期(龙王生日),届时各帮的船除行驶在外的,均要停航一天祭祀龙王,帮主会邀请本帮的船老板们聚餐、听戏,该习俗长期流传,一直持续到解放初期。例如,在重庆市江津区的白沙镇,凡木船远航前船工均要至王爷庙祷告、敬香,求其保佑水上平安。每逢正月十六龙王会,有的船帮还要唱龙王戏以示庆祝。[①] 而在湖广填四川时迁居到内地的沿海移民,则保持了他们信奉妈祖的传统,如在重庆市铜梁区安居镇,船民们修建了妈祖庙,祈求水上平安。在这一天"船工歇驾做'王爷会'杀鸡奠酒,祭祀龙王。土家人又因'向王天子'治清江有功,尊其为清江龙王,船工必去相王庙里上香。又传,这天为'龙晒衣日',家家户户尽晒各种衣物,以防虫蛀"[②]。

舞龙灯、划龙船也是祭祀龙王的重要活动。在峡江沿岸,每年的农历五月初五端阳节对船帮来说也是一个重要日子。这一天峡江沿岸

[①] 江津县白沙镇人民政府编著:《白沙镇志》,江津县印刷二厂(准印号24335)1996年版,第370页。

[②] 湖北省长阳土家族自治县地方志编纂委员会编纂:《长阳县志》,中国城市出版社1992年版,第667页。

的各水码头都要开展龙舟竞赛活动,一方面是为了纪念屈原;另一方面也是各船帮或船家实力的展示与较量。到那时,两岸城镇民众倾城而出,场面热闹而壮观。这一由船民充当实际主角的全民性活动成了千百年来峡江流域全民文化中的亮点。即使在长江支流的乌江,通航不便的重庆市武隆区这种以纪念屈原为名的龙舟竞渡风俗依然盛行。①在船工们看来,龙舟竞赛中的胜者就是龙王爷垂青的人,来年定会交上好运。

在长江三峡沿线,人们见得最多的是镇江神大禹庙(见图10-4)。关于大禹的人生经历在许多史籍中有着大同小异的记载,其中还包括夏禹娶妻的涂山与涂山氏的传说,只是书中对涂山地点的认定不尽相同。三峡库区的"涂山"就在今重庆市南岸区境内,隔着长江与渝中区朝

图10-4 大禹像(笔者摄于湖北省西陵峡境内的黄陵庙)

---

① 四川省武隆县志编纂委员会编纂:《武隆县志》,四川人民出版社1994年版,第681页。

天门遥遥相望。其得名甚远，在山腰上方至今刻有"塗山"两个大字，考证为清朝末年巴县的候补知县陈竹坡（诨名"小扫把"）所书，该二字后经石匠刻出，高约 21 米，横贯数丈，苍劲有力，笔画深达 35 厘米，笔画内可容人横卧，两个大字隔江遥望仍清晰可见。两字之下还有陈氏题诗一首："涂山连字水，文峰接海棠。①云烟添一色，日月映长江。"该刻石曾于"文化大革命"中毁坏，虽经 20 世纪 80 年代重刻，但在笔力与神韵上均不及从前。

记载重庆涂山的最早史籍是晋人常璩所撰的《华阳国志》。该书写道："江州县，郡治。涂山，有禹王祠及涂后祠。"②江州是重庆的古称，这至少表明早在晋以前重庆便有了涂山和关于大禹与涂山氏女的传说。据宋《太平寰宇记》卷一三六载："涂山在县东南八里岷江南岸，高七里，周回二十里，尾接石洞峡。"这里的"县"指巴县，县治在今重庆市渝中区。在元代，重庆长寿人氏贾元撰文《涂山禹庙碑记》，以洋洋洒洒 700 余字，旁征博引以论证重庆涂山确为大禹娶妻之处："《华阳志》云：尝考娶于涂山之说，一谓在此，一谓在九江当涂。《东汉郡志》云：涂山在巴郡江州。杜预考曰：巴国也，有涂山禹庙。又古《巴郡志》云：山在县东五千二百步，岷江东圻，高七里，周三十里。郦道元《水经注》载：江州涂山有夏禹庙、涂后祠，九江当涂亦有之。杜预所谓巴国江州乃今重庆巴县江州，非九江之江州。《汉史》《蜀志》有稽。至今洞曰涂洞，林曰涂林，滩曰遮夫，石曰启母。复合《帝王世纪》《蜀本纪》《华阳国志》《元和志》等书参考之，禹乃汶山郡广柔人。其母有莘氏感星之异生禹于石纽广柔。随改广柔为

---

① "字水"：古人因重庆朝天门处长江、嘉陵江汇合处，二色江水相互挤对形若"巴"字而得名；"海棠"指古时涂山脚下一小溪，因两岸遍植海棠树而得名。"字水宵灯""海棠烟雨"均为古时重庆名景。

② （晋）常璩：《华阳国志》（卷一·巴志），刘琳校注，巴蜀书社 1984 年版，第 64 页。

汶川，石纽在茂州，域隶石泉军。所生之地方百里，夷人共营之，不敢居牧，灵异可畏。禹为蜀人，生于蜀娶于蜀，古今人情，不大相远。导江之役，往来必经，过门不顾，为可凭信。先是帝曾大父曰昌意，为黄帝次子，娶涂山氏生颛顼，颛顼生鲧，鲧生帝。帝娶于蜀，又有自来。又谓蜀涂山肇自人皇为蜀君，当涂山之国，亦一征也。至会诸侯于涂山，当以九江郡为是。《东汉郡志》云：山在当涂。杜预云：在寿春东北，今有禹会村，柳子厚有铭，苏子有诗。且于天下稍向中会，于此宜矣。《通鉴外纪》亦云：禹娶涂山之女生启，南巡狩会诸侯于涂山。如此则娶而生子，生子而后南巡，南巡而后会诸侯，娶则在此，会则在彼，次序昭然。会稽乃至群臣之地，或崩葬之所，故曰禹穴。所谓涂山，一曰栋山，一曰防山，纷纷不一。意者，晋成帝时，当涂之民，徙居于此，故亦名其县曰当涂，好事者援此以为说，而实非涂山。世次绵远，地名改易烦乱，傅会不足征。况会稽、当涂，在禹时未入中国，禹安得娶于彼哉？今特辩而正之，祠庙之建，得其本真，而禹后受享于诞生之地，尤不可阙尔。"① 重庆涂山的山势陡峭，庙宇于山顶面江矗立，原有寺门面江而开俯瞰大江，由山脚拾级攀登，途经"一天门"而上至山门。20 世纪 80 年代，为了方便游人停车，寺里便关闭了老山门，于侧墙开门，并题名"涂山胜境"。古人兴建涂山寺祭祀大禹便是颂扬其治水救民，从其保存完好的老山门两侧石门框上的对联即可看出：右联为"亿万年不遭垫溺害尽除利尽兴地平天成岂独三巴是控"，左联是"百千众一任祷祈福从善祸从恶风行雷厉群瞻北极为尊"。撰联者为朱稑（字熏沐），门上方书有"涂山古刹"四字。显然，感恩、祈福、除害是饱受水患的重庆人建庙的目的。由石刻对联的落款"道光十年岁次庚寅立夏节"（1830 年）推测，清

---

① 重庆市南岸区地方志编纂委员会编：《重庆市南岸区志》，重庆出版社 1993 年版，第 819 页。

道光时该山门曾经翻修或重修，墙头上两条蜿蜒起伏的巨龙亦应塑于此时。老山门内的迎面石壁上至今还存有精美石刻。从风化程度看其年代当在翻修山门之前，内容与宗教内涵、大禹治水及民间信仰相关。

在重庆还有大禹娶妻"涂山氏"的传说。大禹之妻名"女娇"，为涂山氏女，又称涂后。史书记载："禹娶于涂山，辛、壬、癸、甲而去。生子启，呱呱啼，不及视。三过其门而不入室，务在救时。今江州涂山是也，帝禹之庙铭存焉。"① 大禹是在辛日娶妻，过三日（甲日）即离家外出治水的，这一走便许多年不曾回家，《孟子·滕文公》载："禹八年于外，三过其门而不入。"《史记·夏本纪》也有"（禹）劳身焦思，居外十三年，过家门不敢入"之说。其间，他调查山川地势，疏理百川；破三峡引水出川，开凿河道，导小河之水入长江，导大江之水入海，并教会先民使用"准、绳、规、矩"等测量工具，创下了治水的丰功伟绩。也正因为大禹的公而忘私，也就有了忠贞的女娇守候江边望夫归来，并终于化为岩石的动人故事。传说中，女娇在大禹离去之后乃常年等待丈夫于涂山之阳，并作歌曰："候人兮猗。"这首歌仅有一句歌词，却饱含着女娇对大禹的似海深情，年复一年地等待使痴心的女娇化作永世守候的礁石，当地人敬佩她、怀念她，他们把这石矶称作"呼归石"（亦作夫归石）。在重庆的民间传说中，涂后年轻漂亮，却又孤苦伶仃。当她刚刚懂事时便遭不幸，一场洪水淹没了双亲，她被一老妇人收养。于是她义无反顾地爱上了因治水途经此地借宿的大禹。② 这则近 6000 字的民间故事采集于 20 世纪 80 年代初一位

---

① （晋）常璩：《华阳国志》（卷一·巴志），刘琳校注，巴蜀书社 1984 年版，第 20—21 页。

② 中国民间故事集成重庆市编纂委员会编：《重庆民间故事集成·重庆市卷》（上），科学技术出版社重庆分社 1990 年版，第 285—292 页。

年近八旬的老者口中，它用重庆当地的涂山、黄山、真武山、清水溪、黄桷垭、铁山坪乃至巫山这一系列真实的地名把大禹夫妻的故事串到了一起。

关于启的出生，在重庆亦有两个版本。《华阳国志》称，涂山氏是在大禹沿江而下继续他的治水伟业时生下了儿子启。启出生之时，大禹路过家门，听到自己的儿子"呱呱而泣"。本土民间则有涂女化石诞子的传说：大禹治水功成后归家，见到的已是化为礁石的爱妻。在他痛切的呼唤下，巨石诞下儿子启；启降生后，又苦于没有母乳喂养，于是天谴母虎每日前来为其哺乳；在重庆市南岸区，至今仍有地名曰："弹（诞）子石"（启母石）与"虎乳溪"。此外，还有传说中大禹与涂山氏结亲的"月牙岩"，女娇送夫出征的"三块石"等。三峡传说中巨石诞子的故事又彰显出人们对美好未来的渴望和治水不止的坚定信念。在上述关于大禹及妻子的故事中，自始至终都围绕着水患，并且充满着浓浓的巫味。

湖北省宜昌市夷陵区境内的黄陵庙也是祭祀大禹的。黄陵庙又名黄牛庙，地处西陵峡中黄牛峡的南岸，位于黄牛岩下。据庙中《黄牛庙记》："石壁上有神像隐现焉，鬓发须眉，冠裳宛如彩画者；前竖旌旗，右驻一黄犊，犹有董公开导之势。"① 该庙因大禹传说而建，传说中黄牛曾经助大禹治理了水患。诸葛亮曾为此写下《黄牛祠记》②，人们亦因此认定该庙至少应在三国时期修建。直至宋代庙中仍祀黄牛神，到欧阳修为令时，改庙名为"黄陵"在其中供奉禹王，以求保佑行船。该庙曾几度被毁，又数次重建。唐宣宗大中元年（847年）

---

① 传说曰：大禹率众与12条恶龙变化成的堵住峡口的高山搏斗，巫山神女感其顽强精神，遂差土星变为一头勇猛黄牛，用犄角撞开高山，使洪水排入大海，事后黄牛便跃上峭壁而化为黄牛岩。

② 在黄牛庙大殿右侧有建于光绪末年的武侯祠一座，内立刻有《黄牛祠记》的石碑。

曾大规模复建，现今大殿柱础便为当时之物。到明代，该庙亦曾毁于兵乱，至万历四十六年（1618年）再度重建。清同治九年（1870年）被洪水所淹，至光绪十二年（1886年）又重修，遂有今天之基本规模。黄陵庙建筑群采用中轴线纵深排列的布局方式，沿轴依次为山门、禹王殿、屈原殿和佛爷殿，其中又以禹王殿为重心。该殿的面阔及进深均为5间，有立柱共36根，采重檐歇山顶，高15米，气势恢宏；在装饰上，殿内柱头鳌鱼造型奇巧，屋脊之蹲兽精美，鸱吻插有两柄镇龙铁剑。殿内原有4米高禹王像一座，[①]大殿下檐有明藩惠王朱常润所题匾额"玄功万古"、上檐的"砥定江澜"四字则为慈禧所书。黄陵庙以其深厚的文史底蕴和壮美景色吸引着往来于川江上下的文人墨客。李白、白居易、欧阳修、黄庭坚、陆游等人的诗篇、墨宝更为这座古庙增添了不少人文气息。黄陵庙所在之处正是西陵峡航道艰险所在，李白曾在其《上三峡》中用"三朝上黄牛，三暮行太迟，三朝又三暮，不觉鬓成丝"来形容此处水急滩险、逆水行舟的艰难。在黄陵庙内至今亦保存着不少记载三峡水文且颇具研究价值的资料与碑文。

峡江人杜撰出神女助禹治水、盐水女神助君抗洪、涂山氏江边望夫、启诞生于石中系列故事，他们崇拜大禹并为其立庙，将大禹治水与巫山神女的传说相结合。事实上，在船夫心目中，那立于巫山之巅的神女瑶姬正是他们的妻子所幻化的，那份悬崖峭壁上的期盼和牵挂正是船家女为保佑夫君向神灵的祈求，恰如明代杨慎《竹枝词》所诉："上峡舟行风浪多，送郎行去为郎歌。白盐红绸多多载，危石高滩稳稳过。"峡江人于江水险恶处岸边建庙、造塔则是另一种巫术，其作用为遏制恶龙（蛟）作祟，所谓镇江王爷庙或镇江塔或许是峡江人在累求不应之

---

① 杨永生：《古建筑旅游指南》，中国建筑工业出版社1986年版，第488—489页。

后，不得已采取的强制手段，也是为了求得"江上风清"（云阳张飞庙壁所题）。

三　需要正视的巫航文化

峡江中的巫航文化是一种需要认真对待的非物质文化遗产，它既是环三峡地区巫文化的重要组成部分，又因峡江的特殊环境而自成体系。经过漫长的岁月积淀融入峡江人的民俗之中，成为其生活的重要组成部分。对该遗产我们需要理性地认识它、辩证地看待它、有选择地保护它。面对峡江上讨生活的艰辛，先民们进行了历时千年艰苦卓绝的抗争。其中，他们既有开峡、治水、平滩与绘图的壮举，亦不乏崇拜、禁忌等巫术沟通。对前者已多有见载，而对后者甚少探讨。对此，笔者试述如下。

在湖北省长阳土家族自治县的土家族，每年"农历六月六日，是向王天子遇难之日。每逢这天清晨，八百里清江上的船只及放排人，在船头摆设祭宴，杀公鸡母鸡各一只，煮熟后，由驾长把一只整公鸡供在船头，一只整母鸡供在船尾，……其意思是：向王天子在船头，德济娘娘在船尾，以示前后都有神灵保驾，四季安康"①。当地将德济娘娘（盐水女神）与廪君务相合祀，其重要原因不仅在于他们之间的事实婚姻，更重要的是盐水女神的"神女"身份，她曾在廪君（向王）治水时鼎力相助。

为保水上平安，千百年来川江里的船工还谨守着诸多祖传的禁忌，这些"禁忌"虽然包含封建迷信的影响，但更多的是行业生产的"经验"。川江上无论在行船作业还是停泊靠岸时，船家都有许多行业的禁忌，如果违反了这些禁忌，"轻者置办酒肉香烛祭神，保佑航行平安，

---

① 长阳土家族自治县民族文化研究会、长阳土家族自治县民族事务委员会合编：《廪君的传说》（内部发行），长阳土家族自治县新华印刷厂1995年版，第119页。

重则扣除工资，逐令下船"。基于此，日常生活中大大咧咧的船工们在某些方面会显得特别谨慎。他们小心地遵循着一些不成文的规则，如"八不准"和"四不开航"。"八不准"：不准上坡吃饭；不准船头解便；不准在跳板上提水；不准赤身看舱；不准拉跑头纤；不准乱开铺；不准看舱时说话；不准吃坐汤饭（先舀饭后舀汤）。"四不开航"：老鼠上坡不开航；犯了忌语不开航；逢忌日不开航；阳公忌（每月的初三、十三、二十三）也不开航。此外，在船工的一年中还有不少忌日：正月十三、二月十一、三月初九、四月初七、五月初五、六月初三、七日初一、八月二十七、九月二十五、十月二十三、冬月二十一、腊月十九共十二天，另外再加上阳公忌日。①

船工们在日常的生产与生活中对一些用语也十分讲究。例如，对翻、倒、到、沉、成、漂、打烂等字眼讳莫如深，他们将翻说成"掀"、倒水说成"倾水"、到码头说成"拢码头"。他们在行船、泊岸和日常生活中会用一些自创的"专门词语"来替代可能犯忌的用语，如用"失吉"表示出了大事故或船打烂了，用"王爷升天"告知船沉货损人亡，用"关公挑袍"表示撑船人被篙竿弹下了河中，将船翻了叫作"张面"，船沉了叫作"包东"。他们还用"扯水"表示从河里提水，把向船外倒水叫"倾了"，把舱（水）刮完了叫"吊清了"，将船桩镶深点叫"桩镶密点"。船工们在饮食方面的忌语，如"打锅调"指把锅里的菜翻过来，"打盘调"指盘里的鱼吃完表面后再翻过来吃另一面，"汤鸭子"指汤瓢羹，"饭鸭子"指饭瓢羹，"柑子"指水果橙子，"菜板"指砧板，吃"灰门"指吃豆腐，"放面"指煮面，"斗火"指点火等。

在过去重庆市酉阳土家族苗族自治县一带行船走水，忌说与行船

---

① 王绍荃：《四川内河航运史》，四川人民出版社1989年版，第347—348页。

相关的不吉利的话，如船"沉"了只能说"秤砣落水"，如果船被打"破"了则要说打"皮"了。① 在长江支流乌江水域的船工还有如下习俗：新造船停在岸边，要等老鼠上船后方能下水；开船前，如见老鼠上岸，便不开船，另择吉日再开船。水瓢要仰放。不准在船头上大、小便。纤绳不让人跨过。每到一个码头，老板要祭"王爷"，杀鸡时，把鸡血涂在船头，鸡毛贴在船尾上。客人在船上吃饭，不另付钱，但吃完饭后，筷子（船上叫篙竿）不能搁在碗（莲花）上。② 在过去重庆市的江北县（今渝北区）境，船工还忌在航行时翻卷裤脚，在船上煎鱼、吃鱼时也均忌讳做翻面的动作。③ 在重庆市南岸区的相关材料中，船家还禁忌说"十四"（谐音"失事"）、忌打烂碗、忌用汤泡饭，每到农历腊月下旬，还要请造船业的"掌墨师"在船头杀鸡敬祀、观察吉凶，祈来年水上平安。④ 如此种种，不一而足。

在上述许多禁忌中，一方面体现出长期以来人们对航运生产过程中经验与教训的总结；另一方面是为了强调这些经验与教训的重要性，而为其打上明显的巫化印记。如此看似荒诞不经的航运禁忌，实则隐含着船工们千百年来日积月累的智慧。它既是先民在无奈之下对强大自然力的示好，又是他们对自我航行于大江时恐惧心态的匡正；靠着它们，船工们在心理上和现实中躲过了一次又一次危险，毫无疑问它们应是对峡江天险的另类征服。

理性地看待环三峡地区的巫航文化遗产，是要在指出其非理性认知的同时，也承认其对峡江社会生产发展曾经的积极作用。虽然它包

---

① 《酉阳县志》编纂委员会编：《酉阳县志》，重庆出版社2002年版，第613页。
② 彭水县志编纂委员会编纂：《彭水县志》，四川人民出版社1997年版，第739—740页。
③ 重庆市渝北区地方志编纂委员会：《江北县志》，重庆出版社1996年版，第843页。
④ 重庆市南岸区地方志编纂委员会编：《重庆市南岸区志》，重庆出版社1993年版，第772页。

含一些明显的封建迷信，但更多的是人们对长期以来生产经验与教训的总结。辩证地看待巫航文化遗产，是要在明白它落后性的同时，了解它得以产生的必然性与合理性，它蕴含着生存于艰辛自然条件下的峡中先民对美好生活的向往。有选择地保护巫航非遗文化的原因，首先在于它是先民智慧的印记，正随着时代的进步迅速地消失，亟须抢救；其次作为生产与生活经验的总结，它的一些内涵已经融入峡江人的民俗习惯中，成为其人文生态不可或缺的构成；最后是它的一些表现手法已经作为峡江地区特有的艺术形式，丰富着当地人们的社会生活。

山高水险是峡江上巫航文化产生的基础。数千年来，峡江人一方面奋不顾身地与大江搏斗，涌现出了如同李本忠这样的治滩好汉和大量"欹帆侧舵入波涛"的勇敢船工；另一方面他们又企图通过巫航文化与大自然和谐相处。他们渴求神灵的保护，并企图通过自律与禁忌，单方面地与自然缔结和约。这种与大自然的和解方式既有荒诞不经的表现，又不乏生活经验与教训的总结，更展示出峡江人特有的聪明与智慧。虽然在巫航文化里人们无论祈求、震慑还是规避，采取的巫术方式尽管不同，但是追求平安、幸福的目的是一致的。巫航文化也是对环三峡地区远古巫文化的重要传承，同样需要保护。峡江中的航运文化是悲剧性的。一方面，它的"悲"在于人类与自然较量力的极度悬殊，高峡、危岩、险滩和巨浪使在峡江中讨生活的先民生就注定了随时面对毁灭的噩运；另一方面在于峡江人将这种于绝境中求生的"悲"转化成勇敢面对的力量，明知不可为而为之的努力造就了他们的坚强、乐观与智慧。于是我们看到了在风口浪尖上遨游的大舸和艓子，听到了船工号子荡气回肠的英雄主义旋律，也读懂了近似荒诞的巫航文化中"人"的内涵。

小　结

环三峡地区的远古巫文化与水文化的联系是十分密切的。从白虎巴人的首领廪君务相与盐水神女的故事起，就与水结下了密切的因缘；神话和传说中的巫山神女也因为与大禹治水和如同女娇一样真实的船工妻子并立；巫航文化的产生则以艰难困苦的川江航运为背景，在看似荒诞不经的种种巫化规则中蕴含着船工们的智慧与美好期待。

第十一章

对巫巴山地巫文化遗产合理保护的探讨

提　要：站在科学的角度审视巫文化，后者可谓非理性的，但出于历史的原因和生存的需要，它又为远古人类社会所必需。在本章，笔者将以环三峡地区的核心地带巫巴山地为重点，以当地的巫文化遗产为例，分别从"巫巴山地巫文化的产生""巫巴山地巫文化的遗产""巫巴山地巫文化遗产的保护"三个方面进行探讨。并提出如下主要观点：远古环三峡地区的特殊环境促使其文化早熟并特色突出，它多以巫术为内涵、民俗与艺术为表象；这种互为表里的文化，在当地代代相袭，不少作为非物质文化遗产传承至今；如今，当我们面对这些内容庞杂的古老文化遗产时，有必要理性地对其进行分析和取舍。

由于历史的原因，在世界非物质文化遗产中，巫文化遗产仍占据着一定的比重，因此对它的讨论也就成了非物质文化遗产保护绕不开的话题。这里所谓的巫文化遗产，指远古巫文化通过非物质的传承方式保留到今天的种种形式，它们常以戏剧、化妆、史诗、故事、民歌、舞蹈等工艺或文学艺术形式为载体。它们往往以特定民族的文化遗产方式代代相传，而在本质上这些艺术形式的展开过程就是巫术活动进行的过程。在此过程中，人类宗教情绪的自我异化与艺术对自由本质的确认、非理性的抽象与现实生活中的情感表达、落后的巫术内涵同与时俱进的艺术表现方式纠结在一起，使我们在如何界定优秀非物质文化遗产、探究其性质时常陷于理论上的窘境。

第一节　巫文化在环三峡地区产生的环境

巫文化曾遍布于整个原始人类分布的地区，并渗透社会生产与生活的方方面面。在我国，环三峡地区巫文化不但产生早，而且特色颇为突出。环三峡地区位于今陕西、重庆和湖北三省市交界处，四川盆地和长江中游平原间，绵延数百里。其中以巫山和大巴山为主要山脉，长江在此贯穿四川盆地向东，切断巫山山脉，形成中外闻名的长江三大峡谷。这里深厚的原始文化积淀是巫文化产生的土壤。

在这里，巫山猿人的发现有可能将我国类人猿活动的历史提前到200万年以前，而建始、郧阳、郧西和梅铺猿人等一系列古人类化石的出土，以及南方古猿纤细种的发现，证明这里是中国和亚洲人类的重要起源地。继后，长阳人、奉节人以及河梁人的发现，又填补了当地早、晚期智人的空白；进入新石器时代，有大溪、老官庙和哨棚嘴文化等不胜枚举的人类遗址，以及尚处于原始社会末期的早期巴文化存在。

与环三峡地区先民体质进化历程相伴的是他们创造的文化。其中，属于旧石器时代中期的有丰都水井湾、桂花村的人类文化活动遗迹；重庆市奉节县兴隆洞发现的带鸟头图案的剑齿象牙被认为是迄今为止世界最早的人类艺术作品，同洞出土的骨质哨形埙亦被视为人类最早的乐器。[1] 环三峡地区人类最早的巫术活动地是奉节旧石器时代

---

[1] 刘虎：《重庆发现人类最早艺术品　人类非洲起源说受到挑战》，《重庆商报》2002年12月20日。

晚期的"鱼复浦遗址",这里有规律地排列着12个烧土堆,"石器、骨器多呈条带状分布在烧土周围"①。进入新石器时代后,在诸多遗址的墓葬形式和遗物中,我们发现了原始宗教存在的线索,如巫山大溪遗址的人类埋葬形式和种类丰富的随葬品构成,就体现了宗教活动的典型特征。②

环三峡地区蕴藏丰富的丹盐,是当地巫文化产生的重要物质前提。其中丹砂和食盐是当地重要的产品,《山海经·大荒南经》称巫山产"帝药"(神仙不死之药),此即药中上品丹砂,中医称其"主身体五脏百病,益精神,安魂魄,益气明目。杀精魅邪恶鬼。久服通神明不老"③。巫山因此又称"丹山"④。盐是动物不可或缺的重要元素,在上古巫巴山地分布着数条重要的自流盐泉,如巫溪县宁厂镇宝源山盐泉、彭水苗族土家族自治县郁山镇伏牛山盐泉和湖北省长阳土家族自治县西的盐水,它们均为当地先民的重要物质财富。因此,巫巴山地的巫文化内涵与丹药和盐密切相关。

丹砂与盐资源的丰富使环三峡地区原始聚落云集,号称"十巫"。他们以巫咸为首领并集巫、医本领于一身,掌管了当地的丹盐资源,古书云"巫咸作筮"(《世本·作篇》,又"古者巫咸初作巫"⑤;他们的巫术活动与其社会生产、生活方式紧密相系。巫山初因盛产盐、丹等而名"宝源山",后又因大巫师"巫咸"在此立国、施巫而得名巫咸山、灵山;袁珂在校注《山海经·大荒西经》时直截了当地称"灵山即巫山"。在此"灵"即巫术追求的主旨,灵的繁体字"靈"与巫古本一

---

① 张之恒:《重庆地区史前文化之特征》,载重庆文物局、重庆市移民局编《重庆·2001三峡文物保护学术研讨会论文集》,科学出版社2003年版,第12页。
② 邹厚曦、袁东山:《重庆峡江地区的新石器文化》,载重庆文物局、重庆市移民局编《重庆·2001三峡文物保护学术研讨会论文集》,科学出版社2003年版,第36页。
③ (清)孙星衍:《神农本草经·卷一·上经》,人民卫生出版社1984年版,第3页。
④ (宋)罗泌:《路史·后记》十三,中华书局校刊1989年版。
⑤ (汉)许慎:《说文解字》,中华书局1963年版,第100页。

字,"以舞降神"的巫术活动一方面浸淫着沟通天地万物神秘的巫(灵)气;另一方面从"医"与其古体"毉"的关联中,我们亦可看出早期巫师们行医的事实,治病实为其巫术"灵验"的根本。

深厚的历史积淀与富有的丹盐资源促成了三峡巫文化的早产。基于此,环三峡地区的巫文化便呈现出四个明显的区域特色,此前我们已作阐述,这里再次概要如下。

第一,以"巫"名地。在巫巴山地有不少以"巫"为名的地界和水名,如巫山,史载苏秦说楚威王曰:"西有黔中巫郡。盖郡据巫山之险,因以山名。"[(汉)刘向:《战国策·楚·一》]如巫峡,"巫峡之名,盖因山以名峡也"。① 如巫郡,"蜀守若伐楚,取巫郡"[(西汉)司马迁:《史记·秦纪·昭襄王三十年》,治所旧址在今重庆巫山县东]。如巫溪,作为水名"一名大宁河,一名昌江"②。作为县名则源于1914年,"查该县有巫溪水,拟定名巫溪县"③。这些地名多起自远古,且沿袭至今。

第二,以"巫"立国。《山海经》载:"有灵山,巫咸、巫即、巫朌、巫彭、巫姑、巫真、巫礼、巫抵、巫谢、巫罗十巫,从此升降,百药爰在。"④ 灵山即巫溪县境内的宝源山,巫咸为此地的群巫之首,巫巴山地的巫师群体产生最早,他们既是祀神者,又是拥地自立的部落首领,在此建立了酉邦政权。

第三,"巫"源深厚。巫巴山地丰富的远古人类文化遗址曾令专家惊叹:"发现如此多的更新世古文化遗址,使三峡库区由旧石器时代考古的空白地区一跃而成为富积地区,扩大了古人类在中华大地的

---

① (清)顾祖禹:《读史方舆纪要》(卷六十六),载王云五编辑《万有文库第二集》,商务印书馆1937年版,第2836页。
② 商务印书馆编辑部:《辞源》,商务印书馆1988年版,第0521页。
③ 巫溪县志编纂委员会:《巫溪县志》,四川辞书出版社1993年版,第40页。
④ 李润英、陈焕良译注:《山海经·大荒西经》,岳麓书社2006年版,第365页。

分布区域。"① 该地区属于新石器时代的遗址更是为数众多，仅重庆峡江地区的新石器文化遗址就多达36处。② 它们的存在为当地巫文化的早熟奠定了厚重的基础。

第四，"巫"风长传。巫巴山地是古代巴、蜀、楚文化融合、交流的枢轴。这里的巫文化曾经对周边的古文明产生过深远的影响，由此形成了"楚信巫鬼，重淫祀"[（汉）班固：《汉书·地理志》]的习俗；也开启了巴人及其后裔土家人③特色独具的虎文化与舞文化；古蜀国史上"荆人鳖灵死，尸化西上，后为蜀帝"④ 的记载亦与丛帝"开明"朝的建立息息相关。

概言之，我国历史上环三峡地区巫文化的早产与这里悠久的人类发展历史密切相关，其突出特色的形成，则与当地特殊的环境、物产及其生产方式相系，它们是当地巫文化的根基。

第二节　环三峡地区巫文化遗产形成过程

环三峡地区的巫文化遗产主要包括三个方面："巫教"——各种巫术以及祭祀、避邪、崇拜等；"巫俗"——民俗、丧俗、禁忌、巫医等；"巫艺"——巫歌、巫舞、巫戏（傩）、巫画、神话等。巫文化活动的主体是巫师，他们除了其特殊的领导者地位外，还如宋兆麟在《巫与巫术》中所说：巫师是最早的杰出歌手和舞师，最早记录历史的人，

---

① 高星、裴树文等：《三峡地区在中国旧石器时代考古研究中的地位》，载重庆市文物局、重庆市移民局编《重庆·2001三峡文物保护学术研讨会论文集》，科学出版社2003年版，第3页。

② 邹后曦、袁东山：《重庆峡江地区的新石器文化》，载重庆市文物局、重庆市移民局编《重庆·2001三峡文物保护学术研讨会论文集》，科学出版社2003年版，第18—21页。

③ 潘光旦：《湘西北的"土家"与古代的巴人》，载中央民族学院研究部《中国民族问题研究集刊》（第四辑）（内部刊物）无内准号1955年印刷，第415—591页。

④ （晋）常璩：《华阳国志》（卷一·序志），刘琳校注，巴蜀书社1984年版，第896页。

最早观察天象变化的天文家，最早的医师和最早的美术家。① 其信众则为各历史时期的普通民众，是他们对美好生活的向往，使巫文化融入了民俗与艺术，并代代相传。对该方面内容的介绍，虽然我们已经在前面"巫文化表象传承"一章中有所述及，但在涉及保护时仍有必要再作概括。

一　巫教

"巫教"是环三峡地区巫文化的内核。作为宗教的低级阶段，它源于原始社会的万物有灵基础上的信仰。它体现为对鬼神的崇拜，缺乏严谨的说教理论和成熟的教仪，其在当地的民间遗存有如鬼教、娘娘教（美女教）、苗教等。

"鬼教"盛行于商时的"鬼国"，中心在平都（今重庆市的丰都县），以天、地、水为本，以巫师施巫为形式，鬼教后为巴族部民所笃信。东汉张陵曾结合黄老之说改造鬼教，创立五斗米道（后世称天师道），时人称为"鬼道"，隋唐时亦有"白虎事道，蛮与巴人事鬼"②的记载，天师道后来盛行于巴蜀地区。"娘娘教"在湘、鄂、黔、桂边界传存，该教具有母权制社会的原始宗教特征，奉祀女娲、花婆女神、萨神、嬷神婆、春巴嬷妈等女性先祖，其巫师立坛称"震古雷坛"凸显出对各种自然神灵的崇拜。"苗教"流行于湘西苗族地区，以"大索大戎"（雷公与龙）和"向汉向娘"（祖先）为尊崇对象，其巫师称"苗老师"，祀典十分丰富③。

巫术是行巫作法的手段。由于巫巴山地地理环境的相对闭塞，尚巫占卜传统在一些地区民间下层延续至今。巫术的形式有多种，如在巫溪

---

① 宋兆麟：《巫与巫术》，四川民族出版社1989年版，第5—6页。
② （唐）樊绰：《蛮书校注》（卷十），向达校注，中华书局1962年版，第231页。
③ 凌纯声、芮逸夫：《湘西苗族调查报告·苗教》，民族出版社2003年版。

县民间巫术就有跳端公、告阴状、化九龙水、请七仙姑、神席舞（大鹏金翅鸟）（见图11-1）、请桌子神等。"赶白虎"是湘北土家族的巫术，当地人崇虎，但称"过堂白虎"是野神，当地民谚称："白虎当堂过，无灾必有祸。"于是就得请巫师驱赶、钉之。土家族的巫师叫"梯玛"（或"土老师""端公""老司子"），"梯玛通神灵，精巫术，会作古唱经，神通广大，有求则应，其权威远胜于当地的封建官员"[①]，在彭英明的《土家族文化通志新编》中，对土家的法事活动做了较为全面的介绍。

图11-1　神席舞

祭祀是巫教的重要内容。古代巴人有"人祀血祭"和"彼崖獭祭"的传统，楚人则有祭川与祀神的习俗。近代环三峡地区人们亦继承了先民的祭祀传统，"每岁孟夏，或设坛玉皇阁斋醒数日，文武官亦诣坛上香，为民祈福""同俗信事鬼神，乡里有争角，辄凭神以输服，有疾病则酬神愿，大击钲鼓，请巫神以咒舞……"[②] 在《川东南少数民族史料

[①]　重庆市民族宗教事务委员会编：《重庆宗教》，重庆出版社2000年版，第434页。
[②]　（清）王鳞飞等：《酉阳直隶州总志·风俗志》，同治三年（1864年）刻本，卷十九，第47页。

辑》（四川黔江地区民族事务委员会编，四川人民出版社1996年版）中，类似记载还有许多。

二　巫俗

"巫俗"是环三峡地区巫文化的主要载体。环三峡地区的巫风自古便浸淫先民，久而久之便积而成俗。后又因其地理环境闭塞、经济文化相对滞后而代代相传，遂使当地巫俗遗产丰富。

民俗是巫俗的主体。它蕴藏于先民的日常生活中，南朝时期楚地的岁时风俗多与巫相关，如"正月一日……鸡鸣而起，先于庭前爆竹，以避山臊恶鬼"[1]。时至今日，巫巴山地的土家民俗依然巫味浓厚，以建房为例，他们除了动土、伐木、奠基均要择"吉日"外，上梁前要进行名为"退煞"的巫术仪式。而选择栋梁之材尤其讲究：砍伐的树木要向山巅倒，意即步步高升；选材以椿或梓为佳，寓意"春常在，子孙旺"；开斧前要燃香、烧纸祀树神，梁木运回后还要贴上红彩，并不让人跨过或踩着。而土家人在举行祭神仪式时，则要跳相应的舞蹈"摇宝宝"（八宝铜铃）（见图11－2）。

葬俗是巫俗的特殊表现。远古巫巴山地巴人多悬棺葬，其以船为棺的方式定是具有巫术意义的。[2] 巫巴山地居民的葬俗至今巫风尚存：要请巫师为在世老人"看风水"择墓地；要为去世家人招魂，敲"断气锣"、烧"断气钱"、举孝；要设灵堂、做道场，请巫师念经超度；要唱"丧鼓歌"，亲朋好友要来"闹夜"；要在拂晓前出丧，要从停灵处往外清扫"克鬼"，促亡灵远行投胎不扰亲人等。

禁忌是巫俗的规范化。古人制定"月忌"和"日忌"，避免与包括神灵在内的各种因素相冲犯。王充曾对其所处时代民间搬迁要忌讳

---

[1] （南朝梁）宗懔：《荆楚岁时记》，岳麓书社1986年版。
[2] 邓晓：《论巴人与土船》，《重庆师范大学学报》（社会科学版）2006年第5期。

图 11-2 摇宝宝

的"太岁"迷信进行过驳斥,足见当时禁忌盛行。[①] 时至今日,巫巴山地土家人现实生活中的禁忌仍俯拾皆是,如清明、立夏日及农历四月初八不用耕牛,恐牛生病;吃年饭不能泡汤,怕来年涨水冲垮田坎;正月初一不扫地,以免财气外泄;正月祖坟前不动土,怕挖断灵气;要恭敬灶神,不得将衣裤鞋袜等脏物放在灶上;门前不栽桑、屋后不栽柳,因为"丧"和"扭"会带来家运不顺,等等。

巫医是巫俗的重要成分。《山海经》中将巫师与药并论,称巫彭、巫抵、巫阳、巫履、巫凡、巫相六巫"皆操不死之药"[②]。郭璞作注时亦谓之"皆神医也"。而《吕氏春秋·勿躬》《世本》等书皆视巫彭为

[①] (汉)王充:《论衡·卷二十四·难岁篇》,上海人民出版社1974年版,第376—380页。

[②] 李润英、陈焕良译注:《山海经·海内西经》,岳麓书社2006年版,第321页。

"初作医"者。尽管战国扁鹊之后巫、医分道扬镳，但在治病或祛邪时常采用类似的药物。在湘北流传的巫医方中就有"化九龙水"（以符水化掉误食的鱼刺、鸡骨），"治犬咬伤"，"摘翳子"（除白内障），"杀羊子"（使腹股沟淋巴结消肿）等。[1]

三　巫艺

"巫艺"是环三峡地区巫文化的主要形式。原始艺术产生于旧石器时代晚期，它伴随人类的劳动而生，既是原始宗教所需激情的摇篮，又是其广为传播的重要途径。环三峡地区的"巫艺"包括巫歌、巫舞、巫戏、巫画与神话故事等。

巫歌以楚歌为代表。它在相当程度上催发了《楚辞》的产生，事实上《楚辞》的内容就多有涉巫，在《九歌》《离骚》《九章》《招魂》和《大招》中，不乏宗族祭祀、悼念仪式和巫觋作法。蔡靖泉认为，《楚辞》在语言形式的一些特征上"更直接地脱胎于巫歌，并在巫歌的基础上将这一特征突出和强化了"[2]。《梯玛歌》是土家巫师作法时唱的巫歌，土家语无文字，靠梯玛世袭口头传承，汉字版的《梯玛歌》到晚近才得以产生，该书以长达50章148节的篇幅介绍了本民族的神话、传说与历史[3]。

古代巫舞以巴舞最为杰出。昔日武王伐纣："巴师勇锐，歌舞以凌殷人，前徒倒戈……"[4] 显然巴人的战阵舞就是一种鼓舞士气、震慑敌人的巫舞，在后世土家的"大摆手"中它尚存余威。巴人"男女相

---

[1] 唐明哲：《楚湘巫术类说》，载方培元主编《楚俗研究》（第三集），湖北美术出版社1999年版，第65—66页。
[2] 蔡靖泉：《荆楚巫风与楚辞文》，载方培元主编《楚俗研究》（第一集），湖北美术出版社1993年版，第64—65页。
[3] 湖南少数民族古籍办公室主编：《梯玛歌》，岳麓书社1989年版。
[4] （晋）常璩：《华阳国志校注》（卷一·巴志），刘琳注，巴蜀书社1984年版，第21页。

携，踹跃进退"的生产舞蹈，则演变成了土家族的"小摆手"舞，旨在感谢神灵、祈祷丰年。清时，在湖南西北"土家各寨有摆手堂，每岁正月初三至十七日，夜间鸣锣击鼓，男女聚集，跳舞长歌，曰摆手"[(清)《永顺府志》卷十]。在湖北省恩施土家族苗族自治州，至今"'大摆手'三年举行一次""小摆手"每年都举行。① 此外，环三峡地区的民间巫舞还有男巫的"端公舞"和女巫的"仙娘""马脚""七姊妹"，它们均以驱赶鬼邪、消灾除病，祈求风调雨顺为目的。并且长期以来它们"都依附着民间传说和民俗活动而广泛传播和不断发展"②。巫巴山地土家人至今还流传巫舞"打绕棺"，其于殡葬前表演"舞时除有土老师带领、民间艺人参加外，死者亲友亦可参加，人数不限，但必须为男性、双数"③。在苗族民间还流传有"还大牛愿"（椎牛盛会），是为苗家祭礼中最隆重、时间最长、参加者最多的仪式，集舞蹈、歌曲、鼓乐全面演奏于一体，由富有的主办者（其许愿得以实现）邀请众乡邻参加，最后一天选一个虔诚男性穿法衣扮阎王，由苗老师做法事，与此同时由枪手执标枪杀牛，然后送牛上天尊神（阿普蚩尤）。④

巫戏主要有三种。第一，"还傩愿"，先民们视"逢凶"为鬼神作祟，祈求傩愿菩萨庇佑，并许诺"化吉"后还愿感恩。在重庆市綦江区与贵州毗邻的山区流行着传至远古的还愿戏——綦江杨戏。图11-3为石壕杨戏。

---

① 恩施州民族宗教事务委员会编：《恩施土家族苗族自治州民族志》，民族出版社2003年版，第178页。
② 四川三峡学院中文系、四川三峡学院三峡文化研究所编：《三峡地区巫舞浅析》，载《三峡文化研究》（第二集），重庆大学出版社1999年版，第343页。
③ 重庆市文化局编：《重庆民族民间舞蹈集成》，西南师范大学出版社2003年版，第769页。
④ 恩施州民族宗教事务委员会编：《恩施土家族苗族自治州民族志》，民族出版社2003年版，第358—359页。

图11-3　石壕杨戏

该仪式后来衍生出傩戏，其表演或类"方相氏"（《周礼·夏官·方相氏》）。"方相氏（周代官名），掌蒙熊皮、黄金四目、玄衣朱裳，执戈扬盾，率百隶而难（傩），以索室驱疫。"其表演内容包括：发功曹、扎寨、请神、安位、点雄发猖、出土地、姜女团圆、钩愿送神八出法事（"傩八朝"）。[①] 第二，"还坛神"，"坛神"即在阴间受封的家族祖先。倘若全家一年中无病无灾、人旺岁丰，便被认为是自家坛神保佑的结果，于是就会在秋后请巫师设坛酬奠先祖，其间敲锣打鼓、献祭品，十分热闹。第三，"茅古斯"（见图11-4），它堪称巫戏的活化石，"具有戏剧舞蹈双重性质，是一种原始的戏剧舞蹈"[②]。于舍巴日（摆手）祭祀中演出，目的是祈年、求育。演出者扮饰成若干扎稻草、头系五根草辫的"毛人"，并将裹有茅草的木棒夹在胯下，其中主角"papuka"

[①] 唐明哲：《还傩愿与楚巫学撷谈》，载方培元主编《楚俗研究》（第二集），湖北美术出版社1995年版，第48—52页。

[②] 宜昌市文化局、三峡大学三峡文化研究中心：《三峡民间艺术集粹》，长江文艺出版社2003年版，第624页。

(老公公）年纪稍长。在表演过程中，常有不孕妇女用手去摸那根"生殖棒"，她们相信可以因此而怀孕。

图 11-4　茅古斯

巫画在巫巴山地由来已久，巴楚先民"事鬼敬神而近之"的人生观分别在他们的图语和彩绘上得到体现。他们力图以具体、生动的形象描绘，营造呼之欲出、意境诡谲的氛围。巫画以楚地的漆画和帛画表现尤为突出：战国时擂鼓墩大墓漆棺上布满了色彩斑斓的云气、人物与怪兽纹饰；而战国时期的《人物龙凤》《人物御龙》帛画和绘于西汉的长沙马王堆一号墓旌幡，均为我们还原了当时人对生命彼岸的认识。[1] 巫画在后世发展成"水陆画"，于做法事时悬挂。在传统的重庆市梁平区的年画中，巫画的内容也十分抢眼，门神、灶神、五子登科、招财进宝的题材，都充满了当地人避邪求福的愿望。

神话以口头和文字传递巫文化的内涵。正如马克思指出的那样，是远古时期世界各民族先民"借助想象以征服自然力，支配自然力，把自

---

[1]　张光福编著：《中国美术史》，知识出版社1982年版，第49—50、73页。

然力加以形象化"① 的方式。环三峡地区是中国神话的摇篮，《山海经》曾叙录了这里丰富的远古神话；《楚辞》亦是集录神话以筑其基、熔铸神话以成其文；西汉淮南王刘安则在此组织门客编撰了保存有大量上古神话的《淮南子》。如今，流传在巫巴山地的不但有大禹治水、巫山神女、开天辟地、女娲补天及烛龙等著名神话，而且有诸如廪君化白虎、盐水女神、呼归石、巴族悬棺葬等传说，这些传说大多收进了相关地区的《中国民间故事集成》② 分卷中。

概言之，环三峡地区的巫文化遗产不但内容丰富，而且种类繁多。它们传自远古，又由于当地特殊的环境多保留至今，且渗透于其社会生产与生活的方方面面。

第三节　对环三峡地区巫文化遗产的保护

由前可见，环三峡地区自古巫风浓厚，加之当地环境相对闭塞，于是巫文化遗产传承十分丰富。它们经过历代的不断积累，形成了根深蒂固、内容庞杂、涉及面广、良莠不齐的特色。今天，如何厘清这些巫文化遗产，并对其理性地进行评判与取舍便显得重要起来，为此笔者试做如下思考。

首先，和地球上大部分地区一样，环三峡地区的远古巫文化也是当地先民面对大自然的结果，是他们认识自然、改造自然的智慧结晶。在远古巫文化中既充满积极探索精神与实践经验，也具有宏观性、模糊性甚至非理性，但它蕴含着古人朴素的世界观，是后来人类知识得以产生

---

① ［德］卡尔·马克思：《〈政治经济学批判〉导言》，载《马克思恩格斯文集》（第八卷），人民出版社2009年版，第35页。

② 20世纪80年代中期，由文化部、国家民委和中国文联三家协作、组织编撰了中国民族民间文艺十部集成志书，其中包含民间文学方面的故事、歌谣和谚语三套集成，各含地方卷。经二十余年努力，于2009年全部出齐，被誉为民族文化的长城。

的重要源泉。最早的巫师不但可能是当时的"王者",而且在相当程度上可视为那个时代的智者。正是远古巫文化的产生和它基于特定时代的积极意义,为巫文化作为区域非物质文化遗产的传承准备了先决条件且为其奠定了深厚的研究基础。因此,这里被称为"中华民族南方文化源头之地"①。有鉴于此,在讨论巫文化的性质时,我们应当历史地、客观地进行判断,而不要随意、简单、粗暴地下结论。

其次,由于环三峡地区巫文化产生的背景是自然力的强大和人类在智力(对自然和自我认识的不足)与体力方面的相对弱小,因此他们对自然的征服多采取了迂回、象征、祈求的巫术形式,其文化也就不可避免地会带上神话、迷信等非理性色彩。随着人类向阶级社会过渡,特别是当巫文化与强权高度相结合后,其中个人意志的强化与非理性因素会与日俱增,与此相应的则是其中早期人类探索的积极性随之减弱。然而,随着科技时代的走近,人类对自然的认识也会不断趋向理性,他们将逐步学会以审视的目光看待巫文化,而与人类科学思维进步相应的必将是巫术的神秘性与权力的影响越来越被淡化。

最后,人类科技的不断进步并不意味着巫文化将完全彻底地退出历史舞台。因为在数千年的发展历程中,巫文化已经深深地植根于民俗中,它与人们的社会生产与生活紧密联系在一起,且往往以人类喜闻乐见的艺术形式或约定俗成的规则出现,在相当程度上起着引导、娱乐、丰富甚至规范人们日常生活的重要作用,且在越是环境闭塞、文化落后的地方越是如此。同时,即使在今天人类科技的发展也还远未达到合理地解释和说明一切的境地,只要世界还存在难以认清的自然现象、难以解释的人为问题,则人类征服自然的欲望和行动必然仍会伴随着一定程度上认知的盲目性与非理性,这就为现代巫文化的继

---

① 重庆市文化局编:《重庆民族民间舞蹈集成》,西南师范大学出版社2003年版,第45页。

续存在提供了土壤。

巫文化之所以被社会大众广泛接受，除了宗教观念对其信奉者的强大吸引力外，其艺术外衣也是十分重要的因素。巫术与艺术两者之间原有着质的区别，前者是人的自我异化，后者则为对人自由本质的确认。[①] 但是，两者间又存在互为表里的机缘，巫术需要极富激情的表达形式，艺术亦需要强大的精神内涵支撑。在思想意识与表现形式都十分贫乏的原始社会，巫术既诱导与支持艺术激情的产生和发展，又分享着由该激情带来的狂热。"巫"的内涵与"艺"的外在形式在相互利用与博弈中发展，在早期"内容"大于"形式"，在后期则与之相反，因为人性与理性必定伴随着社会的进步逐步觉醒，巫术的影响力势必日趋式微。在今天具有艺术形式的巫文化中，我们看到的更多是艺术本身。

基于上述思考，我们提出关于巫文化遗产保护的三点建议。

第一，理性地认识巫文化遗产。客观看待其在历史时期所起的重要作用，在指出其思维及表现方面非理性的同时，也承认其对人类社会发展曾经的积极推动作用。尤其需要关注它在发展过程中与地方民俗的紧密关系，并充分考虑其与特定民族历史的深厚渊源，因为这是该文化形态的重要生命支撑。只有在此基础上，我们才能够对其作出较为客观的价值判断。

第二，辩证地看待巫文化遗产。我们从总体上需要确认巫文化是人类童年时代认知的产物，时至今日其文化特质的落后性决定了它难以与时俱进，因此它大势上正在走向衰微。然而，巫文化又是一种具有较强生命力的文化，由于其在相当程度上寄身于人类对美好生活的向往，寄身于人们喜闻乐见的各种艺术形式，遂得以在许多地方保留至今。以上

---

① 孙美兰主编：《艺术概论》，高等教育出版社1997年版，第72页。

两点决定了我们对巫文化遗产应批判地继承。

第三，对巫文化的保护。可大致采取以下四种分类的方式：首先，"优先保护"类——主要针对濒临消失的巫文化遗产活化石，如"茅古斯"等，实行优先保护，其巫术内涵和表演方式最为原始，保护其原生状态尤为重要。其次，"鼓励性保护"类——针对艺术形式特强的、已经为民众广泛接受的巫文化遗产，如"摆手舞""梁平年画"等，实行重点保护，该类遗产已将民族性、艺术性、生产性、社会性与巫术祈福融为一体，成为颇具代表性的区域文化。再次，"重点保护"类——主要针对具有特殊表现形式的巫文化遗产，如"撒尔荷""摇宝宝""打绕棺""杨戏"等，它们的巫艺特征浓重，表现形式富于典型性，且与人们的生活息息相关。最后，"选择性保护"类——对内容和形式一般的民间巫术，如"端公戏""手诀""神席舞"，亦可从中筛选具有代表性的样本作为历史的痕迹存留，同时亦作为学术研究的对象。时至今日，我们对巫文化遗产的保护方法亦可以是多角度、多形式的：对那些受众少、即将消失的巫文化遗产，我们除支助其非遗"传承人"口耳相传外，更需要通过录音、录像建档的形式立此存照，实施抢救性保护，使古老文化不至于消失；对那些受众广泛、生命力较强，民族性凸显、艺术形式独特的巫文化遗产，则应采取主动性保护，相关部门可有计划、有组织地协调、支持其展示和传承；对有争议的巫文化遗产，亦可经专家协同鉴别，有选择地抽取样本进行保护研究。

小　结

综上所述，我们在本章得出以下三点认识：首先，巫文化是人类童年时代认知的产物，时至今日其文化特质的落后性决定了它难以与时俱进，因此在总体上它势必走向衰微并成为需要保护的"遗产"；其次，巫文化是一种具有生命力的仍在持续的文化，因其产生于人类对美好生活的向往，融注于人们喜闻乐见的各种艺术形式和乡规民约中，遂得以在民间保留至今；最后，基于巫文化遗产深刻的内涵和丰富的表现形式，基于其在历史与文化传承方面的重要意义，我们有必要对其进行保护，而保护应该视其意义大小进行分类。总而言之，理性地认识、辩证地看待、有效地保护，此即我们对非物质文化遗产保护语境下巫巴山地进而环三峡地区巫文化应持的态度。

第十二章

环三峡地区巫文化的非物质文化遗产保护语境

提　要：巫文化是人类童年时代的认知产物，是遍及全球的原始宗教现象，且有着深刻的内涵和丰富的表现形式。如今，源自远古的巫文化在民间依旧有着相当的生命力，除了人们认知的局限所致外，更重要的是它在相当程度上已经融入民间的风俗与乡规民约。对远古巫文化遗产应该理性地认识、辩证地看待、有效地保护，保护的方法可以根据需要分类。本章内容主要为在上一章基础之上于理论方面的进一步探讨。

在"非遗"保护语境中探讨巫文化遗产，其尴尬之处有四：一是因其在意识形态领域被长期视作封建迷信而禁止公开；二是它遍及各地且表现形式千差万别；三是它与民风民俗长期杂糅且已融入文化传统；四是其因濒临消失而被列为需要保护的遗产。问题棘手且讨论者甚少，对该问题笔者虽有过初步讨论，但仍有进一步深入的必要。

第一节　环三峡地区巫文化缘起与影响

　　巫文化大约产生于旧石器时代的末期。它的出现首先与"万物有灵"进而对"鬼神"的认识相关。"人所归为鬼。"① 在那个人类尚不知道自己来自何处，也不明白生死道理的年代，如同尼安德特人或山顶洞人那样，以随葬富于生命力的山羊角②或赤铁矿粉呼唤亡灵是合乎情理的。"万物有灵"观念源于原始先民认知能力的低下，它既是促使宗教产生的最早观念，也是原始巫术得以产生的重要原因。尼安德特人和山顶洞人实施的巫术行为，亦即为其面临的生死现象和他们需要解决的死亡难题所寻找的答案，随葬什么样的物品，即体现出他们解决该问题的不同思路和方法，这方法体现了那个遥远时代的理性。

　　先民们敬畏和崇拜死人乃至祖先，是基于其"灵魂不灭"的世界观。梦境中灵魂（另一个自我）相对于肉体的独立，使之坚信死者对生者可以产生影响。那些曾有过辉煌业绩的前辈首领（在我国有如"三皇五帝"），他们的功劳不仅被当作集体的荣耀而成为族群的历史、传说与神话，其死后的鬼魂还被认为能对后人产生相当的影响（护佑子孙或转世托生为新任首领）。先民认为人死后灵魂成了鬼魂，模样也会因无形而看不清，于是在甲骨文中"鬼"的头部类似面具"𩴲"，而且根据自己与死者的亲疏关系与好恶，鬼魂也有了"好"与"坏"的区别。或许正因如此，产生于原始先民的戴着面具与之抗衡的驱鬼巫术活

---

① （汉）许慎：《说文解字》，中华书局1981年版，第188页。
② 在"苏联乌兹别克的切舍—塔什洞发现的尼人小孩遗骸，头骨周围安放六对山羊角，排列成一圈，有的学者认为这表示产生了太阳崇拜的萌芽"。参见林耀华主编《原始社会史》，中华书局1984年版，第394页。

动——傩戏也就应运而生。

　　法国人类学家列维－布留尔在《原始思维》中，根据对当代原始部落的调查结果将占据着原始人思维的力量概括为三类："这首先是死人的鬼魂；其次是使自然物（动物、植物）、非生物（河流、岩石、海洋、山、人制造的东西等）赋有灵性的最广义的神灵；最后是以巫师的行动为来源的妖术或巫术。"①他指出，这三类常常是彼此重复的。显然，万物皆有"灵魂"的认知是原始社会巫师乃至巫术产生的前提。巫师的职责是沟通与不同灵魂乃至鬼魂间的联系，或亲近、求佑，或躲避、震慑鬼灵，进而达到为我所用或驱赶消灭或彼此和谐相处的目的。《说文解字》称：巫师能以舞蹈通神，且初为女性，即"女能事无形，以舞降神者也"。②女性最早从事巫术活动符合其当时的社会核心地位，同时也与她们的敏锐直觉和丰富情绪表达相关，继后才有了男性巫师称"觋"。巫师用来沟通"灵界"的方法称为巫术，巫师、巫术以及由巫师实施巫术而产生的影响共同构成了远古巫文化的世界。

　　站在今天的角度，巫师实施的巫术无疑属于非理性的范畴，在方法上也有违科学，但从历史唯物史观出发，原始时代巫师的观念和行为却自有其相对合理性。巫文化的出现是先民在其普遍认知力、生产力均极为低下的时代为征服自然作出的最大努力，它曲折地表达了人类认识、沟通自然，追求和谐生活的愿望。宗教学家英国人弗雷泽曾在他的著作《金枝——巫术与宗教之研究》中分析巫术与科学之间的关联时指出，还在远古时代，人类便开始了一些探索大自然普遍规律的尝试，其目的是希望能够利用它们来服务自己的利益，其中亦包括对扭转自然事件进程的探索。他们在漫长的探索期中逐步积累了大量的该类

---

① ［法］列维－布留尔：《原始思维》，丁由译，商务印书馆2017年版，第435页。
② （汉）许慎：《说文解字》，中华书局1981年版，第100页。

推测（经验），这些推测中既有弥足珍贵的，也有一无是处的。"那些属于真理的或珍贵的规则成了我们称之为技术的应用科学主体，那些谬误就是巫术。"① 事实上那些"属于真理的或珍贵的规则"与被称为"谬误"的巫术，往往都是出自同一群巫师之手，那时真理与谬误本身就是合为一体的，且在过去它们往往还是人们难以辨识的。因为这时的人类正处在马克思说的充满着幻想与神话的史前时期，此时即使看似荒谬的神话，都有着征服自然力、支配自然力的、积极的精神意蕴。在此，我们关注的正是远古巫师们努力探索世界之行为本身的积极意义，就如同神话本身，它虽然包含着不少在今天看来是错误的认识，但人类的探索精神、神话中折射的现实与历史和神话故事的奇幻与美丽，不也是很有欣赏的价值吗？在远古时期先民这混沌的世界观里，包含着后来人类认知世界的主要方法——宗教、哲学、科学和艺术的萌芽。

如今，我们对原始时期巫师及其活动的样貌，由于资料的缺少而难以管窥，但可以推定，倘其巫术毫无效果则对自己肯定没有好处，这表明他已经失去了通神的能力，其被淘汰、处罚的结果可想而知。事实上，在我国从夏商至先秦盛行巫师与占卜的记载，以及商代数量巨大的祭祀甲骨文出土的现象看，他们受此威胁的程度似乎并不太大。究其原因，巫师们无论为了窥测天意还是影响他人，除去非此即彼可能成功的概率外，在主观上为确保自己的巫术效果，他们还是会格外地付诸各种努力，并且在当时统治者往往兼有巫师的职能。张光直指出："如我们所知，商汤可祭祀祈雨，后稷具有使庄稼生长得更快的特殊才能。这些传统信仰得到了商代甲骨文的印证，这也说明帝

---

① ［英］J. G. 弗雷泽：《金枝——巫术与宗教之研究》，汪培基、徐育新、张泽石译，商务印书馆2019年版，第85页。

王确为巫觋之首。"① 弗雷泽在谈到巫师是如何成为部族的政治首领时指出："当部落的福利被认为有赖于这些巫术仪式的履行时，巫师就上升到一种更有影响和声望的地位，而且可能很容易地取得一个首领或国王的身份和权势。"② 由此可见，部落里一些最有野心也最能干的人便是通过巫师这一职业逐步进入显贵地位的。在这里，他实际上谈到了两点，一是巫师的地位是随着其所起作用的大小而改变的，二是巫师地位的优越性会吸引最聪明的人竞相从事该职业。

巫文化在古代社会的影响是明显的，主要体现在以下三个方面：协调人与环境的关系，人与社会生产的关系，人际的社会关系。在这三个方面均可谓利弊兼具：从有利的方面看，一是崇拜强大自然力的心理（感恩或畏惧），在客观上能够约束人类破坏自然环境的行为；二是通过对丰产的祈祷和对生产禁忌的规定，有利于人类的社会生产的健康发展；三是通过宣扬"头上三尺有神明"的绝对权威，在一定程度上有利于规范道德、稳定社会、和谐家庭。其负面影响也是显而易见的：第一，倘用巫术的非理性指导社会生产与生活，会有碍社会生产力的发展；第二，如果巫术被权力欲望者掌握并利用，容易被用作控制民众思想、维护其统治的工具。

探究巫文化得以在远古产生重要影响的原因，在宗教学上，源于民众对自然的敬畏、对神赐美好生活的渴望、对精神领袖（能够沟通灵界）的期盼；在心理学上，巫术"咒语"和"神力"附体的幻象起着重要作用，这与个体差异和实施者心理暗示、催眠术相关；在艺术学上，巫师常以舞蹈、戏剧、绘画等艺术形式宣扬其理念，容易左右民众

---

① 张光直：《艺术、神话与祭祀》，刘静、乌鲁木加甫译，北京出版集团公司北京出版社 2016 年版，第 36 页。
② [英] J. G. 弗雷泽：《金枝——巫术与宗教之研究》，汪培基、徐育新、张泽石译，商务印书馆 2019 年版，第 80 页。

的情绪。宗教即前哲学，人们的世界观、人生观与方法论都可以在原始宗教里找到根源，与西方早期自然哲学追究万物本源（from）与最小构成（minimum）不同，基于神权政治的早期东方哲学思想更注重社会控制的效果，祖先崇拜与巫术便成了重要的方式方法。从商代卜辞中我们发现，"帝王在筑城、征战、狩猎、巡游或举行特别祭仪之前，都倾向于通过占卜来取得其祖先的赞成或认可"①。在中国古代史籍中，我们时时可以看到巫师的身影，常常读到帝王迷信巫术的记载，这对后世宗法制度的产生起了十分重要的作用。相较之下，在该方面古希腊的巫师们似有所不及。

概言之，巫文化是一种全球性的人类文化现象，是原始时代人类智慧的体现，旨在认识自然规律和寻找解决问题的方法，因此在当时具有先进意义，并在客观上起过积极的作用。巫师是原始社会的智者，其地位随着人们心目中巫术的地位而发生变化。巫术与应用科学曾经同出一源，继后又分道扬镳，被现代科学与理性扬弃。

巫术及宗教信仰无疑属于文化范畴，但在非物质文化遗产分类中，巫文化的内涵又较多地涉及艺术类别，这当与其活态性、流变性、综合性、民族性、地域性等特性密切相关。因此，巫文化遗产在环三峡地区不仅源远流长，内容也十分丰富。巫师是环三峡地区巫文化的主体，也是它的主要传承者。他们是史前时代最早的杰出歌手和舞师，最早记录历史的人，最早观察天象变化的天文家，最早的医师和最早的美术家。② 环三峡地区相对封闭的自然环境，是该地区巫文化遗产得以较好传承的重要保障。通过该地区各历史时期巫师与信众的共同努力，巫文化代代相传，而促成民众传承巫文化的

---

① 张光直：《艺术、神话与祭祀》，刘静、乌鲁木加甫译，北京出版集团公司北京出版社2016年版，第45页。

② 宋兆麟：《巫与巫术》，四川民族出版社1989年版，第5—6页。

动力,则是他们对美好生活的无限向往。概括环三峡地区巫文化遗产,其内容主要体现在"巫教""巫俗"和"巫艺"三大方面,对此笔者曾有过介绍。[1]

如前所述,环三峡地区的巫文化遗产不但内容丰富,而且种类繁多。它们传自远古,又由于区域性特殊地理与人文环境保留至今,在民间信仰、民风民俗、民间艺术等方面表现尤为突出。经过漫长岁月的积淀,远古巫文化已经通过不同方式渗透于人们社会生产与生活的方方面面,外化为特定的仪式与规范。

"巫教"在环三峡地区的民间遗存有鬼教、娘娘教、苗教等巫教形式,它属于宗教的低级阶段。巫教与宗教的区别是显著的:前者注重人(巫师)在目的、动机和行为上的重要作用,后者则强调神灵解决问题的绝对权威。宗教认定世界是由神来引导的,人类对它只能无条件服从;而巫教则断定"一切具有人格的对象,无论是人还是神,最终总是从属于那些控制着一切的非人力量,任何人只要懂得用适当的仪式和咒语巧妙地操纵这种力量,他就能够继续利用它"。[2] 比如,环三峡地区巫师常用的"手诀"(包括"指诀"与"掌诀"),就是巫师通过"编织"双手手指沟通神灵的一种语言符号(见图12-1)。可见,巫师对待神灵的态度不是像僧侣那样去服从或取悦它们,而是利用手中掌握的"技术"去驱使它。所以,不能简单地将巫术与宗教、将巫师与僧侣一概而论。由巫教向盲目崇拜的宗教发展当有质的变化。

"巫俗"是巫文化的重要载体,主要包括民俗、丧俗、禁忌、巫医

---

[1] 参见何瑛《对巫巴山地巫文化遗产保护的理性探讨》,《三峡大学学报》(人文社会科学版)2016年第6期。

[2] [英]J. G. 弗雷泽:《金枝——巫术与宗教之研究》,汪培基、徐育新、张泽石译,商务印书馆2019年版,第91页。

图 12-1　手诀

等形式。环三峡地区自古巫风传习，久而久之积以成俗。仪式与规则在巫俗中举足轻重，而仪式与规则本身的形成又往往源于巫术。人们在现实社会面临的问题是多样化且全方位的，从季节变化、岁时延续规律与作物生长的相关性，到生老病死、悲欢离合与人的生存状态、生存环境的联系等，无论问题大小，在"巫"的世界都被认为是可以探知和控制的。于是，通过制定规则、合理地避开危险，依据特定仪式实施巫术去摆脱困境或谋取利益，便成为民间巫师常用的方法。久而久之，这些巫味浓厚的仪式、规则和方法便约定成为民俗的重要组成部分。例如，魅力独特的舞蹈"打绕棺"（穿丧堂）便长年流行于环三峡地区的土家族村寨，成为其丧葬民俗的重要组成部分（见图 12-2）。在这里，巫俗与宗教祈求神灵施恩的方法虽异曲同工，但前者更能体现人的主观能动性。

图 12 – 2　打绕棺

作为巫文化重要形式的"巫艺"，包括巫歌、巫舞、巫戏（傩）、巫画、巫雕、神话等形式。在没有文字的社会，人们更多地采用肢体语言叙事和表达情感（巫术）。这时，由巫师制定的巫术规则起着重要的作用，其长期传承便形成了表演形式的仪式化、表演内容的规范化、表演程序的秩序化及表演特征的符号化。在环三峡地区，具有巫文化内涵的歌舞在其表演的时间、地点上都有特定的要求，诸如摆手舞、薅草锣鼓、哭嫁歌等"非遗"形式。此外，值得一提的还有环三峡地区出土的动物小雕像，如大水田遗址出土的作为陪葬品的猪、穿山甲和鸟头等小动物雕饰，它们在形式上大致统一，而在内涵上可能具有摄魂、祀神或祈福目的。

第二节　环三峡地区巫文化的遗产认知

笔者认为，古老巫文化至今犹存的原因大致有三：一是源于人类未有穷期的认知历程，事实上当代人和历代前辈一样仍会不断面临难以克服的未知，并由此不断产生新的敬畏及征服的欲望；二是巫文化在漫长的历史进程中已有不少与民风民俗水乳交融，并以喜闻乐见的形式成为人们生活中难以分割的一部分；三是在宗教信仰业已得到各国政府普遍尊重与认可的今天，作为其先声的巫文化在下层民间依然拥有广泛的存在空间。

民族学资料常常被用作研究原始文化的例证。列维-布留尔的《原始思维》便是欧洲社会学家依据对20世纪初澳大利亚原住民、斐济人、安达曼群岛原住民以及非洲原住民的调查研究完成的。书中将当代原住民的认知方式称为"原逻辑思维"，以其与地中海的"逻辑思维"区别，以前者的"反逻辑"证明后者的先进。这是当时欧洲中心论在学术界的明显体现，但在后来作者给俄文版的序中，又不得不承认当今社会"在人类中间，不存在为铜墙铁壁所隔开的两种思维形式"[①]的事实，处在原始状态下的人类，无论在何处其思维水平是大致相同的，这一点是由文化的同质性所决定的。

而在近代社会，真正形成列维-布留尔所谓"原逻辑思维"与"逻辑思维"差异出现的前提，往往是地域文化分割导致的而与人种无关，越是封闭落后的地区，原始风貌的保存越是完好。环三峡地区自古巫风浓郁，加之高山峡谷地理环境闭塞，交流相对不便，因此巫文化遗产保存较好且标本丰富。并且经过从古至今千百年的日积月累，它们业已形成根深蒂固、内容庞杂、涉及面广、良莠不齐的特色。因此，在非物质文化遗产保护的实施过程中，对属于"原逻辑思维"下产生的巫文化如何进行历史的、理性的、辩证地鉴别和评判，如何实施及时的、切实的、卓有成效的保护便显得十分重要，为此笔者试作出如下思考。

[①] [法] 列维-布留尔：《原始思维》，丁由译，商务印书馆2017年版，第2页。

(一) 从本质上说

三峡地区的远古巫文化和世界其他地区一样，为先民认识自然、改造自然的智慧结晶。从积极意义上看，在巫文化遗产中充满探索精神，蕴含着古人朴素的宇宙观，孕育着后来多种人类知识的基因。最早的巫师则可视为那个时代的智者，他们体现了人类掌控自然与自身的愿望和实践，体现了当时社会先进分子特有的"理性"。基于此，有学者将三峡远古文化（也包括巫文化）称为"中华民族南方文化源头之地"[①]。巫文化的消极内涵亦是显而易见的，它基于低级思维阶段的强烈的个人主观意志与表达方式，在当时特定条件下难免带来较大的负面影响。正是环三峡地区巫文化产生的特定前提和意义，其发展过程中与民风民俗的深入融合，为该文化在内涵和表达方式上作为区域性的非物质文化遗产准备了条件。基于此，我们在讨论其性质与作用时就不便随意、简单地下结论，而应当客观、审慎地判断。

(二) 从方法上讲

由于环三峡地区巫文化产生于自然力十分强大而人类相对弱小的背景，其探索自然规律、征服自然的手段便只能采取迂回、祈使的巫术形式。该文化也就不可避免地打上了神话、迷信甚至想当然的烙印，但这可能是当时能采用的最正常方法。进入阶级社会，当巫术的实施与大多数人的现实利益密切关联时，巫师的智慧便越来越多地与权力相结合，在特定时空下，其统治者的主观意志甚至会以巫术的形式体现，甚至使理性丧失。历史地看，随着科学技术的不断发展，巫术的神秘性与非理性亦必然越来越淡化，其大多数的表达手段亦将被人们扬弃。这不会是

[①] 重庆市文化局编：《重庆民族民间舞蹈集成》，西南师范大学出版社2003年版，第44页。

全部，那些已经融入民风民俗的巫文化内涵仍然会伴着如神话、传说与音乐、舞蹈、戏剧、美术等民间艺术形式得到保留和传承；一些因远古巫术而兴的仪式、规则与禁忌亦会逐渐变成乡规民约，人们会认真地遵守它，并代代相传（图12-3为椎牛祭祖）。因此，对那些在形式和内容上已经与地方民俗互为表里的巫文化遗产，我们还不能生硬地将之剥离。

图12-3 椎牛祭祖

（三）从内容上看

在环三峡地区数千年的文明进程里，远古巫文化已经深深地植根于当地的民风民俗之中，它们在当地人们的社会生产与生活中，常常以大家喜闻乐见的艺术形式或约定俗成的规则出现，在相当程度上起着引导、娱乐、丰富甚至规范人们日常生活的重要作用。虽然巫术与艺术本有着质的区别，前者是人的自我异化方式，后者是对人自由本质的确认。[①] 但是，两者间的关系又十分密切，一则人是情感动物，

---

① 孙美兰主编：《艺术概论》，高等教育出版社1997年版，第72页。

巫术需要巫师激情地表达才能对他人"动之以情"进而产生信仰；二则人类的日常生产、生活与艺术活动是产生激情的重要来源，它为巫师表达思想提供了热烈的情绪和诉求方式。就这样，巫术与艺术的力量在相互的博弈与利用中消涨，并极大地影响着人们的社会生活。于是，我们在民间艺术中常常可以看到带有巫术色彩的各种舞蹈、戏剧、游戏纠结一体，它们互为表里，成了特色鲜明、价值突出、基础广泛的民间非物质文化。基于此，对具有巫文化内容的艺术遗产，我们需要辩证地认识。

（四）从特征上分

艺术性与奇幻性是作为非物质文化遗产的巫文化最显著的特色。与巫术结合的艺术形态，一方面具有人们喜闻乐见的表现形式，使人们能够从中（通过观赏或参与）得到美的体验；另一方面又因其浓重的巫术意味而直逼人心，给人以十分复杂的心理体验与强烈的情感冲击。例如，在土家族的丧舞"撒尔荷"的表演中，亲友们对悲痛情绪的宣泄、对亡灵的怀念与守护、对死者未来的祝福等复杂的情感和心理期盼，都能够通过舞者（由巫师领导）艺术（美的）的祭祀仪式（舞蹈）得到淋漓尽致的表达。由于这种特殊的表演全方位地渗透了观者的视觉与心理，其所带来的审美体验往往超越了单纯的艺术表演或者是祭祀。正是这一切使作为非物质文化遗产的巫文化具有了奇幻的魅力。所以，对巫文化遗产的艺术特征我们有必要认真地把握。

王文章指出，抢救与保护非物质文化遗产需要遵循本真性、整体性、可解读性和可持续性四大原则，[1] 要求我们在对其的抢救与保护过程中尽可能地做到保存原貌、不被割裂、能够认知、可以传承。然而，

---

[1] 王文章主编：《非物质文化遗产概论》，文化艺术出版社2006年版，第322—337页。

时至今日，传统的巫文化由于其分散零星的存在方式得不到社会如同对宗教般的认可；由于其自身未形成理论体系而面临各种宗教的排挤；更由于其非理性的行为方式而受到科学进步的不断挑战。这使巫文化随着文明的不断进步，由远古时的"显学"逐步地沦为今天的非物质的文化"遗产"。笔者认为，对环三峡地区巫文化遗产，我们今天保护它的理由至少应包括以下三个方面：第一，看重它蕴藏的时代信息有利于探讨人类文明的起源，且环境越封闭其信息价值越高；第二，看重它在民风民俗及艺术形式上的精彩体现，这是人类历史时期精神与物质文明不断积淀的硕果；第三，看好它在当今区域社会发展中可能起到的辅助作用，如在推动地方旅游经济发展中进行适度的巫文化展示，有利于人们娱乐身心，感受并记住乡愁。

笔者认为，对巫文化遗产的保护应该是分类进行的。分类的依据则是它们的重要程度，而重要程度又是根据其价值确定的，对此在前面章节已有所述。在保护方法上，时至今日，我们对巫文化遗产的保护方法亦可以是多角度、多形式的。对那些受众少、即将消失的巫文化遗产，我们除支助其非遗"传承人"口耳相传外，更需要通过录音、录像建档的形式立此存照，实施抢救性保护，使古老文化不至消失。对那些受众广泛、生命力较强、民族性凸显、艺术形式独特的巫文化遗产，应采取主动性保护，相关部门可有计划、有组织地协调、支持其展示和传承。对有争议的巫文化遗产，亦可经专家协同鉴别，有选择地抽取样本进行保护研究。非物质文化遗产在我国多采用家传的方式，这在过去往往是一种行规和行之有效的方法。例如，重庆市的非物质文化遗产"巫音"有源可溯的传承人从清代算起，至今已经有八代：涂理生、涂从沂、黄复清、曹本兴、毛共善、何太平、刘伯枝、刘炯炜。从涂从沂到刘炯炜均为家传，其中第七代刘伯枝为当地道教第六十四代班主，其本人"收藏有大量道教有的经、科、文等书籍，约600册，有千余种申、奏、表、片文类，并有上千年之木刻印文千余册（现代打印工具除外），另有光绪皇帝以前的神像画卷千件，还有历代相传的钟、鼓、令、印、玉磬、刀、剑等道具和吹、打乐具等百余件"[①]。刘伯枝的儿子刘炯炜，子承父业成为第六十五代班主和第八代代表性传承人，他将全面继承其父的技能和"财产"。但是，如果不是家传，则其他传承者（学徒）又能否全面继承师傅的技能和"财产"呢？因此，如何让巫文化的非物质文化遗产得以最大限度地传承，值得认真研究。此外，在操作层面，除上述活态的保护方式及采用影像资料存档的方法外，对先进的全息 3D 投影、虚拟现实（Virtual Reality）技术建模等高科技的利用将极有利于远古巫文化场景的重构，通过拉近时空距离达到使观众身临其境的效果，将传承介绍与欣赏娱乐融为一体，在开发旅游资源时不妨一试。

图 12-4　撒尔荷

[①] 戴祖贵编著：《乡音乡情》，西南师范大学出版社 2017 年版，第 154 页。

小　结

本章力图运用非物质文化遗产保护的语境审视环三峡地区远古巫文化遗存。首先，着眼于它的产生原因及其产生的影响，指出其与宗教的区别；分析其产生的必然性、兼容性、合理性及非理性。其次，对该地区巫文化遗产本身进行理论探讨，强调是先民的"原逻辑思维"，造成了当地远古巫文化特有的认知本质、探索方法、蕴含内容以及表现特征。基于此，笔者认为对环三峡地区巫文化遗产的保护需要有的放矢、针对性地开展。

第十三章

对环三峡地区巫文化的
调查研究与科普实践

  提　要："环三峡地区远古巫文化探究"课题组在研究期间还结合一些服务社会的相关项目开展田野调查，取得了相应的成果，也产生了较好的社会影响。主要成果体现在三个方面：一是将研究与"重庆第三届华夏巫文化论坛"及重庆远古巫文化研究会的研究项目相结合，项目负责人邓晓参加了"第三届重庆巫溪国际巫文化节"，并做主题发言"作为非物质文化遗产巫文化的保护"；二是项目负责人2016年作为校地结合"大宁谷景区文化产业项目"①的主要参与者，执笔完成了对该地旅游开发起重要作用的调研报告，并合作发表论文《环三峡地区民间"搭红"现象的巫文化解读——以大巴山区城口县为例》；三是项目负责人于2016下半年—2017上半年指导了重庆师范大学本科学生参与第十五届"挑战杯"全国大学生课外学术科技作品竞赛，以"巫溪巫文化遗产调查"为题获学校批准，项目从非物质文化遗产保护的角度对三峡地区巫溪巫文化的历史与传承进行了系统的调查与研究。该项目成果

---

  ①　该项目为2016年10月"重庆师范大学对口支援城口县'烛光·跨越'行动合作项目"的子项目，旨在发展地方旅游业，项目由陈太红主持。该项目于2016年暑期完成，参与方包括城口县文化委、重庆师范大学课题组。

于 2017 年先后获得重庆师范大学"大学生挑战杯一等奖"、重庆市"大学生挑战杯二等奖"。

第一节　环三峡地区民间"搭红"现象的巫文化解读（调研报告）[①]

位于大巴山南麓的重庆市城口县，南与巫山相连，北与秦岭毗邻，属于环三峡地区。其文化自古以来以巴为主，其信仰初以自然为神，继而崇蛇、崇虎，同时又受楚、秦文化影响。当地民俗自古尚巫，如今亦以"搭红"为突出表现。在大力提倡保护自然生态、维护社会安定、挖掘民俗文化、发展绿色经济的今天，从保护自然生态、合理利用非物质文化遗产的角度，探究当地的"搭红"民俗无疑具有积极的意义。同时，由于在中国的传统文化中充满喜庆的红色受到人们的崇尚，因此"搭红"现象在我国十分普遍。"搭红"现象在属于环三峡地区的重庆市城口县民间尤为盛行且有着自己的特色，考察与研究这一特殊的民间文化现象有利于我们今天加深对该地区远古巫文化产生、传承及作用的认知。

一　大巴山区的"搭红"民俗

"搭红"本就是大巴山区民间盛行的一种习俗，尤以重庆市城口县表现突出。据城口县文化委员会于 2015 年组织的调查表明，在城口周边的陕西以及四川的岚皋、镇坪、宣汉、万源四县市的十二个镇（乡）、社区，"搭红"现象都普遍存在，但就城口县而言，其 10 镇、13 乡、2 街道（除葛城街道外）就有寺庙和搭红点 155 处，含遗址 9 处。"搭红"习

[①] 本文为"重庆师范大学对口支援城口县'烛光跨越'行动合作项目"之"大亢谷景区文化产业项目"，执笔完成对该地"搭红"传统文化习俗的调查研究报告。

俗源自远古大巴山民的自然崇拜，继后演化为当地重要民俗，至今仍有着相当广泛的群众基础，是该地区极富特色的非物质文化遗产。

"搭红"是一种为"神灵"搭挂红布以示敬仰的祭仪，有"搭红"的地点在城口不胜枚举，被"搭红"的主要对象为大树、奇石与洞窟（岩壁）。其中具有代表性的主要有以下两大类。

一是大树类。主要指高大的古树，如东安镇德安村六社的铁杉王，需要七个人才能合围，该村因此得名"大树村"；鲜花村二组的古樟树，高20余米；黄河村四组的光叶榉，主干高18米；岭南村六社夏家院子的光叶榉，主干高约23米；夏家房屋右侧银子岩的大枞树，粗5.2米、高20米；团结二社的古松直径1米、高13米；明中乡龙门溪金池村的银杏王，树高33.17米、围粗10.52米，距今已有1900多年历史，如此等等。图13-1为千年老树搭红。

图13-1 为千年老树搭红（笔者自摄于重庆城口县）

二是洞（岩）类。主要指古老的石洞、危岩，如治坪乡红星村三社红花梁的观音洞，供奉观音菩萨，每年进行庙会祭拜，本地村民与外地游客多进洞祈福；高楠镇方斗村三组的观音岩（该岩又叫犀牛望月），由于这里的石洞里置有观音菩萨像因而得名；坪坝光明村七组的观音岩，这里有白拦垭和观音岩两山夹峙，坪坝河从中穿过，观音岩上有小道通过，岩下有深潭，极其险峻，据传原庙中有自然生成飞石观音等。

"搭红"往往具有因果关系。大巴山区各地的"搭红"仪式大同小异，没有特别的规矩，但都有类似的原因。它由"请愿"与"还愿"两个步骤构成，先是由祈祷者在特定的时间（节日）或背景（因为某事）下，对山神、树神、药神（体现为山石、大树、断崖等）或者山庙里供奉的土地、观音请愿，祈求神灵帮助或保佑自己实现某种心愿；并且承诺一旦愿望实现，自己将回到许愿地感谢神灵即"还愿"（以红布若干丈奉献）。然后是"还愿"，主要为在当初的许愿之地拉挂红布——"搭红"，其间少不了烧香祭拜和放鞭炮。"还愿"规模的大小视当初自己许愿的大小和后来成功的大小而定，按约定俗成的惯例奉献红布。布宽约尺许，长度有三尺三、一丈三或三丈三的，也有献整匹的，他们将这些红布缠绕在树身、石身及其周围，有的足足几千米长。树旁的梯坎、路面、拜台也主要由还愿香客捐建。

山民们请愿的内容也是各不相同的。人们向山神请愿的诉求大抵包括三大类别，均属于人之常情：第一类是"求财"，这是备尝生活艰辛的山里人表达向往美好生活的愿望；第二类是"求子"，尤以婚后不育家庭为主，此为关系家族香火延续之大事；第三类是"求平安"，或求保佑子女健康成长，或为病人求治消灾，或求家人出门平安。

在城口县当地"搭红"采用的方法是没有定式的。这大概与环境相关，在布局上往往因地制宜，归纳起来大致有以下三种：一是直接围绕祭拜对象搭挂，以缠绕、垂挂的形式实施；二是因势利导在对象周边拉挂，形成辐射状红布区域；三是在前往祭拜对象的沿途搭挂，将红布系于沿途树干或栏杆上，形成长长的红色走廊。"搭红"的手法看似没有定式，常常以缠绕和打结为主，有的单条长连，也有的是将多条绞在一起，似呈无序状态甚至有些杂乱，究其原因，一是由于"搭红"者随心所欲地操作，二是后来者在此前基础上叠加"搭红"所致。在视觉上这种看似没有定式的"搭红"方法反倒平添了一种原始、粗犷的美。

"搭红"的色彩认知渊源是由来已久的。奉献的布料之所以用红色与华夏的传统及山民对红色的特殊认识相关，红色代表喜庆、热烈，也彰显着旺盛的生命力。早在两万年前我国旧石器时代晚期的山顶洞人就曾有意识地在死者身旁撒过红色的赤铁矿粉，"民族学资料表明，近代处于原始社会的一些氏族部落，认为红颜色表示鲜血，血是生命的来源和寄生之所"。[①] 生活在巫巴山地的白虎巴人亦曾以人血祭祀，史载"廪君死，魂魄化为白虎。巴氏以虎饮人血，遂以人祀焉"。[②] 在大巴山相对封闭的生存空间里，山民将先辈对红色的情感认知代代相袭。

"搭红"民俗传统的体现是有矩可循的。虽然大巴山人对山神祈求目的的不同决定了"搭红"行为的自发性与分散性，但约定俗成的时间选择和祭仪的方式则不是没有的。时间上，除临时安排外，"搭红"大多在农历正月初一、二月十九、六月十九、九月十九日等"吉日"进行。人们认为正月初一是年、月、日的开始，当天祭神会带来好运，即"正月一日，是三元之日也，谓之端月"[③]。"元"为开始的意思。后面三个分别是观音圣诞、成道和出家的好日子，观音被认为

[①] 林耀华主编：《原始社会史》，中华书局1984年版，第394页。
[②] （南朝宋）范晔：《后汉书》，（唐）李贤等注，中华书局1965年版，第2840—2841页。
[③] （南北朝）宗懔：《荆楚岁时记》，宋金龙校注，山西人民出版社1987年版，第1页。

是最亲民的神灵。祭仪内容则因事而异，以替孩子拜"树干爷""树干娘"以求其护佑为例，其程序大致为：先供奉三荤三素六碗菜、一碗饭、一盅酒于树下，再点燃一对红烛、三炷香，待炸完一挂鞭炮后，报上小孩姓名及"生庚八字"，再拉其面树三拜，连叫三声"干爷""干妈"。接着，要在树下给孩子取名如"×树生""×林生""×根生"等，并为树搭红。此后孩子则需要叫古树大木为"树干爷""树干娘"，此后孩子及其家庭便将大树视为亲戚，除每逢年节时的祭拜外，平时还需为其培土、疏枝、除虫、除草等。这仿佛就是质朴山里人与大山永恒的约定。

大巴山民通过"搭红"的形式，一方面把各种美好的期盼寄予大自然——山神；另一方面，他们又年复一年诚实地如约履行自己许下的承诺，保护该树、祭拜该树、为树搭红。就这样山民们一代又一代忠诚地维护着人类与自然界的和谐相处。

二 大巴山区"搭红"民俗探究

第一，大巴山的"搭红"源自何时、何处且为何与观音同拜，是我们需要探讨的问题。研究表明，"人们较早崇拜的，是那些对本地区的社会生产和社会影响最大并具有严重危害性的自然现象和自然力"且"居住在山区的人们普遍崇拜山神"[①]。虽然目前未在史籍上查到有关"搭红"的相关记录，但是人类崇拜大自然应始于源远流长的石器时代。大巴山区的自然崇拜长期以来还与观音崇拜杂糅，应主要源于两者均是救苦救难、为民赐福的本质，因佛教传入中国至少是在进入汉代以后，故对观音的崇拜远晚于当地先民的山神祭拜当是不争的事实。图13-2为山神文化调查。

---

① 何星亮：《中国自然神与自然崇拜》，上海三联书店1992年版，第12页。

第十三章 对环三峡地区巫文化的调查研究与科普实践 / 315

图 13-2 山神文化调查（笔者自摄于重庆市城口县）

第二，我们有必要对大巴山区"搭红"民俗的性质进行探讨。大巴山腹地的"搭红"现象源于先民为谋求更好地生存而自发兴起的自然崇拜，它以人对大自然的敬畏为前提，没有成熟的宗教礼仪。它体现出人类在十分落后的生产力背景下与大自然沟通的努力，而非盲目的迷信，其程序中明显具有浓厚的巫术祈使性质，只是这种原始的自然崇拜到后来与对救苦救难观世音的信仰结合起来了。即使如此，山民们渴望幸福、平安、驱使自然力为我所用的初衷并没有变。

大巴山的"搭红"民俗保留了高度的原始形态。它以山石、树木、动物为敬畏的对象，这种最原始的自然崇拜源自先民"万物有灵"的观念。他们崇拜"山神"大致基于两个原因：一是对大山的感激。从最初依靠采集果实和狩猎求生，到后来刀耕火种的原始农业，先民们始终以大巴山为衣食之源。他们靠山吃山，与山里的一切结下了不解之缘，如他们崇拜光叶榉（红皮子树），或因为它曾在灾荒年有恩于民。

史载:"橡,树皮可食,遇荒,厅民以此充饥。"① 其树皮中有白粉如米屑,收集后加水以面,可做饼。他们对大山满怀感恩之情。二是对大山的敬畏。在先民眼中"自然神的本性是善的,一般情况下是保护人的,是为人排忧解难、消灾降福的。不过,若人们冒犯它,违反了某种禁忌,那么它也会降祸于人"②。阴森而广袤的树林、险峻的山岩怪石、出没无常的虫蛇猛兽、狂野急湍的山洪、变幻莫测的风暴雷电,这一切随时都在威胁着山民的生命安全,使之产生敬畏之心,于是他们跪拜山神唯恐因为自己的言行不慎招来惩罚。

大自然对巴山先民的恩威并施,也在城口的"石圣人传说"中得到体现。在当地的传说中,"三皇五帝"时大巴山的马桑树在历经数万年的生长后攀升上了天界。一天,齐天大圣孙悟空顺着它爬上了天宫,他掀翻天河导致人间洪水泛滥。玉皇大帝派遣黄安到人间治水,他斧劈九座大山开通河道,遂有了如今从黄安坝流下来的河水和九道峡口。玉皇大帝封黄安为"泽灵侯",并将水患后的山川赏其为封地。为防止孙悟空再爬大树上天,黄安使马桑树"三尺弯腰"不能成材。天长日久,黄安化为"石圣人",成了当地人"搭红"的对象。③

由收获产生的感恩与由威压产生的敬畏使大巴山先民产生了"山神"崇拜。其认知逻辑大抵是:"山把自己壮观、险峻的形象展现给人们,同时为人类提供了无数的树木、果实、石料和水土,山林中又隐藏着许多动物,这些给人类利用自然资源带来极大的方便,使人类对山产生了许多幻想,开始进行崇拜。"④ 于是先民们很难想象山神的模样,因为它神通广大、无处不在又变幻莫测,于是山中的巨木、怪石乃至动

---

① (清)刘绍文修,洪锡畴纂:《(道光)城口厅志》,道光二十四年刻本,卷十八·物产,第九十六页。
② 宋兆麟:《巫与祭师》,商务印书馆2013年版,第15页。
③ 城口县文化委员会:《采访记录》(节选),2015年。
④ 宋兆麟:《巫与祭师》,商务印书馆2013年版,第45—46页。

物都成了它的化身。

由此，我们在讨论大巴山"搭红"民俗的性质时，就不再简单地将其与封建迷信相提并论了。究其原因，首先，它源于原始先民"万物有灵"的基本认知（由当时低下的社会生产力所决定）；其次，是远古先民对大自然恩赐朴素的情感回报方式，如同孩子对母亲的回报；再次，是出于人的本能对强大自然力的趋利避害，恰如孩子对严厉家规的服从；最后，包含人类利用、驱使自然力的意志。这种人类力图通过与大自然的交流、利用，求得赐福与平安的手段，实为他们"用想象和借助想象以征服自然力，支配自然力，把自然力加以形象化"①的结果，这显然是一种积极的生存态度，虽然在认知和行为上存在一些非理性的因素，但在本质上确是具有进步意义的。

第三，城口民众"搭红"祭神的地点分析。为追溯"搭红"的具体原因，课题组一行前往数个"搭红"的重要地点进行实地考察，调查结果表明"搭红"的地点主要有两类，一是在交通要道旁，二是在古木奇石处。前者往往是在悬崖峭壁、山路崎岖的要道，由原住民与过往商人实施"搭红"，确保出入平安或赢利。史载城口当地人"少逐末""商贾亦多外来，以棉花、布帛、杂货于场市与四乡居民赶集交易。复贩买药材、茶叶、香菇、木耳、椒、蜜、猪、牛等往各省发卖"②。同时，城口自古产盐，其外运亦十分重要。但是，由于境内前河、仁河滩多、水急、落差大，不利长距离通航，③故人们贩卖山货及运盐多走山路，这就加大了山神崇拜的权重，人们出门时祈求旅途平安，回来时便要"搭红"谢神。例如，坪坝光明村七组的"观音岩"，

---

① ［德］卡尔·马克思：《〈政治经济学批判〉导言》，载《马克思恩格斯文集》（第八卷），人民出版社 2009 年版，第 35 页。

② （清）刘绍文修，洪锡畴纂：《(道光)城口厅志》，道光二十四年刻本，卷六·风俗，第 14 页。

③ 杨天宇：《周礼译注·春官宗伯第三》，上海古籍出版社 2004 年版，第 4 页。

岩上小路原为出山要路，白拦垭和观音岩在此夹峙，坪坝河从中穿过，下有深潭，地势极险。当地人为求出入平安，因岩上有石似观音，取名"观音岩"，并建庙搭红祀之。后者则多由原住民居民"搭红"，人们对着古树、奇石祭拜的原因是它们被视为山之精灵，崇拜古树是因为古树不仅以其长寿被视为神灵令人敬仰，还由于山民"居多板屋"且"以木料、木器为利"的依赖；而具有人形的奇石更有可能是被直接想象为山神（守护神）的化身。本着"物以稀为贵"的观念，山里人常常下意识地将其与自己的命运相系并编撰故事，并以之为由为其"搭红"。

第四，大巴山的"搭红"习俗亦是当地原始巫术的延续。在先民眼中，山神是变幻莫测的，除木、石外，它还常以鸟、兽的形象给人以种种启示。例如，在城口县的传说中，当地的盐就是由白斑鸠带来的，"相传明初有陈罗二人捕猎至此，见白斑鸠飞入岩穴。白水出焉，尝之味咸，遂煎成盐"[1]。与此相似的传说在周边地区还有不少，如巫溪县的"宝山咸泉"，"其地初出袁氏，一日出猎，见白鹿往来于上下，猎者逐之，鹿入洞不复见，因酌泉知味，意白鹿者，山灵发祥以示也"[2]。云阳县的"白兔井"，传汉高祖元年，因部下狩猎跟踪一只白兔而发现涌出地表的自然盐泉，遂令当地人开井，取卤煮盐。[3] 所谓"山灵发祥"，即指山神的恩赐，"白色"在中国传统文化中多代表着灵物。另一个例证就是当地的先民巴人崇蛇、崇虎，是因为两者在大巴山中无处不在，且随时威胁着山民的安全。自然崇拜与后来宗教的无条件服从思维方式不同，它既有感恩求庇佑的内涵，又有化矛盾巧借力的

---

[1] （清）刘绍文修，洪锡畴纂：《道光城口厅志》，道光二十四年刻本，卷五·古迹，第5页。

[2] （清）高维岳、魏远猷：《（光绪）大宁县志》，清光绪十二年刻本，卷三·食货，第1页。

[3] 云阳县志编纂委员会编纂：《云阳县志》，四川人民出版社1999年版，第1250页。

企图，巫术的主要目的亦在于此。此外，祭祀的方式虽然从形式上看似属一厢情愿且有自欺欺人之嫌，但确也有利于匡正当地先民的勇敢人生态度。

大巴山民祭祀山神没有专职祭师和严谨的仪式，其烧香、放炮、"搭红"的习俗传袭了当地的原始巫术内涵，与环三峡地区"家为巫史"的民间传统一脉相承。史载："及少暤之衰也，九黎乱德，民神杂糅，不可方物。夫人作享，家为巫史，无有要质。"① 其"民神杂糅"（人神间关系模糊），"夫人作享，家为巫史（各家祭祀都自任巫师）"的古俗与这里的山神祭祀颇为相似。古书释"巫"曰："祝也。女能事无形，以舞降神者也……古者巫咸初作巫。"② 又，"男巫掌望祀、望衍、授号，旁招以茅。冬堂赠，无方无算；春招弭，以除疾病。王吊，则与祝前。女巫掌岁时祓除、衅浴、旱暵，则舞雩"③。由此，我们注意到两点：第一，巫巴山地巫术活动出现甚早，且最早出现大巫师巫咸；第二，巫术活动男女皆可为之。因此该地崇巫的传统当为后世的"搭红"习俗奠定了厚重的基础。

第五，有必要考就大巴山"搭红"的实际效应。调查表明，山神崇拜这种被认为具有主观非理性内涵的民俗，在当地产生的客观效果却是良好的：其一，它促使了人心向善，出于对大自然的坦诚，人们将祈愿是否灵验与行好事、做好人、孝顺父母等传统道德结合；其二，基于对自然力的畏惧，人们不愿、不敢破坏植被，客观上促成了群众性的爱林、护林风尚；其三，因为与树"结亲"（认其为干爷、干娘），人们便自觉地想方设法保护大树，对青少年产生潜移默化的教育作用；其四，人们自觉营造绿色文化氛围，通过编故事既讲树、石显灵，祈福成

---

① （春秋）左丘明：《国语·楚语》（卷十八），齐鲁书社2005年版，第275页。
② （汉）许慎：《说文解字》，中华书局1981年版，第100页。
③ 杨天宇：《周礼译注·春官宗伯第三》，上海古籍出版社2004年版，第372页。

功,也讲因果报应。以德安村古树传说为例:先讲渊源之奇,远在陕西的一位老爷,因洗脸时常在盆中见到该大树,于是遍访各地终于在城口找到了它,遂视为神。为保护这棵树,他以铁屑铆其四周、用石头围砌树根、用篱笆围护树干防止别人攀爬。后讲神树之灵,民国时期,土匪在大树底部砍洞烧火取暖,非但丝毫没有影响大树的生长,伤口反倒慢慢合拢。再讲因果报应,曾有人因为得罪神树遭受惩罚,一是1958年建伙食团,伍某因爬大树剁枝丫患病,久治不愈;二是汪某砍树桠当柴烧火,且屡犯不改,最后丢了性命;三是某人在"文化大革命"时将大树上搭的红布取走做底裤卖,结果长期犯病①。显然,人的社会和谐以及人与自然的和谐是"搭红"带来的客观效应,这些效果的确值得掂量。

探究表明,山神崇拜源自远古,是当地先民生存智慧的体现,且因其体现了人与自然生态的和谐与共生,经代代相传积而成俗,并成为植根于巫巴山地的普遍文化现象。

三 大巴山"搭红"民俗的保护利用

大巴山区的"搭红"民俗,体现了当地自然与人文生态的密切联系。"文化生态"是人类在创造物质与精神财富的社会实践过程中体现的一种生存文化状态,它与当地的自然生态息息相关。由于自然生态是人类生存与创造的前提,因此文化生态与之互为表里,正所谓"文附于质""质待于文",山神文化即由此产生。

作为非物质文化遗产的"搭红"民俗,既是大巴山先民对自然现象的人格化认知,又是他们与大自然订下的契约。它起源于人类对大自然的感恩与敬畏,更体现了他们与自然力沟通的愿望与自信,由此我们

---

① 城口县文化委员会:《采访记录》(节选),2015年。

亦可将其视为万物之灵的人类征服自然的特殊方式。数千年来大巴山民遵守着这个契约，并采用"搭红"的形式成功书写。长此以往，在大巴山区"搭红"的理念和形式已经深入人心，并约定俗成为一种特殊文化生态。也正是由于这种习俗的存在，在当地至今还保留下不少古树，它们作为当地原始巫文化的当代图腾，已经根植于当地的民俗之中，成为人们生活不可或缺的组成部分。

于是我们研究"搭红"民俗的意义，不仅在于探讨大巴山的人地关系，探讨当地先民的原始思维及其实践，更在于确认人们对"搭红"契约的践行结果，那就是在客观上较好地维护了自然生态。这是一个由内至外、从知到行的文化体现。同时，我们也注意到，在今天的拜树活动中，当地人对大自然的亲近及精神追求的分量，已远远超越了对自然力的恐惧，活动中的非理性与神化色彩已经不断地淡化，它已经演变为一种维护自然环境的自觉与坚持。

充分利用非物质文化遗产，促进地区社会经济发展，是当前城口文化的发展方向之一。城口县曾经拥有较好的自然生态，"解放初期全县森林覆盖面积达40%，由于1958年以来砍毁太甚，现在仅存总面积的19%"[1]。也正是着眼于未来，重庆市人民政府提出了建设城口"生态涵养发展区"的规划，这同时也使城口县面临亟须解决的两大难题：一是如何保护、利用好现有的自然生态；二是在地方经济转型中迅速找到的新增长点。就前者而言，笔者认为需要做到两点：第一，充分认识自然生态与人类文化生态间相互依存、互动发展的辩证关系；第二，划定红线切实保障好自然空间的稳定性，科学维护好保护区的物种生态平衡，保证其可持续发展。

要科学维护生态平衡，亦可从两个方面着手：一是在保护的前提下

---

[1] 四川省城口县地名领导小组编印：《四川省城口县地名录》，载《四川省地名录丛书》(143)，(内部出版) 1982年版，第4页。

合理利用当地自然与非物质文化遗产，使自然生态与文化生态和谐发展；二是积极发展旅游生态经济，把握当代旅游的大众性、差异性与常态性。我们认为在城口经济的发展中，将"搭红"民俗用作打造旅游文化重要亮点，此举具有以下意义：第一，"搭红"民俗作为长期传承的非物质文化遗产，具有保护与利用价值；第二，"搭红"民俗所具有的保护自然生态内涵，符合地方政府环境保护的要求；第三，"搭红"民俗的山神崇拜包含了丰富的神话与民间传说，极有利于旅游开发所需的文化诉求。

"望得见山，看得见水，记得住乡愁""让文化遗产融入现代生活"，这是近年来我国政府对非物质文化遗产保护、利用提出的要求，也是非物质文化遗产生命力得以延续的重要途径。因此，城口地方在充分认识和处理好遗产保护中的自然生态与文化生态关系的基础上，或可通过推出"山神"文化，将"搭红"的民俗植入城口地区的旅游经济宣传中。建立一条由自然生态保护—非物质文化遗产传承—地方旅游业发展—原住民参与致富的绿色产业链条。如此亦符合"绿水青山就是金山银山"的重要发展理念。

为此，我们提出以下建议：第一，以本县国家级自然保护区为依托，划定旅游核心景区，打造具有积极意义的、富于原生态内涵的"山神文化"；第二，以传统的"搭红"地点为主体合理布局，选择、增加典型景点，以点带面科学规划游览路线吸引游客；第三，根据当地山神传说与民间故事，加工编撰故事集使之与"搭红"景点遥相呼应，让古老文化焕发青春；第四，精心策划、因地制宜打造核心景点，如构建大规模"搭红"的"巴山神坛"与传奇故事的展演场地；第五，鼓励当地民众积极参与、确保其切实得利，是山神文化自觉传承和地方经济可持续发展的前提。例如，由当地民众从事导游、表演、解说及各种休闲服务等。

大巴山的"搭红"民俗是该地区特色十足的非物质文化遗产，关键在于如何有效地保护与合理开发，确可视为地方绿色经济的重要增长点。

综上所述，"搭红"民俗作为大巴山区独特的传统文化，是千百年来当地自然生态与人文生态的结晶，是当地先民对大自然赐予的感恩与敬畏的体现，也是他们与自然界积极沟通的结果。在"搭红"民俗中包含了环三峡地区远古的巫文化传统，寄予了人与自然和谐相处的愿望，也传承了当地民间优秀的民风民俗，是不可多得的非物质文化遗产，更是发展当地旅游业的有效资源，因而具有保护、传承和利用的重要价值。

第二节 记一份大学生巫溪巫文化遗产调查报告的产生（"大学生挑战杯"指导记录）[①]

在当前传统文化大发展、大繁荣的背景下，非物质文化遗产的保护逐步走进大众的视野，三峡地区巫溪县的巫文化作为我国巫文化的重要发源地之一，已得到考古发掘与文献记载的佐证。重庆师范大学本科学生从非物质文化遗产保护的角度，于2016年下半年至2017年上半年对三峡地区巫溪巫文化的历史与传承进行了一次系统的调查与研究。本节从课题组指导教师的角度对这次调研的来龙去脉做了梳理。

一 迎接"挑战杯"的挑战

2016年5月，第十五届"挑战杯"全国大学生课外学术科技作品竞赛启动。重庆师范大学历史与社会学院2014级的沈晨斐、渠泽田、

---

① 本文为邓晓在2016年第十五届"挑战杯"全国大学生课外学术科技作品竞赛的指导总结。

魏征、文清、吴忧五位本科同学，因共同爱好结成课题组，选择以"巫兮巫兮何往矣——'非遗'视域下三峡巫溪巫文化现状观照与传承探究"为调研课题，邀请历史与社会学院邓晓教授做指导教师，申报书主要包括以下几方面内容。

第一，撰写目的。申报书指出，项目研究的目的在于从非物质文化遗产保护的角度，对三峡地区重庆市巫溪县巫文化的现状及传承进行一次细致的调查与研究。三峡地区作为我国巫文化的主要源泉之一，其重要性不言而喻，但就"非遗"研究而言，目前国外学界对此尚未涉足，国内亦缺乏深入、系统、多角度的探究。课题组的目的是通过对巫溪巫文化的深入调查研究，为当地非物质文化遗产的保护与利用建言献策。

第二，基本思路。调查设计以巫溪巫文化的历史与现状为切入点，探究三峡巫溪地区远古巫文化的传承与发展。一方面，通过文献法、历史研究法溯源巫溪巫文化，追踪文字记录中的当地先民生存状况；另一方面，以实地走访调查的形式探寻远古巫文化在当地人们日常生活中遗传的表现形式。通过对全部调查资料的剖析，了解、分析远古先民的社会思想与精神面貌，揭示巫文化对当地民风民俗的影响，进而探讨如何择优保护与利用这一远古文化，展示其独特的文化魅力。

第三，对本课题科学性、先进性及独特性的论证。其提出理由有三：一是在方法上将历史文献解读、考古发掘成果、实地调查材料相结合进行研究，以此确保其方法的科学性和材料的真实性；二是巫溪县作为环三峡地区远古巫文化的发祥地，也是中国巫文化的重要源泉之一，对其进行细致、系统的研究，不但可以深化对巫文化的研究，而且有利于揭示长江文明的文化基因；三是从专业的角度审视这一具有浓郁地方特色的远古文化，通过实地考察法、访谈交流法和经验总结法，努力还原当地先民与自然和谐相处的社会生态。

第四，本课题的实际应用价值和现实指导意义。主要体现在两个方面：第一，提供新的数据（照片、音频、访谈记录），补充对三峡巫溪地区巫文化研究在调查研究方面的资料；第二，在"非遗"保护的前提下，传承和利用当地的优秀非物质文化遗产。

第五，对研究成果的预期。巫文化作为一种古老的文明形态，是先民们征服自然的愿望在意识形态上的重要表现。巫文化在其自身传承与发展过程中，一方面受到历代封建思想的影响，部分成为传播封建迷信的工具；另一方面其内涵与形式由于原住民的喜好而转化为民风民俗，并以文学、艺术、民间禁忌等形式因袭，成为当地非物质文化遗产的重要组成部分。本课题力图通过实地调查、文献研究与对考古成果的解读形成调研报告，对三峡巫溪地区巫文化探寻其现状，追溯其远古，并对未来的保护与利用提出建设性意见。

第六，对当前国内外该课题研究水平的概述。包括对目前国内学界研究状况的调查分析（略）和对研究形态的概述。目前，对三峡地区巫文化的研究大致体现为理论与实践两部分。在理论方面，学者们的视角着重对长江三峡巫文化历史的追溯，认为巫溪县是中国巫文化重要发源地，并从地理形态、人文心理等方面诠释产生"巫"的原因，从文献史料论证巫文化对华夏文化发展的推动与影响。在实践方面，亦有本土学者着手收集当今巫文化在巫溪县民间于葬俗、民间禁忌、巫术等方面的表现形态（图片、视频等）并进行相关探讨，为申报地区"非遗"做准备。但是，在学理上对环三峡地区远古巫文化的研究总体上还远未成熟，且其理论研究亦未以调查报告为基础呈现。

课题组认为，目前对巫溪地区巫文化研究之不足主要体现在三个方面：一是研究理论体系尚未建立，且实证调查成果较少，仅少数学者实地走访；二是已有的调研材料数据不充分，图片、音频、视频等还难以全面反映当地及其周边地区的巫文化现状；三是从非物质文化遗产保护的角度进行研究的学者为数甚少，这不利于对传统巫文化遗产的保护和利用。

在回答"项目意义、方法、适用范围及推广前景"时，课题组认为："该项目的意义主要体现为两方面，一是通过对当地巫文化的研究，有利于了解我国长江流域先民的智慧贡献；二是对作为非物质文化遗产巫文化的保护与利用提出相关建议。研究的方法表现为多维度、多手段，具有科学性与可操作性。该研究符合重庆市生态涵养区建设目标，极有利于当地自然与文化生态的保护和地区旅游经济的发展。"

二 挑战杯要且行且努力

2016年9月，经学校审核，课题组的申请得到批准立项，正式成为校级课题，资助科研经费2000元。2016年9月—2017年3月，课题组的工作分为两个阶段进行，2017年9月为一个节点，相关内容从该期课题小组提交的《第十五届"挑战杯"中期报告》可以了解大概。

（一）进程与计划

在2016年12月前，小组主要进行与课题相关的历史文献与研究成果的查阅，从历史文献和他人的研究中找出巫文化与巫溪县当地的自然、物产、历史人文间的关系。2017年1—3月，制订详细的调研计划，其间利用2017年1月下旬（寒假）到重庆市巫溪县进行了为期5天的实地调查、采访，收集第一手实证材料，然后进行整理。其实施分两个时段进行。

第一时段。项目组主要查阅了四类资料：一是史志类文献，包括《山海经》《华阳国志》等历史地理文献，《大宁县志》《巫溪县志》等地方志，从这些历史文献中查找关于巫文化的内容并加以整理记录；二是考古类报告，对《四川巫溪荆竹坝悬葬调查清理简报》《巫溪南门湾一号棺清理简报》等发掘报告进行解读与学习，从棺椁墓形制、墓葬形式以及陪葬品中找出关于宗教崇拜、习俗遗存痕迹同巫文化的内在联系；三是研究成果，包括《重庆巫文化学术研讨会论文集》《中国三峡文化概述》《中国三峡文化史》《巴蜀文化及三峡考古论文集》《三峡文化研究丛刊》《三峡文化研究》等著述及文章，了解、学习已有的研究成果；四是非物质文化遗产保护的相关材料，对联合国教科文组织以及我国非物质文化遗产保护文件进行了认真的理解和学习，对近年来关于保护非物质文化遗产的实例，如川江号子等成功案例做了讨论，探索适用于巫溪巫文化"非遗"保护的对策。

第二时段。为寒假的田野考察积极准备，项目组于 2017 年 1 月 18—21 日（实施过程中有所延长与提前）前往巫溪县宁桥村、宁厂古镇、远古巫文化博物馆等地，以实地走访调查的形式探寻远古巫文化在当地人们生活中遗传的表现形式，并拟定为三个实施阶段。

第一，准备阶段（2016 年 12 月），任务如下。

① 规划调研路线，查询具体线路以及当地食宿等情况。此前，课题组中家在巫溪的同学已利用暑假提前进行了联系与初步考察（走访调查的路线、食宿等），对当地文化部门（档案馆、博物馆等）做了了解，并存留了当地村民的电话。

② 联系学院开具介绍信，为项目组在与当地档案部门、文物保护单位进行沟通和查找相关资料提供方便。

③ 就课题与当地文化部门交流、沟通，说明调研目的与内容。初步询问宁桥村、宁厂古镇等地巫文化现状，相关习俗的保存状况；确定主要访谈对象（研究者、"端公"等），确认过年间有无巫文化活动开展，以及实地调查并进行视频拍摄的可能性等。

第二，实施阶段（2017年1月18—21日），利用寒假时间，在春节前农村文化活动频繁期实地走访。行动及任务如下。

于1月18日乘车前往巫溪县，并开始调查访问。携带采访本、录音笔、照相机（兼录像）等工具。

1月18—21日进行走访调查，包括遗址调查、学者访谈、文物保护单位造访、端公作法活动调查等。收集文字资料，照片、音频等影音资料。

1月21日完成调查，离开巫溪县返回。

第三，收尾阶段（2017年3月），主要是对调研材料进行筛选、梳理。任务如下。

① 进行认真、细致的材料整理。对遗址调查、社会调查及访谈资料进行去伪存真、去粗取精、分门别类地筛选、剪辑，保留有利用价值的部分。

② 形成有价值的调查材料。包括两大类，一是调查访谈笔录；二是录音、照片和影像剪辑资料，形成调查记录，使之能够客观地反映巫文化在当地民风民俗中的传承现状，为进一步研究做准备。

变更说明：原定调查计划历时4天，后因需要增加为5天，时间亦提前为2017年1月16—20日。

（二）问题估计与建议

第一，课题组对实地调研存在问题的估计。主要问题有两个。

① 本项目组虽有巫溪县的同学参与，但对宁桥村、宁厂古镇等地的情况了解甚少，需要与包括其他老乡、当地文化部门等人员进行更多的沟通获取信息。

② 当地交通不便，经费、时间等存在问题，老乡在语言、风俗习惯上与本小组非重庆籍同学可能存在一定的沟通困难，非重庆籍同学对

当地生活习惯不适应。

第二，指导教师对项目调研的建议。

指导教师在认真审读调查计划基础上，充分肯定课题组同学的前期努力，对中后期的工作提出了相关建议。指出需要做好的准备主要有三方面。

① 对前期收集的资料进行梳理。从历史文献和他人的研究中找出巫文化与巫溪当地的自然、物产、历史人文间的关系，并形成报告。该任务要求在放寒假之前完成，为调查研究准备前提。

② 拟出假期巫溪实地调查的清单。细化内容包括三方面：一是向当地文化部门了解巫文化现状及保护措施（是否重视、是否保护、如何保护或发掘的；被采访人照片、录音或记录）。二是向当地的巫文化研究者了解他们的看法和最新成果（被采访人照片、录音或记录）。三是采访当地巫文化传承人，内容包含以下方面：尚在从事该项活动的人数（专业和业余的）；他们活动的频次、规模与范围（平均每年次数、涉及地域）；他们活动的类型（生产、节庆、婚嫁、消灾、治病、丧葬等）；尽可能全过程录像、拍照、录音；个人采访，他们对其活动的认识，对如何保护的看法，对现代生活与科技的认识等（照相、录音、记录）；对使用器具、经书等的照相资料收集；他们的生存状态（家庭、主要生活来源等）。

③ 对后期工作的建议。主要依据以下程序进行。一是对田野调查资料的归类整理；二是对全部资料（文献及田野调查资料）的信息分析；三是形成研究报告。该报告内容可从四个方面考虑：巫溪巫文化的渊源探究；巫溪巫文化的现状调查；巫文化的非物质文化意义；关于巫文化遗产保护的建议。

对假期的田野调查，指导教师还提出了三个注意事项：一是注意安全，至少两人同行，最好有熟悉当地、当事人的亲友或相关部门陪同、参与或介绍。二是做好各种工作准备，包括录音、摄像、照相、记录等工具；防寒、防滑衣物、鞋帽等。三是为传承人采访对象准备一定的报酬。

三　争取交一份满意的答卷

课题组从2016年6月提交立项申报书，年底完成中期报告，并开始田野调查，然后着手研究、整理材料，撰写调研报告。课题组在经过近一年的调查与研究之后，最终于2017年5月底形成了约14000字的调研报告。2017年6月9日该调研报告在学校评比中获得了一等奖，并被选拔推荐至重庆市参加挑战杯竞赛。

结题的调研报告名称为"'非遗'视域下的三峡巫溪巫文化现状与传承探究"。报告内容主要由八个方面组成，分别是：第一，提要；第二，问题的提出与解决；第三，对巫溪巫文化的文献调研；第四，对巫溪县巫文化的实地考察；第五，巫溪巫文化遗产传承现状分析；第六，巫溪巫文化遗产保护的意义与对策；第七，结论；第八，附录（包括：调查表、调查记录、调查照片、相关文献、书籍、研究成果、地方政府相关文件、交通工具、车票、住宿票据等部分。）下面仅就其中第一、四、六共三个部分作简要阐述。

（一）提要

在远古人类认知世界的诸方式中，宗教起着十分重要的作用，而原始巫术是原始宗教的主要表现形态。作为一种古老的前宗教形式，巫术体现了原始先民征服自然的主观能动性思维，以及他们自然、朴素的社会生产与生活方式，因此在当时具有积极的意义。因巫师、巫术的实施，从而逐步形成的社会文化现象即巫文化。在历史的发展与变迁之中，巫术曾为封建帝王所笃信并作为愚弄民众的工具，中华人民共和国成立后由于其封建落后与非理性内涵而受到清理。在科学技术飞速发展的今天，巫术已经处于濒临灭绝的境地。

然而，因巫术而产生的巫文化现象，在其发展与传承的过程中，逐步与地方民风、民俗相结合，以人们喜闻乐见的各种形式在民间发展、延续。它以民间节令、祭祀、禁忌、医学、美术、舞蹈、文学等多种方式传承，并与民众的社会生产与生活实践紧密结合，遂成为不可多得的非物质文化遗产，成为记录历史传统与民族文化的重要载体。巫文化是我们了解和研究先民社会生产与生活及当今民风、民俗不可多得的材料。

环三峡地区是远古巫文化的重要发源地，也是今天巫文化的主要保存地，其中又尤以巫溪县为重。如何理性、科学地认识巫文化渊源与意义，如何客观、全面地看待它的前世今生，如何面对作为非物质文化遗产的巫文化遗存，怎样处理好巫文化在当前社会发展中保护与利用关系，都具有较大的学术意义。以巫溪地区巫文化作为对象，进行调查研究，根据调研结果形成完整的调查报告，得出客观的结论与确实可行的建议是课题组的目的。

本报告以重庆市巫溪县巫文化的现状与"非遗"保护为切入点，以文献研究与实地考察为主要方法，结合考古学、人类学、心理学研究成果，多维度、多手段地对巫溪巫文化进行了调研。以历史唯物主义与辩证唯物主义为指导思想，通过对巫文化的追根溯源与现象分析，明确其历史意义、探讨其形态种类、肯定其遗产保护价值，同时，也结合旅游经济的发展需要，为合理利用巫文化遗产建言献策。

（二）对巫溪县巫文化的实地考察

1. 调查梗概

2017 年 1 月 16—20 日，课题组一行 3 人在巫溪县按照考察计划书拟定的内容，进行了为时 5 天的田野调查。其中包括对该地重庆中国三峡博物馆巫溪远古巫文化分馆及"汉风神谷"的考察。

调查的内容包括：巫术、巫师、巫医等人群的业态现状，寻找其他巫文化的遗存形式，对巫文化的基础"巫盐"生产遗址进行考察。向当地文化部门和巫文化研究者了解巫文化现状和保护措施以及他们对巫文化的最新研究成果。

采取的方法主要为遗址考察与现场访谈。

调查的地点包括：宁厂镇盐泉社区（宁厂古镇）、巫溪县文化馆、巫溪县档案馆。

考察人员分工：由魏征、渠泽田负责访谈提问与记录，沈晨斐负责访谈记录与摄影。

2. 调查过程

2017 年 1 月 16 日，宁厂镇盐泉社区（宁厂古镇）。寻访前盐厂工人，考察盐业遗址和龙君庙盐池遗址。对宁厂老供销社的老职工访谈，对 20 世纪末盐厂倒闭、古镇因人口骤减而萧条、败落有所了解。

2017 年 1 月 17 日，三峡博物馆远古巫文化分馆及"汉风神谷"。了解分馆中对巫师、巫术的介绍，对巫文化的保护、利用成果。

2017 年 1 月 18 日，采访巫溪县文化馆研究员王常林。了解当地巫文化的研究状况及其对巫文化保护和传承的看法，获赠相关研究资料。

2017 年 1 月 19 日，采访巫溪县档案馆非物质文化遗产研究员黄承军。了解当地巫文化的研究状况及其对巫文化遗产保护和传承的看法，获赠相关资料。

2017 年 1 月 20 日，考察三面环山、一面濒河，史称"巴夔户牖，秦楚咽喉"的巫溪县老城故地。2011 年当地政府在此重建了"大宁古城"，以此了解巫溪县建制的沿革，调研县人民政府对大宁古城的旅游开发状况。

3. 调查纪要

第一，巫盐与巫溪。今巫溪县自东汉建县以来，名称先后为北井县、始宁郡、永昌郡、大宁监、大宁州、大宁县、巫溪县等。有四千年以上的产盐历史，宁厂古镇为产盐重镇。由于盐在古代属于官方严格控制的物资，因此巫溪的经济地位十分重要。

当地人认为宝源山麓的古盐泉因"山灵发祥"而生，是为"巫盐"。遂修建龙池（宋代）以盛之，立龙君庙（传建于汉代）以祭之。史书亦有"巫咸"据盐泉称雄一方，白鹿引猎人寻泉等传说，于是当地盐业的兴盛与巫文化息息相关。在漫长的岁月中，巫溪县的巫盐为地方经济带来了巨大的政治经济效益，成为明清时期全国十大盐都之一。1958年龙君庙因破除迷信、大炼钢铁而拆毁，砖块筑高炉，木料炼钢铁，庙址改建盐工宿舍。20世纪80年代，盐厂因经营不善停产倒闭；2009年，宁厂盐业遗址被重庆市列为第二批文物保护单位；2015年，巫溪县人民政府启动了对遗址的修缮工作。目前，仅盐池出卤龙头及"分卤槽"保存较好，部分制盐车间、熬盐灶具残存。

第二，巫师与巫术。通过对巫溪三峡博物馆远古巫文化分馆的调查，观看了巫溪县当地的巫师、巫术影像资料，从而对巫文化有了直观的感受。而对"汉风神谷"的考察使课题组对巫文化遗产在今天当地的传承与利用有了进一步认识。

巫术、巫师随着现代化社会的发展而难觅踪迹，即使少量存在也仅见于私下活动。在巫溪县文化馆，王常林与黄承军研究员就我们提出的诸多问题进行了回答，并向我们展示了目前巫文化研究的成果，如近年来收集到的巫舞、巫咸孝文、祝由十三科（巫医）等资料。王常林老师现场演示了巫术的手势，黄承军老师唱了一段巫咸孝文并分析了其中蕴含的人生哲理。

第三，巫文化与民俗。通过实地考察和访谈，我们了解到当地巫文化遗存形式十分丰富，且大多已经融入人们的生活习俗之中。

巫舞有多种表现形式，如以祈求生殖为目的的戏剧舞蹈"茅古斯"；以祈求丰年为目的的"摆手舞"；以驱赶鬼邪、消灾除病，祈求风调雨顺为目的的"端公舞"（男巫）和"七姊妹"（女巫）。前者被当作活化石受到保护，而后者基本上不再表演了，但有其部分舞蹈服装、曲谱、教程存世。在20世纪80年代民间舞蹈的科研调查中，详细记录了巫舞的舞种分布及舞者人员数量。

巫咸孝文，又叫"唱夜歌""唱孝文"，在巫溪县广泛流传，与传统丧葬仪式紧密相关。巫咸孝文属于民间口头文学，也是巫文化的重要遗存。巫咸孝文的内容十分丰富，包括天文地理、历史文化等方面，形成了以道德教化、族群认同为目标的口述传统。2015年，巫咸孝文入选重庆市非物质文化遗产名录。时至今日，在巫溪县的丧葬仪式中还时有孝子延请传承人到其家演唱孝文的现象。

远古巫医不分，巫医文化在巫溪县民间源远流长。巫医治病的方法带有浓郁的巫术色彩，如化九龙水（治鱼刺卡脖等）、止血、镇痛、催生、水师接骨等。其形式多样，既有巫医秘方传世治病，又有喊着神仙、菩萨和祖宗的名号讨水、讨茶治病等方式，其中心理暗示的成分很重，也不乏对传统草药的继承。

节令巫术在巫溪县广泛存在。在特定的时间节点上，人们要举行不同形式的祭祀活动，如"忌戊"，凡遇农历戊日，都不能动土；每月初一、十五要过家神；过年时要祭土地、山神，求保佑；要为重要神灵过生日，如观音会、祖师会、老君会等；清明节要祭祖、上坟表孝心；腊月三十和七月半的鬼节要烧香、奠酒缅怀逝者等。

与巫术相关的生活禁忌亦不胜枚举。在日常生活中，民间保存有诸如看期、看风水、建房、婚嫁、丧葬、化解忧虑、治关煞（小孩夜哭）

等风俗或仪式；拜大树、大石头为干爹，挽草结、念符咒等禁忌；有为避免冷风吹、虫蛇咬的避风法、归蛇法等活动；还有专门应对砖窑事故的"下雪山、下泥山"等巫术；祈雨是生产中场面最大的巫术仪式，参与的人也最多。

第四，巫文化遗产保护与困境。巫溪县实际上对文化遗产的大规模保护活动始于20世纪80年代，当地全面参与了全国重点科研项目民间文学、音乐、舞蹈三大集成的工作。1997年巫溪县便提出了研究巫文化的思路，该思路自此便受到历届县委、县政府的高度重视，随即在民间还成立了巫文化研究会。时至今日，巫溪县政府与学界已先后出版论文专辑多部，收集了数百件相关文物，也举办了巫文化研讨会、艺术节、旅游节等活动，巫文化也被列入县级"非遗"保护名录。

1998年重庆大学人文艺术学院院长江碧波教授创办了重庆市巫溪县远古巫文化基地"汉风神谷"；2009年宁厂盐业遗址被重庆市列为第二批文物保护单位；2010年巫溪县"中国华夏巫文化研究院"由重庆市社科联批准成立；2011—2015年，巫溪县除每年一届举办中国华夏巫文化论坛、研讨会外，还两年一次地举办了"中国重庆巫文化旅游节"；2011年建成巫文化博物馆；2012年将收集整理的巫文化资料编辑出书；2013年修复龙君庙，建成盐业遗址保护博物馆；2014—2015年复建巫咸古国；2015年"巫咸孝文"成功录入重庆市非物质文化遗产名录。

巫溪巫文化保护的主要难题在于传承与利用工作没有及时跟进。体现为：一是认识不足，巫文化在巫溪县的认知度并不高。调查表明，54万巫溪县城居民中真正对巫文化有所了解的不到百分之一，大部分居民将其与封建迷信相提并论。二是巫文化传承人数量急剧下降，能够兼职从事"端公"活动的人数不足200人，专职从事者已经屈指可数。三是对巫文化遗产的利用不够，如大宁古城等旅游区落于商业化俗套。

(三) 巫溪巫文化遗产保护的意义与对策

1. 保护三峡巫溪巫文化的意义

作为一种人类古老而原始的宗教活动，巫溪县是巫文化其主要发源地之一，因此探究此处巫文化的重要性不言而喻。巫溪巫文化有着丰富的内涵与形式，对此进行深入研究有利于我们了解长江中上游地区先民的思维方式与生存智慧。

从内涵上看，远古巫文化追求人与大自然的和谐，体现先民对自然力的主动探索与相互间的互动。虽然受当时生产力及生产方式所限，他们的理念不一定都正确、他们的愿望不一定崇高，他们的精神也非伟大，但他们毕竟是最早运用人的智慧去认知世界，力图在想象和实践中征服世界的一群。他们或是当时代表先进生产力的智者，他们懂得尊重大自然，平等看待一切生命，尤其注重人与大自然的和谐相处。他们的世界观是人类在生产力极为低下的条件下产生的大智慧，而对自然法则的尊重，即使在人类生产力高度发达的今天，我们亟须做到。

在原始巫文化中蕴藏着人类最初的哲学、科学、医学、文学与艺术萌芽，它们通过巫师的活动以不同的形式表现与传播。时至今日，其内涵和形式已经发生了巨大的变化，其中大多数非理性的东西已经随着科学的进步日渐消失，更多地却渗透进了民俗文化中，成为人们生活的有机组成部分，且在民间信仰、节令、禁忌、医术、美术、音乐、舞蹈、文学等方面代代相传。因此，探讨巫文化有助于我们探寻华夏文明起源，了解原始文化的内涵及其对今天民风民俗的影响。

2. 保护三峡巫溪巫文化的对策

通过调查研究，结合国内外非物质文化遗产保护经验，课题组提出四点建议。

第一，提高巫文化遗产保护的宣传水平，改变当地人对巫文化的认知态度，客观、科学地对待本土传统文化。

调查发现，巫溪县的居民对巫文化的非物质文化遗产性质认识不足，大部分人将巫文化与巫术、迷信活动直接画等号。因此，相关部门可通过对巫文化内涵中正能量的解读与宣传，分清文化遗产与封建迷信的区别，突出其非物质文化特征，并将其与当地的民风民俗统一认识。对具有地方特色的乐、医、舞、孝文等方面巫风遗存进行整理和介绍，凝练特色文化圈。同时，通过定期举办地方庆节的表演，向国内外展示巫文化遗产，进一步完善对"汉风神谷"及"重庆中国三峡博物馆远古巫文化分馆"的后续建设。开发、利用互联网及新媒体的优势介绍巫文化遗产，通过官方微博、微信公众号等方式进行宣传。

第二，学习国内外非物质文化遗产保护的成功经验，结合巫溪县发展的需要与实际对巫文化遗产进行保护与利用。

对巫文化遗产，可学习韩国"维持原有的状态为前提，开发态度严谨"的遗产保护理念，取其精华，凸出正能量。巫溪巫文化是具有地方代表性的非物质文化遗产，保护它一方面是对文化传统的传承（如同濒临灭绝珍稀动植物的保护）；另一方面亦需要彰显、利用其中蕴藏的正能量和民俗特色。

对巫文化遗存，课题组认为可以采取分类保护的方式：有的"优先保护"（濒临消失的活化石如"茅古斯"等），有的"重点保护"（艺术形式特强且为民众广泛接受的"摆手舞"等），注意与地方社会经济相结合在保护中发展。即使对那些艺术形式平平、迷信内容突出的巫术活动也可以选择性保留，因为它们是一段历史与文化的记忆。同时也要对民众开展科普宣传，消除迷信认识。在进行开发、利用时，尤其要注意对文化遗产的原生态保护，不得随意更改，避免造成"保护性破坏"。

第三，完善地方与巫文化研究相关的机构，包括法律法规、建筑配套、设备配套、人员编制、资金划拨等方面。

严格执行我国文化遗产与非物质文化遗产保护的相关法律规定，同时借鉴日本《保护法》《振兴法》、韩国《文化财保护法》的先进理念，加大对干部、群众的文物法规宣传力度，有法必依、执法必严。建立长效监督系统、完善的资金运营机制和有力的行政管理体系；建立切实可行的传承人培训系统与鼓励机制。

据了解，目前在巫溪县境内从事巫文化研究的多是地方学者，其"非遗"保护工作主要由文化局下属单位负责，但都是兼职。相关研究组织的学术活动亦因各种原因，开展效果不够理想。课题组建议：当地政府在巫文化的研究、保护与传承方面，进一步加大管理与支持力度；联合高校与科研机构，形成研究合力；进一步完善研究机构的管理制度、落实必要的研究人员与建设经费。

第四，将巫文化遗产保护同地方旅游开发相结合，利用巫文化这一特色资源，推动特色旅游。

巫溪县地处渝东北，是重庆市划定的生态涵养发展区。除红池坝、大宁河等风景区自然资源外，有效地利用非物质文化遗产进行旅游开发亦是其可持续发展的主要形式，而巫溪的非物质文化资源多与巫文化相关。

例如，对大宁盐场和宁厂古镇"一泉留白玉、万里走黄金"的盐都盛景的重构，恢复"万兆盐烟"的盐业盛况；对远古巫咸国传说的演绎；对传统民俗文化的展演；对"汉风神谷"和远古巫文化博物馆的进一步打造等。将特色文化体验与地方旅游相结合，带动巫溪社会经济的发展，在客源充足的情况下，还可以借鉴"印象刘三姐""武隆印象""平遥印象"等成功先例开发大型实景表演。

小　结

综上所述，通过对《"非遗"视域下的三峡巫溪巫文化现状与传承探究》调研报告的指导，笔者与"挑战杯"课题组同学在以下四个方面取得了共识：一是巫溪县的巫文化源远流长、特色鲜明，是远古长江文明的重要组成部分；二是巫溪县的巫文化与地方民俗结合紧密，是当地不可多得、特色鲜明的非物质文化遗产；三是对巫溪巫文化遗产的有效保护与利用，可以促进地方旅游经济的发展；四是对地方文化遗产的调查研究有利于培养大学生的学习、实践与创新能力。因此，这次调查研究是较为成功的。

该项目成果于 2017 年先后获得重庆师范大学"大学生挑战杯一等奖"（见图 13 - 3）、重庆市"大学生挑战杯二等奖"（见图 13 - 4）。

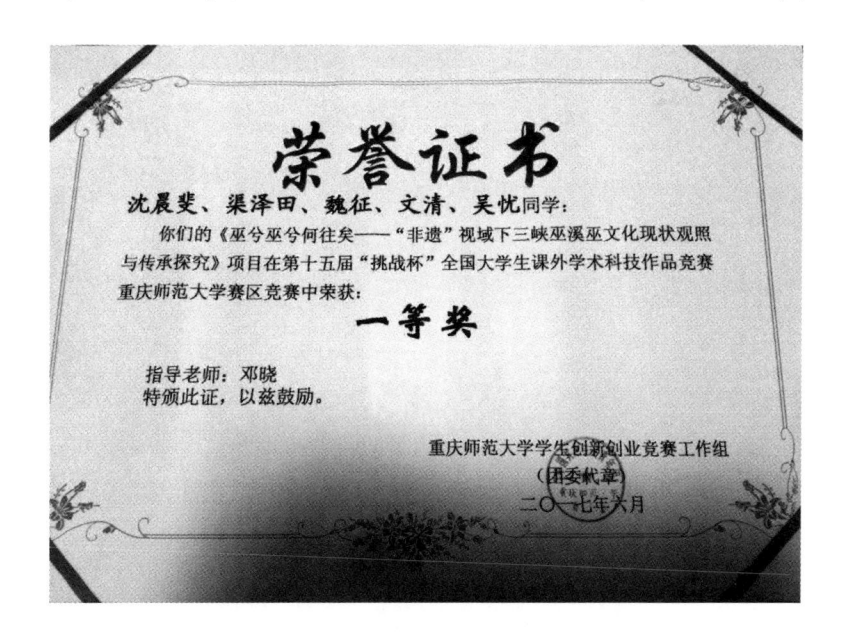

图 13 - 3　重庆师范大学"挑战杯"一等奖

图13-4 重庆市十五届"挑战杯"二等奖

主要参考文献

（以作者姓名首字拼音为序）

一 古文献类

（汉）班固：《白虎通》，载《百子全书》（卷六），浙江人民出版社1984年版。

（汉）班固：《汉书》，（唐）颜师古注，中华书局1975年版。

陈成译注：《山海经译注》，上海古籍出版社2012年版。

（晋）常璩：《华阳国志》，刘琳校注，巴蜀书社1984年版。

（清）段玉裁：《说文解字注》，中华书局2013年版。

（唐）杜佑：《通典》，浙江古籍出版社2007年版。

（清）穆彰阿、潘锡恩等纂修：《大清一统志》，（台北）台湾商务印书馆1986年版。

（南朝宋）范晔：《后汉书》，（唐）李贤等注，中华书局1965年版。

（唐）房玄龄等：《晋书》，中华书局1974年版。

（战国秦）吕不韦等：《吕氏春秋》，（汉）高诱注，吉林文史出版社2017年版。

（清）顾祖禹：《读史方舆纪要》，上海书店出版社1998年版。

（明）李贤等：《大明一统志》，方志远等点校，巴蜀书社2018年版。

（明）李时珍：《本草纲目》，北京出版社2007年版。

（宋）李昉等：《太平御览》，中华书局1985年版。

（北魏）郦道元：《水经注》，上海古籍出版社1990年版。

（北魏）郦道元：《水经注全译》，陈桥驿等译注，贵州人民出版社1996年版。

（汉）刘向：《战国策》，王华宝译，中州古籍出版社2007年版。

（五代后晋）刘昫：《旧唐书》，中华书局1975年版。

（南朝梁）刘勰：《文心雕龙》，陈书良整理，作家出版社2017年版。

（汉）刘安：《淮南子》，岳麓书社2015年版。

吕友仁、李正辉注释：《周礼》，中州古籍出版社2010年版。

（宋）乐史：《太平寰宇记》，王文楚校，中华书局2007年版。

（宋）罗泌：《路史》，见丛书集成《帝王世纪》，中华书局1985年版。

（明）宋应星：《天工开物》，吉林出版集团2016年版。

《〈中国地方志集成〉总目》，上海书店、巴蜀书社、江苏古籍出版社1988年版。

（清）孙星衍、孙冯翼：《神农本草经》，山西科学技术出版社1991年版。

（汉）司马迁：《史记》，中华书局1973年版。

王世舜等译注：《尚书》，中华书局2012年版。

（清）冯世瀛、冉崇文编：《酉阳直隶州总志》，酉阳土家族苗族自治县档案局整理，巴蜀书社2009年版。

（宋）王象之：《舆地纪胜》，四川大学出版社2005年版。

（汉）王充：《论衡》，上海人民出版社1974年版。

（唐）樊绰：《蛮书校注》，向达校注，中华书局1962年版。

（汉）许慎：《说文解字》，中华书局1963、1981年版。

（汉）扬雄：《扬雄集校注》，张震泽校注，上海古籍出版社1993年版。

（明）杨慎：《艺林伐山》，载《合刻本类书集成》（第四集），上海古籍出版社1990年版。

袁珂校注：《山海经校注·大荒西经》，上海古籍出版社1980年版。

（清）张玉书等：《康熙字典》，中华书局2015年版。

（南朝梁）宗懔：《荆楚岁时记》，（隋）杜公瞻注，姜彦稚辑校，中华书局2018年版。

（春秋）左丘明：《国语》，齐鲁书社2005年版。

（春秋）左丘明：《春秋左传》，内蒙古文化出版社2007年版。

二 巫文化研究类著作

［美］阿瑟·米勒：《萨勒姆的女巫》，梅绍武译，上海译文出版社2020年版。

［英］布罗尼斯拉夫·马林诺夫斯基：《巫术科学宗教与神话》，李安宅译，上海社会科学院出版社2016年版。

重庆市社会科学院编：《重庆巫文化学术研讨会论文集》，（内部材料）2010年版。

［瑞士］弗里茨·格拉夫：《古代世界的巫术》，王伟译，华东师范大学出版社2013年版。

［英］J. G. 弗雷泽：《金枝——巫术与宗教之研究》（上、下），汪培基、徐育新、张泽石译，商务印书馆2019年版。

高国藩：《中国巫术史》，上海三联书店1999年版。

高国藩：《中国巫术通史》，凤凰出版社2015年版。

胡健国：《巫傩与巫术》，海南出版社1993年版。

胡新生：《中国古代巫术》，人民出版社2010年版。

［丹麦］拉内·韦尔斯莱夫：《灵魂猎人——西伯利亚尤卡吉尔人的狩猎、万物有灵论与人观》，石峰译，商务印书馆2020年版。

李剑东主编：《巫溪县非物质文化遗产丛书》（李剑东《巫溪传统手工制盐》、杜正坤《巫溪民间故事》，佘平《巫溪大宁古城》，赵四万《五句子山歌》和黄承军《巫咸孝文》），团结出版社2018年版。

林河：《中国巫傩史》，花城出版社2001年版。

陆群：《民间思想的村落·苗族巫文化的宗教透视》，贵州民族出版社2000年版。

王玉德：《长江流域的巫文化》，湖北教育出版社2005年版。

[英] 蒙塔古·萨默斯：《巫术的历史》，陆启宏等译，上海三联书店2020年版。

[英] 莫尼卡-玛丽亚·斯塔佩尔贝里：《魔法、节日、动植物：一些奇异文化传统的历史渊源》，高明杨、周正东译，上海社会科学院出版社2020年版。

[英] 罗纳德·赫顿：《巫师：一部恐惧史》，赵凯、汪纯译，广西师范大学出版社2020年版。

潜明兹：《中国神源》，重庆出版社1999年版。

[美] 斯泰西·希夫：《猎巫：塞勒姆，1692》，浦雨蝶、梁吉译，文汇出版社2020年版。

宋兆麟：《巫与祭司》，商务印书馆2013年版。

宋兆麟：《巫与巫术》，四川民族出版社1989年版。

[法] 爱米尔·涂尔干：《宗教生活的基本形式》，渠敬东、汲喆译，商务印书馆2020年版。

巫溪县文化委员会：《中国·重庆第三届华夏巫文化论坛论文集》，2018年版（内部印刷）。

《巫溪县旅游文化丛书》编委会：《巫溪县旅游文化丛书》（牟宏主编《逍遥巫溪》《诗韵巫溪》《天赐巫溪》，巫溪县盐厂编《巫盐史志》），四川出版集团四川美术出版社2010年版。

巫溪县文化委员会:《重庆市巫溪县第二届巫文化艺术节论文集·礼巫盛典》2003年版(内部印刷)。

万晴川:《巫文化视野中的中国古代小说》,中国社会科学出版社2003年版。

王继英:《巫术与巫文化》,贵州民族出版社1993年版。

巫瑞书等:《巫风与神话》,湖南文艺出版社1988年版。

杨鹃国:《苗族舞蹈与巫文化:苗族舞蹈的文化社会学考察》,贵州民族出版社1990年版。

[德]伊曼努埃·康德:《通灵者之梦》,李明辉译,(台北)联经出版事业公司2020年版。

张紫晨:《中国巫术》,上海三联书店1990年版。

张建建:《冲傩还愿——贵州傩仪的结构类型意义》,贵州人民出版社1997年版。

三 间接涉及巫文化的著作

[美]艾媞捷、[美]琳达·巴恩斯编:《中国医药与治疗史》,朱慧颖译,浙江大学出版社2020年版。

[德]保罗·赫尔曼:《北欧神话:世界开端与尽头的想象》,张诗敏、许嫚红译,上海人民出版社2020年版。

陈高华:《元代风俗史话》,中国社会科学出版社2020年版。

蔡红燕、张山:《风中的翅羽:屈原、但丁思想创作论》,云南大学出版社2008年版。

陈劲松:《儒学社会通论》,中国人民大学出版社2007年版。

陈伟:《中国艺术形象发展史纲:论中国审美意识的发展与艺术形象的关系》,学林出版社2004年版。

曹毅:《土家族民间文化散论》,中央民族大学出版社2002年版。

陈瑞林：《民俗与民间美术》，湖南美术出版社1990年版。

［日］荻原秀三郎：《稻、鸟和太阳之道——追寻日本文化的原点》，李炯里、刘尚玉译，贵州大学出版社2019年版。

丁山：《中国古代宗教与神话考》，上海书店出版社2011年版。

党宁：《虚实间的长吟》，中国文联出版社2005年版。

范荧：《笔记语境下的宋代信仰风俗》，大象出版社2020年版。

［德］费尔巴哈：《宗教的本质》，王太庆译，商务印书馆2010年版。

顾希佳：《祭坛古歌与中国文化·吴越神歌研究》，人民出版社2000年版。

贺璋瑢：《广东民间信仰文化探析》，社会科学文献出版社2020年版。

黄桂秋：《壮族麽文化研究》，民族出版社2006年版。

何裕民、张晔：《走出巫术丛林的中医》，文汇出版社1994年版。

贾二强：《唐宋民间信仰》，科学出版社2020年版。

［英］凯莱特：《宗教的故事》，曹国臣、刘宗峨译，江苏人民出版社1999年版。

李零：《中国方术考》（典藏本）和《中国方术续考》（典藏本），中华书局2019年版。

李虹：《死与重生：汉代的墓葬及其信仰》，四川人民出版社2020年版。

柳立言：《人鬼之间：宋代的巫术审判》，中西书局2020年版。

刘一友：《沈从文与湘西》，青海人民出版社2003年版。

［法］列维-布留尔：《原始思维》，丁由译，商务印书馆1981年版。

［德］马克斯·韦伯：《宗教社会学·宗教与世界》，康乐、简惠美译，广西师范大学出版社2011年版。

［美］米尔恰·伊利亚德：《宗教思想史》（三卷本），吴晓群译，上海社会科学院出版社2011年版。

［美］普鸣：《成神：早期中国的宇宙论、祭祀与自我神化》，张常煊、

李健芸译，生活·读书·新知三联书店 2020 年版。

［古罗马］普林尼：《自然史》，李铁匠译，上海三联书店 2018 年版。

［日］涩泽龙彦：《黑魔法手帖》，蕾克译，广西师范大学出版社 2020 年版。

任桂圆：《大巫山文化》，重庆大学出版社 2001 年版。

佘斯大、刘渊：《心灵撞击的回声：中外文学览胜》，天津教育出版社 2002 年版。

谭桂林：《百年文学与宗教》，湖南教育出版社 2002 年版。

谭桂林、龚敏律：《当代中国文学与宗教文化》，岳麓书社 2006 年版。

田华咏主编：《土家族医学史》，中医古籍出版社 2005 年版。

田华咏编著：《湖南民族医学史》，中医古籍出版社 2009 年版。

田华咏、杜江：《中国苗医史》，中医古籍出版社 2008 年版。

王子今：《权力的黑光：中国传统政治迷信批判》，四川人民出版社 2020 年版。

［法］汪德迈：《中国思想的两种理性：占卜与表意》，［法］金丝燕译，中国大百科全书出版社 2020 年版。

闻一多：《闻一多全集》，朱自清、郭沫若、吴晗、叶圣陶编，上海人民出版社、上海书店出版社 2020 年版。

王治心：《中国宗教思想史大纲》（校订版），商务印书馆 2015 年版。

王斐译注：《山海经译注》，上海三联书店 2014 年版。

吴成国：《六朝巫术与社会研究》，武汉出版社 2007 年版。

王振复：《中国美学史教程》，复旦大学出版社 2004 年版。

肖世孟：《中国色彩史十讲》，中华书局 2020 年版。

许地山：《扶箕迷信的研究》，商务印书馆 2020 年版。

杨念群：《再造"病人"——中西医冲突下的空间政治（1832—1985）》（第 2 版），中国人民大学出版社 2019 年版。

杨铭：《土家族与古代巴人》，重庆出版社2002年版。

袁珂编著：《中国神话传说词典》（修订本），北京联合出版公司2013年版。

袁珂：《中国神话传说——从盘古到秦始皇》，北京联合出版公司2012年版。

袁珂：《中国神话史》，北京联合出版公司2015年版。

杨儒宾：《儒门内的庄子》，上海古籍出版社2020年版。

中央工艺美术学院学术委员会：《装饰艺术文萃》，北京工艺美术出版社1991年版。

张瑞芳：《中国古代小说中的动物形象变迁研究》，中国社会科学出版社2020年版。

赵万民：《宁厂古镇》，东南大学出版社2009年版。

张光直：《艺术、神话与祭祀》，刘静、乌鲁木加甫译，北京出版集团公司北京出版社2016年版。

张邦彦：《精神的复调：近代中国的催眠术与大众科学》，（台北）联经出版事业公司2020年版。

四　涉及环三峡地区的历史、考古学著述

重庆市文物考古研究所、重庆市文化遗产保护中心编：《"早期中国的文化交流与互动——以长江三峡库区为中心"学术研讨会论文集》，科学出版社2012年版。

重庆市文物局、重庆市移民局编：《重庆库区考古报告集：2002年卷》（上、中、下），科学出版社2010年版。

重庆市文物考古所、重庆文化遗产保护中心：《重庆文物考古十年》，重庆出版社2010年版。

重庆市文物局、重庆市移民局编：《重庆库区考古报告集：2001年卷》

（上、中、下），科学出版社 2007 年版。

重庆市文物局、重庆市移民局编：《重庆库区考古报告集：2000 年卷》（上、下），科学出版社 2007 年版。

重庆市文物局、重庆市移民局：《重庆库区考古报告集：1999 年卷》，科学出版社 2006 年版。

重庆中国三峡博物馆：《董其祥历史与考古文集》，重庆出版社 2005 年版。

重庆市文物局、重庆市移民局编：《重庆·2001 三峡文物保护学术研讨会论文集》，科学出版社 2003 年版。

重庆市文物局、重庆市移民局：《重庆库区考古报告集：1998 年卷》，科学出版社 2003 年版。

重庆市文物局、重庆市移民局：《重庆库区考古报告集：1997 年卷》，科学出版社 2001 年版。

曹诗图等：《长江三峡学概论》，长江出版社 2007 年版。

湖北省长阳土家族自治县地方志编纂委员会编纂：《长阳县志》，中国城市出版社 1992 年版。

管维良：《三峡巴文化考古》，中国言实出版社 2009 年版。

管维良、李禹阶主编：《三峡学》，重庆出版社 2009 年版。

华林甫：《中国地名学史考论》，社会科学文献出版社 2002 年版。

黄万波：《巫山人》，科学出版社 1991 年版。

黄中模、管维良主编：《中国三峡文化史》，西南师范大学出版社 2003 年版。

李禹阶、管维良：《三峡文明史》，重庆出版社 2007 年版。

刘卫国：《渝东盐史文集》，科学出版社 2019 年版。

林耀华：《原始社会史》，中华书局 1984 年版。

刘俊男：《长江中游地区文明进程研究》，科学出版社 2014 年版。

任桂园：《三峡盐业考古研究》，中国言实出版社2009年版。

孙华主编：《三峡考古研究丛书》（高星、裴树文《三峡远古人类的足迹：三峡库区旧石器时代考古的发现和研究》，白九江《重庆地区新石器文化：以三峡地区为中心》，李映福《三峡地区早期市镇的考古学研究》，蒋晓春《三峡地区秦汉墓研究》，朱萍《楚文化的西渐：楚国经营西部的考古学观察》），巴蜀书社2010年版。

武仙竹：《长江三峡动物考古学研究》，重庆出版社2007年版。

巫溪县志编纂委员会编：《巫溪县志》，四川辞书出版社1993年版。

杨华：《三峡远古时代考古文化》，重庆出版社2007年版。

杨华：《三峡考古文化》，湖北人民出版社2018年版。

中国地名委员会办公室编：《地名学文集》，测绘出版社1985年版。

朱世学：《三峡考古与巴文化研究》，科学出版社2009年版。

郑绍华：《建始人遗址》，科学出版社2004年版。

张绪球：《屈家岭文化》，文物出版社2004年版。

五　相关文化著述

陈文武、周德聪：《三峡美术概观》，重庆出版社2009年版。

重庆市文化局编：《重庆民族民间舞蹈集成》，西南师范大学出版社2003年版。

重庆市民族宗教事务委员会编：《重庆宗教》，重庆出版社2000年版。

陈麟书：《宗教学原理》，四川大学出版社1986年版。

邓福星：《艺术前的艺术》，山东文艺出版社1986年版。

方培元主编：《楚俗研究》（第一集），湖北美术出版社1993年版。

方培元主编：《楚俗研究》（第二集），湖北美术出版社1995年版。

方培元主编：《楚俗研究》（第三集），湖北美术出版社1999年版。

管维良：《巴族史》，天地出版社1996年版。

湖南少数民族古籍办公室主编：《梯玛歌》，岳麓书社1989年版。

任乃强：《川大史学》（任乃强卷），任建新编，四川大学出版社2006年版。

三峡大学三峡文化研究中心、三峡大学文学院、湖北省三峡文化研究所编：《三峡文化研究》（第四辑），武汉出版社2004年版。

蒙文通：《巴蜀古史论述》，四川人民出版社1981年版。

恩施州民族宗教事务委员会编：《恩施土家族苗族自治州民族志》，民族出版社2003年版。

彭水县志编纂委员会编纂：《彭水县志》，四川人民出版社1998年版。

四川三峡学院中文系、四川三峡学院三峡文化研究所编：《三峡文化研究》，重庆大学出版社1997年版。

四川三峡学院中文系、四川三峡学院三峡文化研究所编：《三峡文化研究》（第二集），重庆大学出版社1999年版。

宋公文、张君：《楚国风俗志》，湖北教育出版社1995年版。

王新祝主编：《巴土文化丛书》（龚发达《土家风情》，萧国松《土家民间故事》，陈金祥、周立荣、刘明春、李华星、肖筱、李茂清《巴土长阳》，周立荣、李华新、肖筱《土家民歌》，杨发兴《长阳方言》，陈金祥《长阳竹枝词》，覃发池《长阳巴山舞》，刘明春《土家俗谚》，田玉成《长阳南曲》，王善才《考古发现与早期巴人揭秘》)，湖北人民出版社2003年版。

王文章：《非物质文化遗产概论》，文化艺术出版社2006年版。

宜昌市文化局、三峡大学三峡文化研究中心：《三峡民间艺术集粹》，长江文艺出版社2003年版。

杨昌鑫：《土家族风俗志》，中央民族学院出版社1989年版。

周啸天：《诗经楚辞鉴赏辞典》，四川辞书出版社1990年版。

张光福编著：《中国美术史》，知识出版社1982年版。

六 论文类

宝鸡茹家庄西周墓发掘队：《陕西省宝鸡市茹家庄西周墓发掘简报》，《文物》1976年第4期。

白九江：《三峡地区大溪文化的边缘效应：廊道效应、互惠交换、在地精神和简单聚落》，《重庆师范大学学报》（社会科学版）2019年第3期。

白九江：《宜昌中堡岛遗址大溪、屈家岭和哨棚嘴三种文化因素的分析》，《江汉考古》2003年第2期。

重庆文化遗产保护中心、重庆市文物考古所：《重庆考古60年》，《四川文物》2009年第6期。

重庆市文化遗产研究院、巫山县文物管理所：《重庆市巫山县大水田遗址大溪文化遗存发掘简报》，《考古》2017年第1期。

重庆市文物考古所、合川市文物保管所：《重庆合川市唐家坝遗址抢救性考古发掘简报》，《四川文物》2006年增刊。

陈福友、高星等：《冉家路口旧石器遗址的初步研究》，《人类学学报》2004年第4期。

陈福友、冯兴无、高星等：《三峡洋安渡遗址石制品研究》，《人类学学报》2006年第4期。

曹卫平：《再论大溪文化时期城头山住民所处之社会形态》，《湖南文理学院学报》（社会科学版）2008年第6期。

陈泰敏：《"玉溪三湖"周边的贝丘遗址》，《玉溪师范学院学报》2014年第1期。

陈文武：《长江三峡地区史前美术探谜之——秭归柳林溪遗址发现小型石雕》，《三峡大学学报》（人文社会科学版）2003年第11期。

邓辉：《虎钮錞于用途初探》，《四川文物》1994年第2期。

董明星：《湖北秭归孙家洞旧石器文化遗址调查简报》《人类学学报》

1999 年第 2 期。

高星、卫奇、李国洪：《冉家路口旧石器遗址·2005·发掘报告》，《人类学学报》2008 年第 1 期。

郭宝钧：《一九五〇年殷墟发掘报告》，《中国考古学报》1951 年第 5 期。

黄万波：《三峡地区可能揭开早期人类活动的奥秘》，《四川文物》1985 年第 2 期。

黄万波等：《亚洲的早期人类化石及其石器制品》，英国《自然》杂志 1995 年第 378 卷。

湖北省文物考古研究所：《湖北秭归县柳林溪遗址 1998 年发掘简报》，《考古》2000 年第 8 期。

胡继民：《盐·巴人·神》，《湖北民族学院学报》（社会科学版）1997 年第 2 期。

黄展岳：《殷商墓葬中人殉人牲的再考察——附论殉牲祭牲》，《考古》1983 年第 10 期。

江章华：《关于哨棚嘴文化的几个问题》，《四川文物》2010 年第 2 期。

江苏省文物工作队：《江苏邳县刘林新石器时代遗址的第一次发掘》，《考古学报》1962 年第 1 期。

四川省博物馆：《巫山大溪遗址第三次发掘》，《考古学报》1981 年第 4 期。

李宣民、张森水：《铜梁旧石器文化之研究》，《古脊椎动物与古人类》1981 年第 4 期。

李宣民：《桃花溪旧石器》，《人类学报》1992 年第 2 期。

李敏昌：《三峡文化资源与区域精神文明建设》，《理论月刊》2003 年第 1 期。

林春、黎泽高：《城背溪遗址复查记》，《江汉考古》1988 年第 4 期。

卢连成、胡智生：《宝鸡茹家庄、竹园沟墓地出土兵器的初步研究——兼论蜀式兵器的渊源和发展》，《考古与文物》1983年第5期。

李水城：《从大溪出土石雕人面谈几个问题》，《文物》1986年第3期。

刘卫国：《试论渝东古盐泉向人工井的演进》，《盐业史研究》2002年第1期。

刘冰清、姜奕彤：《傩戏人生——辰州傩戏土老师口述史之敬乾娥篇》，《三峡论坛》（三峡文学·理论版）2020年第6期。

南京博物院：《江苏邳县四户镇大墩子遗址探掘报告》，《考古学报》1964年第2期。

南京博物院：《江苏邳县刘林新石器时代遗址第二次发掘》，《考古学报》1965年第2期。

雷翔：《廪君传说考》，《鄂西大学学报》（社会科学版）1989年第1期。

裴树文、卫奇等：《高家镇旧石器遗址1998年出土的石制品》，《人类学学报》2005年第2期。

裴树文、陈福友等：《三峡地区枣子坪旧石器遗址》，《人类学学报》2004年第3期。

彭安湘：《高唐神女原型研究综述》，《湖南科技学院学报》2007年第2期。

冉瑞栓：《巫溪与古老的巫文化》，《重庆三峡学院学报》1999年第1期。

邵学海：《长江流域史前美术概述》，《社会科学动态》1998年第11期。

四川省博物馆：《川东长江沿岸新石器时代遗址调查简报》《四川省长江三峡水库考古调查简报》，《考古》1959年第8期。

四川长江流域文物保护委员会文物考古队：《四川巫山大溪新石器时代遗址发掘记略》，《文物》1961年第11期。

王吉怀：《试析史前遗存中的家畜埋葬》，《华夏考古》1996年第1期。

武仙竹、裴树文等：《中国三峡地区人类化石的发现与研究》，《考古》2009年第3期。

王海阔、徐静、白九江等：《重庆市丰都县玉溪坪遗址2002年度发掘简报》，《南方民族考古》2015年第1期。

王家德：《试论长江三峡地区大溪文化的原始渔猎》，《江汉考古》1994年第3期。

王志友：《商周时期的腰坑葬俗》，《华中科技大学学报》（社会科学版）2006年第6期。

王明珂：《青稞、荞麦与玉米——一个对羌族"物质文化"的文本与表征分析》，《西北民族研究》2009年第2期。

王晓丽：《孕体雕像与女神崇拜》，《青海师范大学学报》1996年第2期。

乌凤丽：《东山嘴祭祀遗址》，《兰台世界》2004年第2期。

谢建忠：《巫山大溪遗址以鱼随葬的原始宗教意识与巫术》，《重庆三峡学院学报》2011年第1期。

徐燕：《峡江地区早期盐业的考古发现与研究》，《盐业史研究》2013年第4期。

袁靖、李君：《河北徐水南庄头遗址出土动物遗存研究报告》，《考古学报》2010年第3期（附录）。

于孟洲：《重庆峡江地区中坝文化研究》，《考古与文物》2010年第3期。

杨权喜：《试论城背溪文化》，《东南文化》1991年第5期。

阎孝玉：《枝江关庙山稻作文化浅析》，《中国农史》1996年第3期。

杨华：《从鄂西地区考古发现谈巴文化的起源》，《考古与文物》1995年第1期。

杨华、刘前凤、张首才：《三峡考古发现对早期巴文化研究的新认识》，载《长江文明》第4辑，四川美术出版社2019年版。

杨华：《论黄河流域先秦时期腰坑墓葬俗文化——兼说与长江流域同类墓葬俗的关系》，《华夏考古》2008年第1期。

杨华、丁建华：《巫山大溪遗址的考古发现与研究》，《四川文物》2000年第1期。

张文绪、裴安平：《澧阳平原几处遗址出土陶片中稻谷稃面印痕和稃壳残片的研究》，《作物学报》1998年第3期。

朱诚：《对长江流域新石器时代以来环境考古研究问题的思考》，《自然科学进展》2005年第2期。

朱诚、吴立、李兰等：《长江流域全新世环境考古研究进展》，《地理学报》（第69卷）2014年第9期。

朱诚、于世永、卢春成：《长江三峡及江汉平原地区全新世环境考古与异常洪涝灾害研究》，《地理学报》（第52卷）1997年第3期。

朱乃诚：《三元宫墓葬的分期及其文化性质》，《考古》1990年第5期。

曾学军、曾檀：《古代三峡地区人居聚落选址特点》，载《长江文明》第4辑，四川美术出版社2019年版。

张芸、朱诚：《长江三峡大宁河流域大昌地区环境考古》，《科学通报》（第53卷）2008年增刊Ⅰ。

郑州市博物馆：《荥阳点军台遗址1980年发掘报告》，《中原文物》1982年第4期。

赵晔：《探秘卞家山》，《东方博物》2007年第3期。

朱世学：《三峡考古与早期巴文化源头研究》，《重庆三峡学院学报》2010年第1期。

张应斌：《清江盐神与巫山神女》，《东南文化》1993年第1期。

张世纲、湖北省文史资料委员会：《土家人的祭祀歌舞——跳丧舞》，《湖北文史资料》1990年第1辑。

后　　记

　　长江文明是华夏文明的重要源头，而在环三峡地区有着上可以追溯到"巫山猿人"、下可链接至新石器时代末期数量丰富且成序列延续的诸多人类遗址。有了群居的人类，便会产生人类文明。人类文明的重要标志之一就是宗教，于是作为"前宗教"的巫文化便具有了长江中上游文明研究的重要意义。此即我们选择本论题探究的主要原因，且该方面研究正方兴未艾，其挑战性令人神往。

　　本书共包括上、下两篇。上篇共八章，以环三峡地区远古巫文化为重点，围绕其进行多学科、多视角的分析与探究，力求剖析该文化的内涵、特征、传承、价值及其之于长江文明起源的意义；下篇共五章，以对环三峡地区远古巫文化的保护与利用探讨为主，以历史与现实的视角观察、从保护和利用的目的出发，并提出可资借鉴的意见与建议。本书为笔者十年研究与实践的结果，集学术探讨与社会应用于一体，可供文明起源及原始宗教研究者、非物质文化遗产保护机构、大学相关专业学生及兴趣爱好者阅读、参考。

　　笔者从对环三峡地区远古巫文化产生兴趣到本书的定稿，十个年头的探究可谓不舍昼夜、战战兢兢。从 2010 年申报重庆市社会科学规划重点项目"巫巴山地远古巫文化研究"（2010ZDRW15）成功起，至2021年年底国家社会科学基金西部项目"环三峡地区远古巫文化探究"（16XZJ002）结题，再到2022年的多次增改，尽管仍有抱憾，但总算对我们漫长时间的跋涉有了一个交代。正如书中"绪论"所言，本项目的研究存在诸多需要克服的难点，同时也由于笔者承担日常教学工作等原因，尽管"锲而不舍"但进展一直较缓。在2019—2022年三年间，适逢全球性新冠疫情肆虐，它深刻地影响了每一个人，也影响了我们的研究。2022年12月底书稿基本完成，在向出版社递交了"选题申报单"后，我们便和全国大多数人一同感染了"奥密克戎"病毒并慢慢地走出它的阴影，也算是抗疫纪念吧，彼此都让了一步。

十年前，笔者开始"巫巴山地远古巫文化研究"的初衷是出于对三峡抢救性发掘的出土成果、对古文献记载和当地突出的巫文化遗存现象的好奇，该项目于2014年结题。当时我们谢绝了朋友关于出书的建议，原因是自己感到研究存在以下不足：研究的学术视野还不够宽、多学科研究手法还不充分、对巫文化遗产保护方面尚未涉及、一些探讨还可以深入、一些观点还有待推敲等。于是在2016年我们以此为基础再次成功申报了国家项目"环三峡地区远古巫文化探究"，将研究的范围从巫巴山地拓展到环三峡地区，同时对该地区巫文化遗产在今天的保护与利用进行思考。时至今日，我国学者已有诸多不同地区巫文化研究成果，其中多有精深者；而本书仅就环三峡地区谈了自己的浅见，而将之与其他地区远古巫文化的比较，笔者寄希望于后续进行。

当然，笔者对环三峡地区巫文化毕竟因其空间广阔、时代久远、传承漫长，至今还有不少未解的疑惑，而研究方法本身亦有不少可能改进的地方，但有幸能以此作为该领域系统学术研究专著问世，希望能够起到抛砖引玉的作用。

本书稿基于主持人的已结题项目，主要由邓晓、何瑛完成。项目组的其他成员邓策、陈太红和研究生权莎、刘晓亮、代百灵及沈晨斐等本科学生则不同程度参与了材料收集、调查或文字工作；本书在撰写过程中参阅了国内外不少专家学者的大作，亦得到重庆师范大学管维良、杨华、刘俊男等多位教授和其他相关部门的真诚帮助，得到了本书责任编辑精心的审读，在此一并表示诚挚谢意！

2023 年 12 月 1 日